★★★★★

英国税制研究

何杨 王文静 编著

STUDY ON THE TAX SYSTEM OF THE UNITED KINGDOM

中国财经出版传媒集团
经济科学出版社
Economic Science Press

图书在版编目（CIP）数据

英国税制研究／何杨，王文静编著．—北京：经济科学出版社，2018.6

ISBN 978-7-5141-9437-1

Ⅰ．①英…　Ⅱ．①何…　②王…　Ⅲ．①税收改革-研究-英国　Ⅳ．①F815.613

中国版本图书馆 CIP 数据核字（2018）第 132626 号

责任编辑：王红英　王　莹
责任校对：刘　昕
责任印制：邱　天

英国税制研究

何　杨　王文静　编著

经济科学出版社出版、发行　新华书店经销

社址：北京市海淀区阜成路甲 28 号　邮编：100142

总编部电话：010-88191217　发行部电话：010-88191522

网址：www.esp.com.cn

电子邮箱：esp@esp.com.cn

天猫网店：经济科学出版社旗舰店

网址：http://jjkxcbs.tmall.com

固安华明印业有限公司印装

710×1000　16 开　26.75 印张　290000 字

2018 年 6 月第 1 版　2018 年 6 月第 1 次印刷

ISBN 978-7-5141-9437-1　定价：66.00 元

（图书出现印装问题，本社负责调换。电话：010-88191510）

总 序

在传统的国家视角下，税收是为了维持国家机器运转和提供公共产品、公共服务的一种政府收入筹集形式。随着现代国家的建立，“法无授权不纳税”“无代表不纳税”等理念逐渐深入人心，税收成为国家发展演进的推动力，甚至决定了现代国家的成长方式与发展路径。可以说，税收制度规定了国家与社会成员之间最基本、最重要的分配关系。正如马克思所说“赋税是政府机器的经济基础，而不是其他任何东西”“国家存在的经济体现就是捐税”。在税制现代化的进程中，不同国家走过了不同的道路。从英国光荣革命到美国独立战争再到新兴经济体的崛起，税收都发挥了重要的作用。以税制结构为例，税制结构变动的背后是经济、政治、文化和制度等多因素的推动。美、英、法、德、日等发达国家的税制结构经历了从以间接税为主体的税制结构到以直接税为主体的税制结构，再到当前间接税和直接税双主体的税制结构这样一个演变过程。可以说，一部税收发展历史就是一个国家经济社会发展的历史。

我国现行税制的基本特征是以间接税为主体，具有较强的“中性”特征，同时征收成本较低，在筹集收入方面具有显著的优势，也实现了税收收入的持续稳定增长。但是，随着中国经济社会发展进入新的历史时期，这种税制结构的“累退性”及对消费的抑制等弊端日益受到社会各界的关注。党的十八届三中全会通过的《中共中央关于全面深化改革若干重大问题的决定》将财税体制改革的重要性提升到一个前所未有的高度，确立了新的财税体制改革目标即建立与国家治理体系和治理能力现代化相适应的现代财政制度。现代税收制度是现代财政制度的重要组成部分，下一步税制改革与以往税制改革的主要区别就在于，以往税制改革仅局限于经济体制改革，强调适应社会主义市场经济的要求；而此轮税制改革则要在全面深化改革的总体布局下，融入国家治理体系的现代化进程，作为现代财政制度建设的一部分发挥好作为国家治理基础和重要支柱的功能。

更应该看到，在封闭经济条件下，国家税收主要追求的是平等、确定、便利、效率等目标；而在开放经济环境中，税源流动、税收竞争成为新常态，一个国家的税收制度和税收政策已经很难关起门来做决策。从宏观层面看，税收税制的改革完善影响着一个国家在全球的税收竞争力，一个具有竞争力和中立性的税制可以促进经济的可持续增长和投资，同时为政府的正常运转提供充足的收入。从微观层面看，中国全方位开放新格局中，中国企业走向世界，深入了解不同国家和地区的税收制度显得愈发重要。2015 年 3 月 28 日，中国政府发布了《推动共建丝绸之路经济带和 21 世纪海上丝绸之路的愿景与行动》，标志着“一带一路”倡议正式进入实施阶段，更大范围、更广领域和更深层次上的开放与发展使得对沿线国家税制研究显得尤为迫切。2016 年 9 月 5 日，G20 领导人杭州峰会胜利闭幕。大会通过了《二十国集团领导人杭州峰会公报》，就推动世界经济强劲、可持续、平衡和包容增长的“一揽子”政策和措施形成“杭州共识”。在税收方面，G20 提出将继续支持国际税收合作以建立一个全球公平和现代化的国际税收体系并促进增长。中国与世界经济日益融合，在世界的经济地位不断攀升，税收话语权提升也需要“知己知彼”，通过融合促进合作共赢。

本套《“一带一路”倡议下国别税制研究系列丛书》选择美国、英国、日本、俄罗斯等一系列国家和地区，梳理分析各国税收制度演变与现状，并通过专题研究加深对各国税收制度的理解。由于税收改革和税收政策日新月异，理论界和实务界大批专家学者和业界从不同角度对各国税收制度和政策进行了介绍和分析。本丛书的设计希望能够体现出较长的时间价值。每本书的内容主要由两个部分构成：第一部分是税制的发展演变以及现状，包括税制结构、主要税种的税制要素、中央地方税收关系、税收征管等；第二部分为税制研究专题，包括税收与经济增长、税收与收入分配等重要研究问题，并对未来的税制改革趋势做了展望。丛书在内容撰写中强调资料性和研究性并重，从历史演变中梳理脉络，从繁杂资料中分析规律，力图使得研究成果能够为进一步理解和分析该国和地区的税收制度奠定基础。

本丛书的编写人员主要由中央财经大学财政税务学院、中央财经大学财经研究院的相关专业教师组成，也集合了国内外高校、研究机构、实务部门的研究人员。其中，有财政税务学院国际税收系的多位老师，也有长期从事俄罗斯、日本等国财税研究的教授，还得到一些兄弟院校、财税部门的高度关注和积极参与。经济科学出版社也对丛书的策划和出版给予了一如既往的支持。

丛书编写主要基于有关国家和地区以及国际组织的官方网站、学术论文和著作、各种统计数据等第一手资料，力图兼具资料价值和研究价值。但是，由于受到时间和能力的限制，本丛书还存在着一些疏漏和不足，希望广大读者理解，也欢迎批评指正，使得我们的研究能够不断深入。

马海涛

2017 年 12 月

前　言

“一带一路”倡议自提出以来，得到了国际社会的普遍关注。作为世界上最大的发展中国家，中国在世界经济舞台上扮演着越来越重要的角色，已经由区域发展战略的参与者，积极转变为区域发展战略的倡议者。在“一带一路”倡议下，我国与沿线国家的经贸合作取得了有益发展。新时代的“丝绸之路经济带”和“21世纪海上丝绸之路”建设带动亚欧非地区呈现出新的增长动力，中国企业和个人的“走出去”经济活动更为频繁。东道国的税收制度与税收环境，在很大程度上影响纳税人“走出去”的实际收益。作为世界大国之一，英国的税收制度与改革备受关注。

本书由两部分构成：上篇英国税制介绍、下篇英国税制研究。上篇英国税制介绍，分别从英国概况、税制概况、所得税类、商品税类、财产和其他税类、税收征管制度、其他税制信息七个方面展开，以税法介绍为主，辅以相应的税制解析。在上篇部分，本书期望能够为读者呈现信息准确、资料翔实、制度特征清晰、税法解释易懂的英国税收制度体系。

在下篇英国税制研究部分，本书重点选取英国当前经济社会的核心议题，结合税制进行深入研究，主要议题包括：税收与经济增长、税收与收入分配、税收与环境保护、金融危机与英国税制改革、英国脱欧与税制改革、BEPS行动计划下的英国税制改革、国际税收协调与合作背景下的英国税制改革、新一轮全球减税浪潮下的英国税制改革。在下篇部分，本书期望能够为读者呈现多视角的英国税制改革研究成果，是对英国税制进行的学术性研究与综合性评价。

总体来说，本书的编写希望实现以下四方面的创新突破：

第一，将税制介绍与税制研究统一结合。以往的国别税制成果，通常仅为税法或税制的介绍，或仅对该国税收问题进行研究。本书不仅包括税法与税制的介绍，而且结合英国经济社会发展过程中的核心问题，基于大量经济社会数据支撑，进行分专题的税收问题研究，将税制介绍与税制研究统一融合。可以说，上篇的税制介绍是向读者展现英国税收制度的系统面貌，下篇的税制研究则是基于宏观经济视角、站在世界税收变革背景下对英国税制的解剖刻画。本书旨在通过上、下篇共11章内容，对英国税制的表象与本质进行系统论述。

第二，以大量的一手资料、数据为支撑，并且引入国际税收视角。在上篇税制介绍部分，主要资料来源为英国税务海关总署（HMRC）官方网站、英国议会网站的税法信息，并且充分结合经合组织网站资料、荷兰国际财税文献局IBFD数据库资料、国际货币基金组织网站资料等。特别地，本书在第7章其他税制信息部分，专门翻译介绍了英国税务海关总署官方网站的界面信息以及2017年英国财政法案的部分内容。除了国内税法体系之外，本书在上篇税制介绍里特别梳理了英国对外谈签的国际税收协定（包括中英税收协定）的相关信息，呈现出英国的国际税收协定网络概况；在下篇税制研究中，本书依托多个国际组织网站的最新信息，特别围绕国际税收问题进行探讨。在下篇税制研究部分，本书以英国统计局、世界银行、经合组织官网的税收信息与数据为依托，结合税收经济学理论，对经济增长、收入分配、环境保护等问题进行了深入思考与编写，并对国际新形势下英国税制的改革特征与趋势进行跟踪与研判。

第三，将历史研究、现状研究、趋势研究融为一体。本书在上篇税制介绍中，依托国内外学者的丰富研究成果，对英国税制的历史发展进行了系统梳理。在下篇税制研究中，同样加入历史视角，基于文献研究资料，对英国税制的改革动态进行全面审视。本书最后一章，对英国税制改革趋势进行了多视角的研究与编写。除了现状研究之外，本书通过纳入历史研究、趋势研究的视角，以期用发展的眼光全面探究英国税制的前世、今生、来世。

第四，以专业的视角紧跟时代发展，尽可能体现税制介绍的准确性、时效性，以及税制研究的系统性、前瞻性。上篇英国税制介绍部分，主要来源于税务海关总署官方网站的税收专题信息，并对一些具体税法规定进行举例分析。在提交出版社之前，编者对上篇税法部分再次进行了更新。下篇英国税制研究部分，紧密围绕当前世界税收改革动态、国际税收环境，针对税制改革热点问题展开分析。

鉴于英国税法与税制改革处于动态变化过程中，本书对英国税制的探究只是基于此时间段的窥豹一斑，仍有待给予持续性的关注与研究，而这正是国别税制研究的魅力所在。

由于税制改革持续进行，加之编者与撰稿人水平有限，书中的不足与纰漏在所难免，敬请广大读者批评斧正。

目录

Contents

上篇：税制介绍

下篇：税制研究

上 篇

税制介绍

上篇税制介绍由7章内容组成，分别为英国概况、税制概况、所得税类、商品税类、财产和其他税类、税收征管制度、其他税制信息。第1章英国概况，简要介绍英国的经济、政治、社会等方面的基本信息。第2章税制概况，简要梳理英国税制改革的历史演进，并介绍英国税收管理体制现状以及税制基本特点。第3章所得税类，介绍个人所得税、公司所得税、资本利得税、国民保险税的主要内容。第4章商品税类，介绍一般消费税（增值税）和特殊消费税的主要内容。第5章财产和其他税类，介绍遗产税、财产税、其他税种的主要内容。第6章税收征管制度，介绍税收征管机构、税收征管规定、税收征管制度改革的主要内容。第7章其他税制信息，介绍英国税务海关总署网站的信息概况、英国2017年财政法案、英国对外签订双边税收协定的情况。

1　英国概况[①]

英国，全称大不列颠及北爱尔兰联合王国，是西欧的一个主权国家。英国由大不列颠岛上的英格兰、苏格兰、威尔士以及北爱尔兰共同组成。英国拥有 242500 平方公里（93600 平方英里）的面积。2014 年英国人口约为 6451 万人。英国在国际上具有相当大的经济、文化、军事、科学和政治影响力。英国也是英联邦成员国、欧洲理事会、七国集团财长、G7 论坛、G20、北约、经济合作与发展组织（OECD）和世界贸易组织（WTO）的成员。[②]

1.1　经济概况

2014 年英国人均国民总收入（人均 GNI）为 43430 美元。2014 年国内生产总值约为 2.99 万亿美元，按消费者价格指数衡量的通货膨胀率为 1.46%，失业率为 6.3%。[③] 根据欧盟统计局的统计数据，2011 年英国基尼系数为 0.33，略高于欧盟 27 国基尼系数值（0.307）[④]，低于国际基尼系数警戒值 0.4。

在 19 世纪和 20 世纪初，英国成为世界上第一个工业化国家。

---

① 本章内容主要参考英国政府官网、维基百科关于英国的信息进行翻译、整理。

② 资料来源：https：//en.wikipedia.org/wiki/United_Kingdom。

③ 数据来源：世界银行 WDI 数据库。

④ 数据来源：http：//www.stats-sh.gov.cn/html/tjqt/201311/263869.html。

从现在来看，英国是一个发达国家，名义GDP在2015年为2.9万亿美元，位列世界第五，按购买力平价计算属世界第九大经济体。2004~2014年英国GDP年增长率分别为2.49%、3%、2.66%、2.59%、-0.47%、-4.19%、1.54%、1.97%、1.18%、2.16%、2.94%。[①] 近年来，英国前五位最大出口市场为：美国、德国、荷兰、法国、爱尔兰，前五位最大进口来源地为：德国、中国、荷兰、美国、法国。英国一直是国际资本的重要输出大国。2011年英国对外直接投资682亿英镑，近年来英国对外直接投资大幅下降，2012年降至274亿英镑，2013年仅为172亿英镑。[②] 英国被认为是高收入经济体[③]，在人类发展指数（Human Development Index）中归类为拥有非常高的财富值，在世界排名第16位。2016年世界GDP排名前十的国家部分经济指标如表1-1所示。

表1-1　2016年世界GDP排名前十的国家部分经济指标

国家	国民生产总值（现价百万美元）	国民生产总值增长率（%）	人均GDP（现价美元）	GDP购买力平价（现价百万美元）
美国	18569100	1.6	57466.8	18749688
中国	11199145	6.7	8123.2	21366056
日本	4939383	1	38894.5	5443842
德国	3466756	1.9	41936.1	4094786
英国	2618885	1.8	39899.4	2763382
法国	2465453	1.2	36855	2835242
印度	2263522	7.1	1709.4	8594226

① 世界银行WDI数据库数据。

② 中华人民共和国外交部网站数据。

③ 数据来源：http：//www.shihang.org。

续表

国家	国民生产总值（现价百万美元）	国民生产总值增长率（%）	人均 GDP（现价美元）	GDP 购买力平价（现价百万美元）
意大利	1849970	0.9	30527.3	2316529
巴西	1796186	-3.6	8649.9	3075469
加拿大	1529760	1.5	42157.9	1575432

资料来源：世界银行，https：//data. worldbank. org/indicator/NY. GDP. MKTP. CD。

目前，英国是世界第五大经济体，也是仅次于德国的欧洲第二大经济体。财政部由财政大臣领导，负责制定和执行政府的公共财政政策和经济政策。英格兰银行是英国的中央银行，负责发行纸币和硬币。苏格兰和北爱尔兰的银行保留发行自己纸币的权利，但要保留足够多的英格兰银行储备，以弥补自身的问题。英镑是世界第三大储备货币（仅次于美元和欧元）。自 1997 年以来，由英国央行行长领导的英格兰银行货币政策委员会，一直负责制定必要的利率水平，以达到每年财政大臣设定的总体通货膨胀目标。①

2008 年的最后一个季度，由于经济大衰退，英国经济自 1991 年以来首次正式进入衰退。失业率从 2008 年 5 月的 5.2% 上升到 2009 年 5 月的 7.6%，截至 2012 年 1 月，18～24 岁的失业率从 11.9% 上升到 22.5%，为 1992 年开始记录以来的最高水平，到 2015 年 11 月这一数字下降到 14.2%。英国政府债务总额从 2007 年占 GDP 的 44.4% 迅速上升到 2011 年 GDP 的 82.9%，然后在 2015 年增长到 GDP 的 87.5%。2013 年 2 月，英国失去了 AAA 的信用评级。英国政府对经济的干预主要是由财政部负责的。近年来，英国经济按照

① 资料来源：https：//en. wikipedia. org/wiki/United_Kingdom。

市场自由化和低税收的原则进行管理。由英国央行（Bank of England）行长领导的英国央行货币政策委员会（Monetary Policy Committee）一直负责将利率设定在必要水平，以实现财政大臣每年设定的总体通胀目标。到2014年底，英国的增长速度是七国集团和欧洲最快的，到2015年9月，失业率降至5.3%，是七年来最低点，如图1－1所示。①

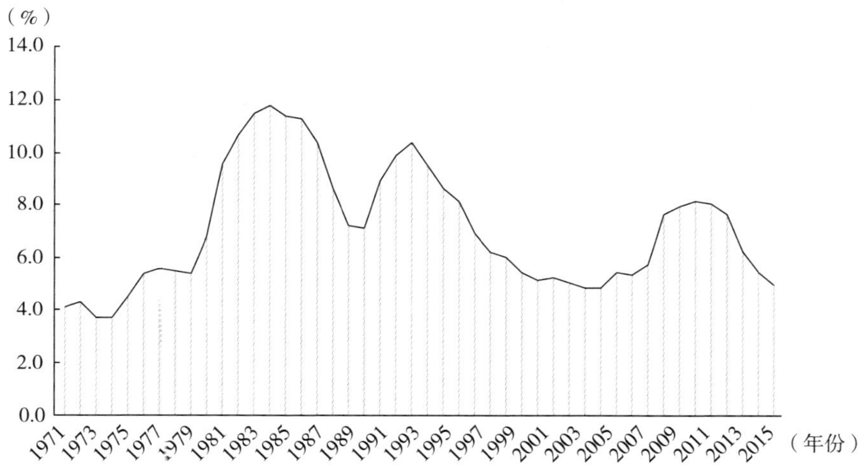

图1－1　1971～2016年英国失业率统计图

资料来源：英国国家统计局官网，https：//www.gov.uk/government/collections/graduate-labour-market-quarterly-statistics。

1.2　政治、社会概况

英国是一个拥有议会民主制的君主立宪制国家。现任女王为伊

① 资料来源：https：//www.gov.uk/government/news/。

丽莎白二世，于1952年2月6日登基，已经超维多利亚女王成为英国历史上在位最久君主。英国的首都和最大的城市是伦敦，是一个全球城市和金融中心，是欧洲第四大城市。英国的其他主要城市包括伯明翰、利兹、格拉斯哥、利物浦和曼彻斯特。①

现任总理是特蕾莎·梅（Theresa May），她自2016年7月13日以来一直就职。梅也是保守党的领袖。在下议院选举中，英国被分成650个选区。当首相提出建议时，君主就会举行大选。按规定，新选举必须在前一次大选后的5年之内举行。保守党、工党和自由民主党（以前是自由党）在近代被认为是英国三大主要政党，分别代表英国保守主义、社会主义和社会自由主义的传统。苏格兰、威尔士和北爱尔兰各有自己的政府或行政机构。目前英国有三个不同的法律体系：英国法、北爱尔兰法和苏格兰法。在英格兰和威尔士适用的英国法律和北爱尔兰法律都是基于习惯法原则，苏格兰的法律制度是独特的。②

英国皇家海军陆战队、英国陆军和皇家空军共同组成英国的武装部队。部队由国防部管理，由国防委员会主持，由国防部长担任主席。总司令是英国君主伊丽莎白二世。武装部队负责保护英国及其海外领土，促进英国的全球安全利益，支持国际维和。他们是北约的常规参与者，在阿森松岛、伯利兹、文莱、加拿大、塞浦路斯、迭戈加西亚、福克兰群岛、德国、直布罗陀、肯尼亚、卡塔尔和新加坡都有海外驻军和设施。③

---

① 资料来源：https：//en. wikipedia. org/wiki/United_Kingdom。

② 资料来源：https：//en. wikipedia. org/wiki/United_Kingdom。

③ 资料来源：https：//en. wikipedia. org/wiki/United_Kingdom。

英国的军事开支在世界上排名第四位或第五位，国防支出占国民生产总值的比重如图 1－2 所示。

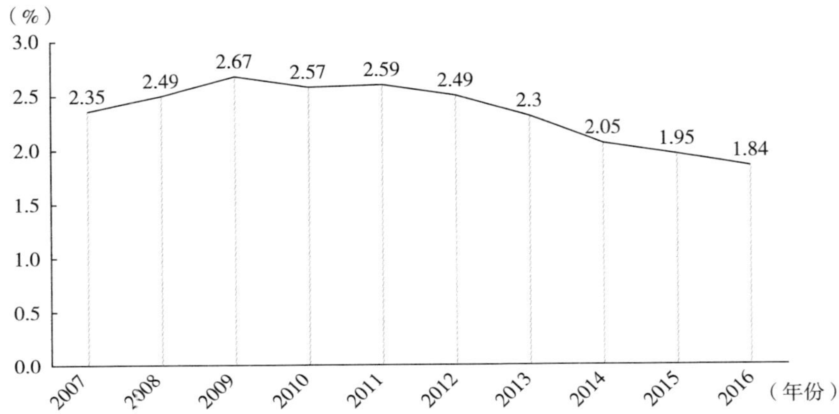

图 1－2　英国军费开支占国民生产总值的比重

资料来源：英国统计局官网。

英格兰拥有 10072 英里（16209 公里）的铁路网络，在北爱尔兰有 189 英里（304 公里）。英格兰的铁路网络在 1994～1997 年被私有化。放射状道路网总长 29145 英里（46904 公里），有 2173 英里（3497 公里）的高速公路和 213750 英里（34.4 万公里）的铺路。从 2009 年 10 月到 2010 年 9 月，英国机场总共接待了 2.114 亿乘客。三个最大的机场分是伦敦希斯罗机场（6560 万名乘客）、盖特威克机场（3150 万名乘客）和伦敦斯坦斯特德机场（1890 万名乘客）。伦敦希斯罗机场，位于首都以西 15 英里（24 公里）的地方，是英国航空公司和维珍大西洋航空公司的中心。①

① 资料来源：英国政府官网，https：//www. gov. uk/browse/driving。

英国是许多大型能源公司的所在地，其中包括6个石油和天然气“超级巨头”。2011年，英国40%的电力是由天然气产生的，30%由煤产生，19%由核能产生，4.2%由风能、水力、生物燃料和废物产生。[①] 英国拥有约31亿桶已探明原油储量，是欧盟成员国的最大规模。

公共医疗保健是为所有英国永久居民提供的，由一般税收支付，居民个人一般不需要缴纳任何费用。2000年，世界卫生组织（World Health Organization）将英国的医疗保健服务列为世界第15个最佳医疗保健机构。[②] 1997～2013年英国医疗保健支出统计表如表1-2所示。

表1-2　1997～2013年英国医疗保健支出统计表　单位：亿英镑

年份	总计支出	公共部门	私人部门
1997	549	441	108
1998	586	471	115
1999	64	516	124
2000	685	545	140
2001	754	595	159
2002	818	653	165

① 资料来源：英国政府官网，https：//www. gov. uk/government/collections/renewable-energy-planning-data。

② 资料来源：世界卫生组织，http：//www. who. int/countries/gbr/en/。

续表

年份	总计支出	公共部门	私人部门
2003	897	713	184
2004	968	786	182
2005	1051	850	201
2006	1128	921	207
2007	1202	970	232
2008	1294	1056	238
2009	1390	1157	233
2010	1413	1180	233
2011	1435	1193	242
2012	1467	1216	251
2013	1506	1255	251

资料来源：英国国家统计局。

医疗保健的监管机构是在全英范围内组织的，如一般医疗委员会、护理和助产委员会以及其他非政府机构，如皇家学院。医疗保健的运营责任由国家行政部门负责。每个地方的医疗服务都有不同的政策和优先事项，形成了鲜明的对比。自 1979 年以来，医疗保健支出大幅增加，接近欧盟平均水平。英国的医疗保健支出大约占国内生产总值的 8.4%，比经合组织的平均水平低 0.5 个百分点，比欧盟平均水平低 1 个百分点。①

基督教主导英国的宗教已经有 1400 多年。在 2001 年的人口普查中，71.6% 的受访者表示他们是基督徒，其次是伊斯兰教（2.8%）、印度教（1.0%）、锡克教（0.6%）、犹太教（0.5%）、佛教（0.3%）和其他所有宗教（0.3%）。15% 的受访者表示他们

① 资料来源：https：//en.wikipedia.org/wiki/United_Kingdom。

没有宗教信仰，另有7%的人没有说明宗教信仰。①

英国国教是英国现存的教会，它保留了英国议会的代表权，英国君主是其最高统治者。在苏格兰，苏格兰教会被认为是国家教会。它不受国家控制，英国君主是一个普通的成员，并在他或她的加入时宣誓“维护新教宗教和长老会政府”。威尔士的教会在1920年被政教分离，爱尔兰的教会在1870年在爱尔兰分裂前被政教分离，北爱尔兰没有建立教会。②

2014年英国人口净增长为31.8万，移民人数为641000人，高于2013年的526000人，而移民人数（12个月以上）为323000人。移民是19世纪英国社会的一个重要特征。1815～1930年，大约有1140万人移民到英国，有730万人来自爱尔兰。据估计，截至20世纪末，大约有3亿英国和爱尔兰后裔永久定居在世界各地。③

---

① 资料来源：英国政府官网，https：//www. gov. uk/browse/visas-immigration。

② 资料来源：https：//en. wikipedia. org/wiki/United_Kingdom。

③ 资料来源：英国政府官网，https：//www. gov. uk/government/collections/migration-transparency-data。

2 税制概况

2.1 税制改革的历史演进

英国在世界税收制度改革的历史进程中处于举足轻重的地位，不仅冲破了封建制度下统治者拥有永久征税权的牢笼，建立并完善议会课税制度，确立了税收法律主义的历史基础，并且开创了现代税制的多个税种，奠定了现代税制的基本模式。研究各国税制不难发现，在一些共性特征中都能看到英国税制的影子。英国在税收制度方面所做的探索与成功经验，在很长的一段历史时期内都被很多国家模仿追随。

2.1.1 中世纪时期的英国税收制度

中世纪时期（公元476年～公元1453年）的英国税收以原始的直接税为主体，开征的税收通常为临时性的税种。税收一方面用于王室用度，另一方面主要与战争有关，国王通过征税以满足战争的经济需求。而中世纪的英国税收斗争，主要是国王与议会之间的斗争，不仅体现出当时历史背景下英国议会在税收与自由之间的交易，而且取得了实质性的胜利，《大宪章》的签署限制和约束了国王及任意政府的征税权。由于征税权受到限制，征税的目的及其合法性成为关键性问题，税收协商也逐渐成为政治的本质。英国的议会已经清醒地认识到只有限制国王永久征税的权力，才能保证议会的权力、利益和自由。

小资料：中世纪英国的税种①

丹麦金（Danegeld）：开征于991年，是一种特别的土地税。从835年开始，英格兰受到维金人（主要是丹麦人和挪威人）的持续侵扰，为换取和平，英格兰人被迫向丹麦人缴纳贡金。为此英格兰国王向臣民征收丹麦金，每块土地（大约100～120英亩）应缴纳2先令丹麦金，到1084年税率上升到6先令。1162年，亨利二世废除丹麦金。

卡路卡奇（Carucate）：又称犁地税，仅对耕地征收，最早开征于1194年，用于偿付理查德一世的赎金。1225年被废止。尽管卡路卡奇这一新的土地税代替了丹麦金，但是中世纪英国的土地税实施时间都很短，主要与当时土地分封关系较为混乱有关。

兵役免除税（Scutage）：又称盾牌税（Shield），开征于1100年，用以替代服兵役的税收，骑士可以通过支付该税，从而免除为国王提供40天的服兵役。1385年被废除。

贡税（Tallage）：也有称之为塔利税、任意税、封建佃户税。12世纪初，亨利一世开征该税，1332年，爱德华三世废止贡税。该税是中世纪英国征收的最具有任意性的税收，无须通过贵族议会同意，国王可以随意征收，充分体现了封建制度在英国税收领域的影子。

---

① 资料来源：李建人著．英国税收法律主义的历史源流［M］．北京：法律出版社2012，第28～34页。［美］查尔斯·亚当斯著，翟继光译．善与恶——税收在文明进程中的影响（原书第二版）［M］．北京：中国政法大学出版社2013，第163～170页。财政部税收制度国际比较课题组编著．英国税制［M］．北京：中国财政经济出版社2000，第30～33页。

该税仅在领主管辖的领地内征收，不能超越封建等级制度，是针对个人财产征收的资本税，可以是人头税的形式。

动产税（Movables Tax）：最早开征于1166年，亨利二世为进行十字军战争所开征，征收对象为私人财产，税率为每磅动产6便士，也有学者认为，该税为教会补助金，征税对象限定于宗教界。开征于1188年的萨拉丁什一税（Saladin Tithe），亦属于动产税，纳税人包括全部的世俗和宗教界的财产所有者，征税对象为收入和动产，税率为1/10，在此之后税率有多次变化。1203年约翰开征1/7的动产税，1207年调整税率为1/13，对大部分居住在农村的英格兰人征收，课税对象为农作物或家畜，之后税率经常调整。直到14世纪，动产税的税率基本固定为农村1/15、城市1/10，体现出了城乡差异，城市税率略高。尽管逃税成风，动产税仍然为王室筹集了较为可观的税收收入。

关税（Customs Duties）：1202年，约翰开征关税。1202～1207年，约翰对所有进出口货物征收关税，税率为1/15，但是之后就停止了，直到1266年亨利三世恢复开征。这一阶段的关税缺乏系统管理，征收方式简单粗暴，带有敲诈外国商人的性质。1275年，爱德华一世正式创立关税制度。中世纪英国关税的征收对象主要为出口的羊毛、毛织品、毛皮、皮革和从大陆进口的葡萄酒等。1275～1291年，年均关税收入为1.1万英镑。爱德华一世时期，关税已经成为英国王室财政的主要支柱。

协助金（Aid）：是国王对其封臣强制征收的一种税收，最初为封臣在国王紧急需要时提供的志愿捐纳，后来成为国王对封建附庸的勒索工具。直到12世纪才约定了3种可以征收协助金的情形（即英王封其长子为骑士；英王长女结婚准备嫁妆；战争中英王被俘而需缴纳赎金），并在《大宪章》给予明确认可。1272 年，每骑士应缴纳 20 先令协助金。

领地继承税（Relief）：男爵的继承人向国王缴纳继承税以便能够继承土地。约翰执政时期（1199～1216 年），除了肥沃的男爵领地之外，一般的领地继承税为 100 英镑，但是也有被国王强征较多的情形，1214 年一位中等男爵就被要求缴纳约 6600 英镑的领地继承税。

人头税（Poll Tax）：1377 年首次开征，所有 14 岁以上的臣民每人需缴纳 4 便士的人头税。1379 年第二次开征人头税，改为按照社会地位实行差别税率，农民仍然支付 4 便士，但有地位的臣民则要缴纳更高的税收，最高为每人 4 英镑。1380 年第三次开征人头税，仍按分级征税，而 1381 年开征的人头税则向 15 岁以上的所有人每人征收 1 先令。1381 年之后，英国人头税只对外国人征收，直到 1513 年亨利八世再次开征一般人头税，当时仅筹集到 5 万英镑的人头税收入，而 1641 年的人头税收入则达到 40.06 万英镑。

中世纪时期英国开征的各种税收是当时封建社会制度下的必然产物，统治者需要更多的收入，从而在税收方面进行了诸多探索与实践。这一时期的税收以原始的直接税为主，且通常具有临时性，并非每年都开征，经常断断续续地征税，并未形成稳定的税收制度。这一时期税收所扮演的角色就是为王室提供收入，各个税种的开征与废止，也是基于这一目标。从 13 世纪后期至中世纪末期，英国封建税制开始趋于瓦解，伴随商品经济的兴起，更加符合商品经济发展需求的税种如动产税、关税等受到青睐。

经过中世纪丰富的税收实践，英国王室的财政实力得到极大提高，在税收制度建设方面积累了一定的经验，开始逐渐探索并形成现代税收制度的一些基本要素①。除此之外，从税收法律主义的角度而言，中世纪的英国形成了“征税必须获得纳税人同意”“限制国王的永久征税权”的税收契约精神，推动了由封建传统课税权向议会课税权的转变，奠定了英国现代税收制度的法律基础。

2.1.2 中世纪之后至18世纪时期的英国税收制度

中世纪之后至18世纪，英国逐渐建立起较为系统性的税收制度，开征了消费税，形成了间接税与直接税并存的税收制度，并以法律形式确定了议会的征税权，也奠定了世界现代税收制度的基本税种和法律基础。

15世纪后期至17世纪初，这一时期征收的税收，仍然具有一定临时性的特征，只是在征收方式和税种设置方面比中世纪有较大的改进。但是税收法律主义的思想却逐渐根深蒂固，英国统治者面临的现实问题就是议会完全垄断了征税的权力。都铎王朝时期是专制君主时期，这一时期专制王权与议会之间的关系既有对抗的一面，也有合作的一面。② 其中，亨利八世统治时期（1509～1547年）进行了较大的税制改革，主要因为其对法兰西实行的强硬外交政策，对外战事频繁，军费开支剧增导致财力亏空。议会授予亨利八世补助金

① 例如，1377年开始开征的人头税具有明显的累退性，受到民众尤其是穷人的抵制，引发1381年农民起义，几乎推翻了国王的统治，促使英国统治者必须探索实行更加可行的税收形式，1435年和1450年亨利六世临时性开征了一种分级的所得税，对低额所得按2.5%的税率、对高额所得按照10%的税率课征，可以被认为是对个人所得征税的早期摸索与实践。

② 李建人著．英国税收法律主义的历史源流［M］．北京：法律出版社2012，第178页。

(subsidy) 以弥补亏空，该补助金通常被称之为“新补助金”[①]，其实质为财产税。“新补助金”对全国人民征收，是在传统的1/15税和1/10税之外对城乡征收的一种综合财产税，税率为每磅6便士。[②]亨利八世重新开征人头税，规定税率视个人身份和财产状况而定，区分了8档税率。这一人头税还体现出了累进所得税的性质，例如，对于所有劳工、熟练工人、技工、工匠、仆人，不论男女，年龄15岁以上，每年领取工资或工资性利润达到或超过40先令的，每人征收12便士；每年领取工资或工资性利润达到或超过20先令、低于40先令的，每人征收6便士；仆人领取工资或其他利润低于20先令的，每人征收4便士。[③]

到了伊丽莎白一世统治时期（1558～1603年），所得税率为20%，动产按2/15的税率课税。[④]尽管如此，伊丽莎白一世统治时期的英国税负是欧洲最低的，正如她所言“我宁愿把钱放到我的人民的口袋中，也不愿意把它放到我的国库中”。[⑤]从课税制度上看，这一时期英国的所得税制已经初具现代个人所得税的雏形。从课税形式来看，最初单一形式的人头税逐步转向分级、分类形式，并且于16世纪中期提高了起征点，这些为之后英国个人所得税制的设立奠定了实践基础。

---

① 区别于旧补助金，旧补助金的征收范围为进出口商人。

② 李建人著．英国税收法律主义的历史源流［M］．北京：法律出版社2012，第182～183页。

③ 李建人著．英国税收法律主义的历史源流［M］．北京：法律出版社2012，第187页。

④ 财政部税收制度国际比较课题组编著．英国税制［M］．北京：中国财政经济出版社2000，第30～33页。

⑤［美］查尔斯·亚当斯著，翟继光译．善与恶——税收在文明进程中的影响（原书第二版）［M］．北京：中国政法大学出版社2013，第249～256页。

17～18 世纪的英国，现代税收制度的基本税种开始出现，税收制度逐渐形成体系，英国在个人所得税和财产税的方面进行了积极探索，盛行消费税，开始建立以间接税为主体的税种结构。在议会与国王的持续税收斗争中，议会的课税权威得以确立，1689 年《权利法案》的颁布意味着议会课税权得到立法承认①。这一时期，英国关税制度相对趋于稳定，关税收入规模明显增加，仍是英国王室的主要收入来源。内战和共和国时期，英国议会不仅引入了消费税，而且开始征收月税。月税取代了之前的 1/15 税、1/10 税以及补助金，这是一种集合了补助金、强制贷款和船钞特征的直接税，最初在 1642 年是每周征收一次定额税，到 1649 年开始限定了每一个村镇应该缴纳的税收总额，月税最终演变为土地税。② 除此之外，17～18 世纪，英国探索开征了多种具有财产税性质的税收，例如，壁炉税（Hearth Tax，1662～1688 年）、窗户税（Window Tax，1696～1851 年）、砖税（Brick Tax，1784～1850 年）、壁纸税（Wallpaper Tax，1712～1836 年）、玻璃税（Glass Tax，1746～1845 年）等③。18 世纪中后期，英国还尝试对民众日常使用的物品征税，例如，帽子税（Hat Tax，1784～1811 年）、手套税（Glove Tax，1785～1794 年）、发粉税（Duty On Hair Powder，1795～1869 年）、香水税（Perfume Tax，1786～1800 年）等④。但是上述税种都未能延续至今，因

---

① 李建人著．英国税收法律主义的历史源流［M］．北京：法律出版社 2012，第 316 页。

② 李建人著．英国税收法律主义的历史源流［M］．北京：法律出版社 2012，第 225～226 页。

③ https：//en. wikipedia. org/wiki/Category：History_of_taxation_in_the_United_Kingdom。访问日期：2016 年 1 月 25 日。

④ https：//en. wikipedia. org/wiki/Hat_tax。访问日期：2016 年 1 月 25 日。

为纳税人可以轻而易举地避税，这些税种最终能够筹集的税收收入非常有限，与此同时民众的社会福利也受到了很大影响。现代遗产税同样起源于英国，可以追溯到1694年《印花税法》，遗嘱执行人的“委托书”需要缴纳印花税。① 18世纪英国超级大国的崛起与其优越的税收制度密切相关。当时的英国税收制度领先于任何其他国家几个世纪，而且几乎被所有的现代国家所复制②。

小资料：17至18世纪英国的税收实践③

船钞（Ship Money）：有学者称之为“17世纪的丹麦金”，也有译为“轮船费”。早期的船钞通常在外敌入侵等紧急时期征收用于筹集战备资金，但是詹姆士一世、查理一世均试图在非紧急时期征收船钞以扩大财政来源。查理一世于1634年重新开征船钞，向港口市镇征收，理由是海盗、走私分子等影响正常秩序，该税未经议会同意而开征。1635年，查理一世提出更大的征收数目，征收范围扩大到内陆各郡和各个港口。1636年，查理一世第三次征收船钞时，遭到了普遍反对。1637年汉普登案败诉，法庭判定船钞合法，因为船钞是紧急时期开征的税收，而应由国王来判断是否处于紧急时期，因此国王征收船钞合法。但是关于船钞的宪政之争为后来的英国内

---

① ［美］查尔斯·亚当斯著，翟继光译．善与恶——税收在文明进程中的影响（原书第二版）［M］．北京：中国政法大学出版社2013，第367～370页。

② ［美］查尔斯·亚当斯著，翟继光译．善与恶——税收在文明进程中的影响（原书第二版）［M］．北京：中国政法大学出版社2013，第282～283页。

③ 资料来源：李建人著．英国税收法律主义的历史源流［M］．北京：法律出版社2012，第191～240页。［美］查尔斯·亚当斯著，翟继光译．善与恶——税收在文明进程中的影响（原书第二版）［M］．北京：中国政法大学出版社2013，第257～284页。https：//en.wikipedia.org/wiki/Category：History_of_taxation_in_the_United_Kingdom，访问日期：2016年1月25日。

战埋下了导火索。

壁炉税（Hearth Tax）：查理二世于1660年恢复王位以后，于1662年开征壁炉税，对每一个家庭的每一个壁炉征收2先令。壁炉税在“光荣革命”期间被废除，之后威廉和玛丽采用了议会提出的累进人头税代替壁炉税。根据新的累进人头税，贵族按照其等级适用于固定税额，平民适用于5%的所得税，但是该税也于1698年废除。

窗户税（Window Tax）：开征于1696年，对于每一个拥有7个以上窗户的住房，按照1扇窗户1先令的标准征税。该税于1851年废止。

砖税（Brick Tax）：1784年乔治三世引入砖税，为英国殖民地的战争筹资。最初每千块砖征收4先令税收。为了避税，生产商开始增加砖的尺寸，而政府则继续将砖的最大体积限定为2500立方厘米。政府分别于1794年、1797年、1805年继续提高了砖税的税额，最高达到每千块砖征收5先令10便士。砖税的开征，导致很多小规模生产商退出市场，建筑商转而使用木材和挡风板建造房屋，一些地区为了减少税负还制造出特殊尺寸的砖。由于砖税危害到工业发展，1850年英国政府取消了该税。

国内消费税：对酒、盐、蜡烛、茶叶等征收的消费税。与同时期欧洲国家相比，英国当时的消费税规模并不高。1643年，议会为了应付内战开支，引入消费税，对酒征收，且法律明确规定内战结束，消费税就被取消。但是随着战争扩大，议会还对一些生活必需品（面包、肉、衣服等）征收消费税，对保皇主义者还征收惩罚性消费税。消费税并未因为战争结束而被取消，自此，消费税一直存在于英国历史。

2.1.3 英国19世纪以来的税制改革

进入19世纪，现代英国税收制度逐渐成形，创立现代个人所得税，开征遗产税，并开始对公司征税。19世纪初期，英国以农业文明为基础的传统社会结构开始解体，以机器大生产为特征的工业文明异军突起[①]。工业革命改变了英国的经济社会根基，从而也影响到税收制度改革。伴随着工业文明的兴起，英国税收制度也走向现代化。

现代所得税法始于1799年威廉·皮特（William Pitt）创立的所得税，第一部所得税法即当时拿破仑时期的《英国所得税法》（the British Income Tax Laws）[②]。但是该税只被作为战时税，1802年即被取消。1803年亨利·埃亭顿（Henry Addington）开征了一种新的累进所得税，按照来源对所得进行分类课税[③]，还实行"从源课税"的方式，但1816年再次被取消。1842年罗伯特·皮尔（Robert peel）引入固定税率为3%的临时性所得税，但是3年后该税并未按计划废止，个人所得税制度自此持续至今。威廉·格莱斯顿（William Gladstone）担任财政大臣和首相期间，坚持取消所得税，但是因为财政缺口的问题终未成行。到1910年，英国所得税已经演化成

---

① 于文杰著．英国文明与世界历史［M］．北京：生活·读书·新知三联书店2013，第53～55页。

② ［美］查尔斯·亚当斯著，翟继光译．善与恶——税收在文明进程中的影响（原书第二版）［M］．北京：中国政法大学出版社2013，第355页。

③ 分为五类：来自英国土地的所得，商业用途占用土地，来自公共证券的所得，营业所得、专业服务所得、利息所得、海外所得和偶然所得，雇佣所得。尽管最高税率仅为5%（即皮特所提出10%税率的一半），但是由于扩大了纳税群体，增加了纳税人数，个人所得税收入增长了50%。资料来源：https：//en.wikipedia.org/wiki/History_of_taxation_in_the_United_Kingdom。

今天的模式[①]。在第一次世界大战期间个人所得税的最高税率已经飙升至50%以上，在第二次世界大战前夕，英国个人所得税的纳税人数未及劳动人口的1/5，而战后纳税人数已经跃升至1200万人，英国于1944年在个人所得税制中引入了预扣税款的方式，也称“即得即缴”方式（pay-as-you-earn，PAYE），这一方式沿用至今。[②]

1894年，英国开征了具有累进税率的死亡税（或者称为遗产税）。该税的前身即为遗嘱执行人为“委托书”缴纳的印花税。到1881年，遗嘱执行人的印花税改为遗产税，需按照遗产的价值缴纳税率为3%的税，征税范围扩展到信托、联合继承遗产以及终身财产权。1894年威廉·哈考特（William Harcourt）进一步推动了遗产税改革，形成了现代遗产税，所有的财产都按照其价值核定，实行1%～8%的累进税率。[③]

由于战争原因，第一次世界大战开始后，英国征收了一些临时性税收，其中就包括公司所得税。1914年，为了筹集战争经费，英国开始对公司征收特别税。第二次世界大战之后，税制结构也开始发生变化，英国形成了以直接税为主体的税制体系。英国取消了第一次世界大战时设置的一些临时性税种，开征了一些新税种，例如，国民保险税，正式建立社会保障制度，还引入了增值税。1924年取消了对公司征收的特别税，1947年开始征收公司利润税，1965年正

---

① ［美］查尔斯·亚当斯著，翟继光译．善与恶——税收在文明进程中的影响（原书第二版）［M］．北京：中国政法大学出版社2013，第367～370页。

② http：//www. independent. co. uk/news/uk/a-short-history-of-income-tax-1577708. html，访问日期：2016年1月25日。

③ ［美］查尔斯·亚当斯著，翟继光译．善与恶——税收在文明进程中的影响（原书第二版）［M］．北京：中国政法大学出版社2013，第367～368页。

式征收公司所得税，同年开征资本利得税。1940～1973年，英国对销售奢侈品征收购买税（Purchase Tax），针对不同类型的奢侈品适用于不同的税率。为了加入欧洲经济共同体，英国于1973年取消购买税，开征增值税，最初设定标准税率为10%，但是很快降至8%，另外对汽油和部分奢侈品征收高税率（12.5%）。1979年，增值税标准税率提高至15%，且取消了12.5%的高税率，且于1984年进一步扩大了增值税的征收范围。为了弥补现代人头税收入的减少，1991年起英国继续提高增值税标准税率至17.5%，1993年引入低税率5%，适用于家庭和慈善组织使用的燃料。

20世纪的英国患上了"英国病"，三个主要症状为：通货膨胀—失业并发症与国际收支问题的交织、收入分配与经济效率之间的矛盾、地方经济发展不平衡和分权主义日益严重的趋势①。20世纪的英国税收制度，尤其是20世纪中期以后，税制改革与医治"英国病"交织在一起，主要体现为政府在税收调节收入分配和促进经济增长之间的选择，以及地方税改革等方面。20世纪初期至中期，为了应对战争，英国通过税收手段帮助政府有效地筹集战争资金，这一阶段的税收制度呈现出服务战争财政需求的特征。而20世纪中期以后，虽然英国取得了世界战争的胜利，但是自身国力也受到了极大重创，加之1929年经济危机和殖民地民族解放运动的高涨，以1967年英镑贬值为信号，"英国病"转入新阶段②。20世纪70年代之后，英国进行了一系列税制改革，主要举措有：完善、降低所得税的税率，大幅降低个人所得税和公司所得税的最高税率；提高间

①② 罗志如，厉以宁."英国病"简论［J］.经济科学，1980（3）：55－56.

接税税率，引入增值税并多次提高增值税税率，提高环保类消费税率，降低关税税率；将个人所得税的纳税单位由已婚夫妇联合纳税改为个人单独纳税；完善国民保险税、资本利得税、遗产税[①]等。在地方税方面，1989～1990年撒切尔夫人在苏格兰和英格兰地区开征现代人头税（Poll Tax），或称为社区费（Community Charge），替代了原来地方强制征收的财产税，但是现代人头税并不受欢迎，1993年即被地方议会税取代。另外，英国政府还统一了各地存在差异的营业财产税。

进入21世纪，英国还未摆脱"英国病"却又面临金融危机和欧洲主权债务危机的冲击，英国税制改革仍在继续，主要是对税制的修补、完善。一是重视税率、税基等调整权的配合使用。以公司所得税为例，2000年以来，公司所得税法定税率从30%降至21%，已接近小企业公司所得税20%的低税率；并通过减少机器设备、工业厂房的折旧扣除额，扩大公司所得税税基以弥补税率降低带来的财政收入冲击（机器设备的折旧扣除额从25%降至20%再降至18%，工业厂房的资本税前扣除额则从4%降到0）。二是强调税种间的平衡协调。从英国几个主要税种的税率变化情况来看，所得税税率一直处于下调状态，增值税、国民保险税税率则是逐级上调。三是重视税制改革的渐进性。各主要税种的税制改革，无论税率变化，还是税基调整，均在几年间甚至几十年间的跨度期内逐步完成。四是注重税制的公平正义。以量能负担为原则，考虑到纳税人负担能力不同，英国政府在税制设计或税制要素调整上均比较注重税负公平。

① 1975年，遗产税被改为资产转移税，征收范围扩大到全部生前赠与。1986年通过新法案，将资产转移税改为现在的遗产税（Inheritance Tax）。

以遗产税为例，以7年为遗产转移年限（即如果死亡发生在赠与财产后7年内，则该项赠与财产将被征收遗产税；超过7年的，不征收遗产税），分别重新设置了0～40%六档税率，并将起征点从31.2万英镑提高到35万英镑，从而增强了其“量能征收”“劫富济贫”的公平正义性。①

2.2　税收管理体制概况

英国财政部负责开征和征收税收，但是征税的行政职能是由税务海关总署（Her Majesty's Revenue and Customs，简称HMRC）行使，税务海关总署隶属于财政部。2005年负责征收直接税的国内收入局和负责征收间接税的关税与消费税署合并为税务海关总署。税务海关总署的职员负责监督管理自行申报纳税系统以及税额审核批准，另外设有基层征收管理员，负责征收未缴纳的税款。税务海关总署检察办公室（Revenue and Customs Prosecutions Office）的职责是提供法律咨询以及经税务海关总署调查之后提起刑事起诉。英国设有税务法庭，用于受理税务诉讼案件。绝大多数税收由税务海关总署负责征收，车辆消费税、银行税等除外。

2.2.1　英国中央与地方政府收入构成情况

英国中央政府开征了绝大部分的税种，地方主体税种为财产税。英国绝大部分的税收收入均归属于中央政府。地方政府的税收收入仅包括地方财产税收入和地方国民保险税收入两部分，其中又以财

① 何宇杰，朱斌．英国税制改革动态及经验［J］．税务研究，2016（5）：91－93.

产税为主。表 2－1 和表 2－2 分别列出了 2010～2015 年英国中央政府和地方政府的财政收入规模及构成情况。

表 2－1　2010～2015 年英国中央政府税收收入规模及构成　单位：百万英镑

分类	2010 年	2011 年	2012 年	2013 年	2014 年	2015 年
财政收入	551738	579285	599071	623025	630939	658722
税收收入	519447	547902	551327	569999	588800	654136
所得、利润、资本利得的税收	198007	205046	199064	203499	206879	217794
国民保险税	119327	123508	126599	129766	133302	139820
对工资、劳动的征税	3413	0	0	0	0	0
财产税	26332	27762	29145	31115	31250	32398
商品和劳务税	172368	190132	194910	203448	214676	221197
国际贸易税	0	0	0	0	0	0
其他税收	0	1454	1609	2171	2693	42927

注：根据 GFS 数据库的数据信息，中央政府一级的拨款和其他收入均显示“未提供”，所以本表未列出除了税收收入之外的财政收入情况。

资料来源：根据国际货币基金组织 GFS 数据库①相关数据整理。

表 2－2　2010～2015 年英国地方政府财政收入规模及构成　单位：百万英镑

分类	2010 年	2011 年	2012 年	2013 年	2014 年	2015 年
财政收入	204451	198802	205769	194212	199758	199838
税收收入	30485	30967	31583	32830	34196	35480
所得、利润、资本利得的税收	0	0	0	0	0	0
国民保险税	4410	4531	4812	5006	5516	5907
对工资、劳动的征税	0	0	0	0	0	0

① http：//data. imf. org/？sk = 89418059 － d5c0 － 4330 － 8c41 － dbc2d8f90f46&sId = 1435762628665。

续表

分类	2010 年	2011 年	2012 年	2013 年	2014 年	2015 年
财产税	26075	26436	26771	27824	28680	29573
商品和服务税	0	0	0	0	0	0
国际贸易税	0	0	0	0	0	0
其他税收	0	0	0	0	0	0
财政拨款	145352	140172	146553	133299	135770	133951
其他收入	28614	27663	27633	28083	29688	30257

资料来源：根据国际货币基金组织 GFS 数据库①相关数据整理。

从税收比重来看，2010～2015 年各年中央政府税收收入占全国税收收入的比重分别为 94.46%、94.65%、94.58%、94.55%、94.51%、94.86%，税收也是中央政府最主要的收入来源。地方政府财政主要依赖于财政拨款，2010～2013 年各年地方税收收入占财政收入的比重分别仅为 14.91%、15.58%、15.35%、16.90%、17.12%、17.75%。

中央和地方政府均开征财产税，只是具体税种不同。从收入规模来看，中央政府财产税收入略高于地方政府，2015 年中央政府的财产税收入约占全国财产税收入的 52.3%，地方政府财产税收入约占 47.7%。尽管地方政府也有国民保险税收入，但是该税收入绝大多数归中央政府。2015 年中央政府国民保险税收入约占全国国民保险税收入的 95.9%，地方政府国民保险税收入约占 4.1%。

2.2.2 英国税收管理体制的基本特征

英国是中央集权制国家，税收立法权完全属于中央，只有中央

① http://data.imf.org/?sk=89418059-d5c0-4330-8c41-dbc2d8f90f46&sId=1435762628665。

政府有权决定开征税收，地方政府无税收立法权，不能设置、开征地方税种。地方政府只对属于本级政府的地方税享有征税权及适当的税率调整权和减免权，但这些权限受到中央的限制。英国实行严格的分税制，税收分为中央税种和地方税种，不设共享税。① 税收收入高度集中于中央，地方财政的主要来源是中央对地方的财政拨款。

中央政府征收的税种主要包括个人所得税、公司所得税、石油收益税、国民保险税、遗产税、资本利得税、印花税、增值税、消费税、环境税等，涵盖了绝大多数税种。地方政府征收的税种主要为议会税和营业财产税，其中营业财产税从 1990 年起被划为中央税种，由地方征收交给中央政府，再由中央财政按照一定比例在各地区之间分配②。

英国君主立宪制的政治体制，决定了税收管理体制的高度集中。1979 年苏格兰和威尔士在全民公投之后，放弃地方分权要求，财政分权因此也未能受到重视。另外由于增值税和所得税两大税种管理较难轻易变动，也是阻碍英国税收分权改革的重要原因。③

2.3 税制特点

英国主要税种有个人所得税、公司税、资本利得税、国民保险税、遗产税、增值税、消费税等主体税种，另外还有石油收益税、

---

① 财政部财政制度国际比较课题组编著．英国财政制度［M］．北京：中国财政经济出版社 1999，第 54～55 页。

② 付伯颖编著．外国税制教程［M］．北京：北京大学出版社 2010，第 294 页。

③ 财政部税收制度国际比较课题组编著．英国税制［M］．北京：中国财政经济出版社 2000，第 16 页、第 28～29 页。

船舶吨税、银行税、保险费税、印花税、气候变化税、垃圾填埋税、混泥料税、议会税、营业财产税、豪宅税等其他税种。税制呈现以下主要特点：

2.3.1 英国表现为"3+1"型现代税制结构

目前，英国税制结构以直接税为主体。2014/2015 财政年度英国政府收入约为 6486 亿英镑，其中，个人所得税 1637 亿英镑，增值税 1113 亿英镑，国民保险税 1103 亿英镑，消费税 469 亿英镑（燃油税 272 亿英镑，酒税 104 亿英镑，烟税 93 亿英镑），公司税 429 亿英镑，议会税 279 亿英镑，营业财产税 273 亿英镑，印花税 138 亿英镑，车辆消费税 59 亿英镑，资本利得税 56 亿英镑，遗产税 38 亿英镑，以及其他税收收入和非税收入 892 亿英镑①。

目前个人所得税仍为英国第一大税种，增值税已经超过国民保险税成为第二大税种。直接税在税收收入中的比重超过 60%，所得税、国民保险税、商品和服务税三个主体税类的占比约为 80%。英国税制基本体现了发达国家的现代税制结构特征，即以所得税、社会保障税（这里为国民保险税）、商品和劳务税为三大主体税种，以财产税类为辅助税种的"3+1"型税制结构②。

2.3.2 英国税收法律制度较为完善

英国根据法律征税，既有成文法也有判例法，既包含议会法案，也包括以法律形式明确的规定条例。英国没有独立的税收法典，而是有大量的税收法案。英国主要的税收法案有：《1952 年所得税法》

① 根据英国 2015 年夏季预算报告整理。

② 解学智，张志勇主编．世界税制现状与趋势（2014）［M］．北京：中国税务出版社 2014，第 15 页。

《1968年临时征税法》《1970年税收管理法》《1980年石油收益税法》《1983年增值税法》《1994年增值税法》《1984年遗产税法》《1988年所得税和公司税法》《1998年税收抵免法》《1999年税收抵免法》《2002年税收抵免法》《2003年所得税法》《2005年所得税法》《2006年议会税法（英格兰）》《2007年所得税法》《2009年公司税法》《2010年公司税法》《2015年土地印花税法》《2015年公司税法（北爱尔兰）》等。[①] 每年的财政法案（Finance Act）定期对上述法案进行修订。

在实践中，除了上述法律法规，税务海关总署还会发布指导税法实践的惯例声明、特殊的法定特许规定（extra-statutory concessions）、大量的解释说明、商业经济注释、税务公告、内部指引与税务从业者的协作规定[②]。每年的财政预算通常在3月份提交给议会，财政预算包括财政法案的相关提案，并公布接下来纳税年度的税率。每年的财政法案中包含了新修订的税收法规，于当年7月底生效。近些年不少法规都是在欧共体条约和英国加强税收筹划信息披露的背景下修订出台的。在有大选的年份（如2015年），可能会有额外的预算日和预算法案。

2.3.3 英国宏观税负处于发达国家的中等水平

根据OECD统计，1965年至2013年英国宏观税负水平（税收收入占GDP的比重）由29.3%上升至32.9%，与此对应的OECD国家宏观税负的非加权平均值分别为24.8%、34.2%。2013年34个OECD成员国中，有17个国家的宏观税负率高于英国。从整体来看，

---

① http://www.legislation.gov.uk/primary?title=tax。

② 资料来源：ACCA TAXATION PAPER F6教材。

英国宏观税负基本处于发达国家的中等水平。

2.3.4 重视发挥税收工具的调节作用

英国非常重视对税收工具的合理应用，以充分发挥税收的功能，避免良税成为恶税，在税收制度方面多有体现。

首先，从经济视角而言，英国的税收制度一方面重视发挥税收的激励作用，另一方面也对税收的抑制作用有所应用。例如，通过对个人储蓄账户（Individual Savings Accounts，ISA）免税、对养老金缴款的税收减免等措施鼓励个人增加储蓄，通过资本利得税减免鼓励企业家投资经营，通过税前扣除的方式鼓励企业投资厂房、机器设备等。通过征收消费税抑制吸烟、饮酒等行为，通过征收燃油税抑制机动车驾驶等。

其次，从社会视角而言，英国税收制度非常重视税收公平问题。目前英国的税收制度以直接税为主，对所得、利润、资本利得、财富的所有者均征收直接税，对消费者征收增值税以抑制支出鼓励储蓄。累进税率、个人免税额、不同税率的设定用于保证低收入群体免受过多税收负担。尽管对于税收公平的评价与判定未有统一的定论，但是不难发现英国税制中有很多规定都考虑到了不同群体的差异，以便区分不同群体的税收负担，尽可能向横向与纵向公平靠拢。

最后，从环境视角而言，当前英国税收制度中有很多“绿色”税种。这也是近20多年来英国税制的主要变化之处，税制设计更加关注可再生、非可再生能源资源以及全球变暖问题。例如开征气候变化税以抑制能源消费，征收垃圾填埋税以促进废物循环利用等，对汽车和私人使用燃油征税以促进生产、购买低二氧化碳排放量的汽车，从而减少对大气的碳排放量。

3　所得税类

3.1　个人所得税

英国是最早开征个人所得税的国家，个人所得税制经过长期调整完善，制度较为成熟、复杂。英国个人所得税实施混合所得税模式，即分类征收与综合申报相结合，也称之为半综合所得税制度①。

3.1.1　纳税人

英国个人所得税的纳税人包括自然人、合作企业、信托等。根据相应的判定标准，自然人分为英国居民、非居民。英国对个人所得同时实施居民管辖权和地域管辖权，英国居民应就其来源于境内外的所得缴纳个人所得税，非居民和信托应就其来源于英国的所得缴纳个人所得税。在2013/2014纳税年度，英国对税收居民的认定进行了法案修改，在此之前主要根据个人在英国的停留时间情况进行认定，即主要采用的是居所标准。自2013年4月6日起，英国开始实施法定居所判定标准（Statutory Residence Test，SRT）。该标准包括三部分：自动英国判定标准（automatic UK tests）；自动海外判定标准（automatic overseas tests）；充分关联判定标准（sufficient ties

---

① 半综合所得税制度的特点是不同类型个人所得的适用税率略有不同。解学智，张志勇主编．世界税制现状与趋势（2014）［M］．北京：中国税务出版社2014，第40页。

tests)[①]。该标准适用于个人所得税、资本利得税以及相应的公司税、遗产税的纳税义务的确定。

只要满足"自动英国判定标准"或"充分关联判定标准"，并且不满足"自动海外标准"，就被认定为英国税收居民。否则，将被认定为非居民。如何应用法定居所判定标准，流程图如图 3－1 所示。

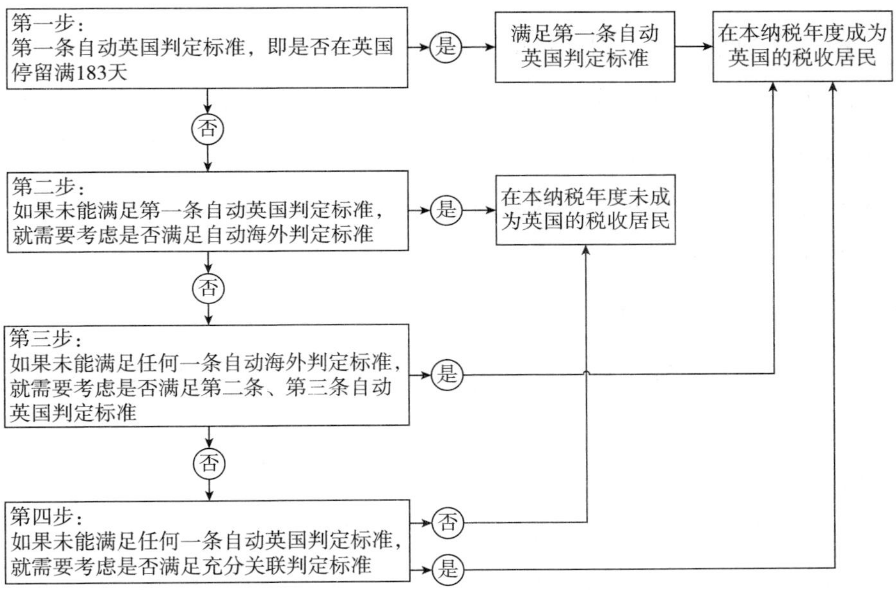

图 3－1　英国法定居所判定标准流程图

资料来源：根据英国政府官网文件《Guidance note：Statutory Residence Test (SRT)》[②] 整理。

1. 三项自动英国判定标准

第 1 项自动英国判定标准：在一个纳税年度内在英国至少停留

---

① https：//www. gov. uk/government/publications/rdr3-statutory-residence-test-srt。

② https：//www. gov. uk/government/publications/rdr3-statutory-residence-test-srt。

183 天。

第 2 项自动英国判定标准：在一个纳税年度中，个人是否在英国有住房。具体为：个人没有海外住房，或者有海外住房但在该纳税年度内在每个国外住房居住时间均少于 30 天，该个人在该纳税年度内在英国拥有住房且在该住房居住至少 30 天，并且拥有该住房至少连续 91 天（其中至少有 30 天属于该纳税年度）。

第 3 项自动英国判定标准：在英国无实质性中断的全职工作达到 365 天，并且这 365 天全部或部分属于该纳税年度。在英国的工作天数（当天在英国工作超过 3 小时计为 1 天）必须至少占该个人 365 天工作天数的 75%。在既属于 365 天期间也属于该纳税年度的天数内，至少有 1 天该个人在英国工作超过 3 小时。

2. 三项自动海外判定标准

第 1 项自动海外判定标准：个人在该纳税年度没有死亡且在英国停留时间少于 16 天，而且在之前三个纳税年度内至少在一个纳税年度成为英国居民。

第 2 项自动海外判定标准：个人在该纳税年度在英国停留时间少于 46 天，并且在之前三个纳税年度的任何一年均未成为英国居民。

第 3 项自动海外判定标准：个人在该纳税年度在海外全职工作且无实质性中断，而且在该纳税年度内该个人在英国的停留时间少于 91 天，在英国工作天数（当天在英国工作超过 3 小时计为 1 天）少于 31 天。

如果个人在该纳税年度是在车辆、飞机、船只上从事相关工作，而且所从事的工作至少有 6 次是与英国有关的跨境旅程（起点在英国、终点在英国、起点和终点均在英国），那么则不适用于第3项自动海外判定标准。

3. 充分关联判定标准

假如某个人既不满足自动英国居所判定标准，也不满足自动海外居所判定标准，如果他与英国存在“充分关联”（sufficient ties），将被认定为英国居民。关联条件的判断包括：如果个人在该纳税年度之前的三个纳税年度期间未成为英国税收居民，具体的判定要素包括家庭关联、住处关联、工作关联、90天停留时间（在英国至少停留90天）。如果个人在该纳税年度之前的三个纳税年度期间曾经成为英国税收居民，还需要考虑国家关联。

4. 针对死者的判定标准

对于死者来说，第一项自动海外判定标准失效，上述其他两项自动海外判定标准和自动英国判定标准同样适用，但是需要根据死亡日期进行适当调整。除此之外，还有针对死者的特殊判定标准：

第4项自动英国判定标准：个人在某纳税年度死亡，其在死亡之时在英国拥有住房，死者在之前三个纳税年度期间，每年都被认定为英国居民，死亡之前的那个纳税年度不是分割年度，如果该个人在海外拥有住房，在该纳税年度内其在海外住房的停留时间足够少。

第4项自动海外判定标准：个人在某纳税年度死亡，且在该纳税年度内在英国停留时间少于46天，而且该个人在之前两个纳税年度未成为英国居民，或者在之前一个纳税年度未成为英国居民并且满足再往前一个纳税年度为分割年度。

第5项自动海外判定标准：个人在某纳税年度死亡，且在之前两个纳税年度或者在之前一个纳税年度（并且满足再往前一个纳税年度为分割年度），满足上述第3项自动海外判定标准而被认定为非英国居民，并且从该纳税年度开始至其死亡前，该个人满足修正后的上述第3项自动海外判定标准。

3.1.2 纳税单位

英国个人所得税的常见纳税人身份有四种：配偶、民事伴侣（civil partners）、儿童以及合伙企业。对于已婚人士，配偶需各自计算其纳税义务，不能合并纳税。对登记民事伴侣者个人所得税的计算，与已婚人士相同。普通合伙企业（General Partnership）在税收上被认定为透明实体（Transparent Entities），合伙企业中的个人应就其各自的合伙所得和资本利得缴纳个人所得税。

3.1.3 征税对象

英国个人所得税的主要征税对象包括：雇佣所得、自营职业者所得（包括通过网络或app取得的销售服务所得）、某些政府补助金、多数养老金（包括政府养老金、企业和个人养老金、退休年金）、租金所得、工作福利、信托所得等[①]。英国对个人的资本利得单独课税，本书将在资本利得税部分详细介绍。个人所得税的纳税年度为每年4月6日至次年4月5日。

英国个人所得税的免税项目主要包括：来自于免税账户如个人储蓄账户和国民储蓄券的所得、自营职业者的交易免税额（1000英镑的免税标准）、租金收入的免税额（1000英镑的免税标准）、符合股息减免政策的公司股息所得、某些政府补助金、政府有奖证券或国家彩票奖金等。[②] 英国个人所得税制的一个特点就是对多种类型的

---

① https：//www. gov. uk/income-tax。

② https：//www. gov. uk/income-tax。

储蓄性投资所得免税，体现出英国对个人储蓄行为的税收激励。

在计算个人所得税时，首先需要将不同类型的所得划分为：非储蓄性所得（Non-Savings Income）、储蓄性所得（Savings Income）和股息所得（Dividend Income）。非储蓄性所得主要包括工资薪金、养老金、不动产所得、经营利润等。储蓄性所得，主要为利息所得，具体包括来源于银行和建房互助协会，政府债券、购买的终身年金的所得等。通常先计算非储蓄性所得的税额，再计算储蓄性所得的税额，而后是股息所得的税额。

3.1.4 扣除项目

英国个人所得税扣除项目分为两类，一类是与所得的取得密切相关的一些成本、费用，另一类是与个人所得无关。例如，符合条件的利息支出、个人的慈善捐赠支出，职业养老金缴款等。尽管养老金计划缴款可以在一定限额内进行税前扣除，但是个人支付的人寿保险费通常不可以扣除。医药费支出和医疗保险费也不可以扣除。对于自雇者的经营亏损，也可以在税前扣除。

3.1.5 宽免额（Allowances，免征额）

宽免额，也可称为免征额、免税额，是指可以在个人所得税前扣除的固定金额，主要针对英国的税收居民。非居民通常无法享受本部分所提到的各类税收宽免，只有符合特定条件的非居民才可以享受相关税收宽免和税收抵免政策。

1. 基本个人宽免（Personal Allowance）

在 2013/2014 纳税年度之前，基本个人宽免额视纳税人的年龄而定，按照 65 ~ 74 岁、75 岁及以上、65 岁以下确定不同的基本个人宽免额。自 2013/2014 纳税年度起，改为按照纳税人的出生日期确定基本个人宽免额，但是从 2016/2017 纳税年度起将不再按照出生日期区分基本个人宽免额，如表 3 - 1 所示。

表 3 - 1　　英国近几年个人所得税的基本个人宽免额　　单位：英镑

纳税人的出生日期	2013/2014 纳税年度	2014/2015 纳税年度	2015/2016 纳税年度	2016/2017 纳税年度	2017/2018 纳税年度	2018/2019 纳税年度
1938 年 4 月 6 日之前	10660	10660	10660	11000	11500	11850
1938 年 4 月 6 日 ~ 1948 年 4 月 5 日	10500	10500	10600	11000	11500	11850
1948 年 4 月 6 日及以后	9440	10000	10600	11000	11500	11850

资料来源：根据英国各年财政法案整理。

对于个人所得超过 10 万英镑的纳税人，不论其年龄，基本个人宽免额均存在递减机制。即超过 10 万英镑的部分，每增加 2 英镑所得，基本个人宽免额减少 1 英镑，直至减为零。另外，对于出生日期在 1938 年 4 月 6 日之前的纳税人，其基本个人宽免额更高（2015/2016 纳税年度）。因此，如果该纳税人在 2015/2016 纳税年度总收入超过 27700 英镑①，该基本个人宽免额也存在递减机制，减少的金额为超出 27700 英镑部分的一半，直至 10600 英镑。如果所得超过 10 万英镑，将进一步适用于前一项基本个人宽免额递减机制。

上述基本个人宽免额，通常是针对纳税人的非储蓄性应税所得、储蓄性所得进行税前扣除。除此之外，储蓄性所得、股息所得还有各自的宽免额。

2. 盲人宽免

对于登记在册的盲人，可以额外享受 2390 英镑的宽免额

① 在 2014/2015 纳税年度，这一限额为 27000 英镑。

（2018/2019 纳税年度）[①]。

3. 婚姻宽免

对于已婚人士和民事伴侣，有两项税收优惠政策，一是婚姻宽免（Marriage Allowance），二是已婚夫妇宽免（Married Couple's Allowance），前者为宽免额在配偶之间、民事伴侣之间的转移使用优惠政策，后者是针对年长配偶或民事伴侣关系的税收抵免优惠政策。

自 2017/2018 纳税年度起，出生日期都在 1935 年 4 月 6 日及以后的配偶之间、民事伴侣之间可以相互转移使用对方的基本个人宽免额，但是这一额度不能超过 1150 英镑[②]，还需要满足以下条件：转移方无需缴纳个人所得税，或不适用于高税率和附加税率，并且收入方不适用于高税率和附加税率，[③] 以此保证低收入群体能够享受该宽免政策。

如果已婚人士、民事伴侣中有一方出生日期在 1935 年 4 月 6 日之前，那么不适用于上述婚姻宽免政策，而是可以享受更加优惠的已婚夫妇宽免政策（Married Couple's Allowance）[④]。对于 2005 年 12 月 5 日之前结婚的纳税人，已婚夫妇宽免只适用于丈夫；对于在此日期之后的婚姻及民事伴侣关系，已婚夫妇宽免适用于较高收入一方。在一定条件下，配偶之间、民事伴侣之间也可以相互转移使用对方已婚夫妇宽免额的一部分数额。[⑤]

---

① 这一标准也是经常进行调整，例如，2015/2016、2016/2017 纳税年度，该额外宽免额为 2290 英镑。在 2017/2018 纳税年度，该额外宽免额为 2320 英镑。

② 相当于最多可以为对方减税 230 英镑（1150 × 20% = 230，20% 为基本税率）。该标准也动态调整，2018/2019 纳税年度，该值提高至 1190 英镑。

③ https：//www. gov. uk/government/publications/tax-and-tax-credit-rates-and-thresholds-for-2015 – 16/tax-and-tax-credit-rates-and-thresholds-for-2015 – 16。

④ 该政策不影响纳税人享受基本个人宽免，符合条件的纳税人可以同时享受基本个人宽免和已婚夫妇宽免政策。

⑤ https：//www. gov. uk/married-couples-allowance。

已婚夫妇宽免政策，实际上为税收抵免的形式，直接扣减纳税人的个人所得税应纳税额。这一政策在2015/2016纳税年度之前已经实施，可以认为是对存在已婚或民事伴侣关系的年老群体的税收优惠政策。在2014/2015纳税年度，符合条件的纳税人可以为自己减少税额最低314英镑，最高817英镑。到了2015/2016纳税年度，减税额度提高至最低为322英镑，最高为835.5英镑。在2017/2018纳税年度，减税额度继续提高至最低为326英镑，最高为844.5英镑。该减税政策存在递减机制，例如，在2017/2018纳税年度，当纳税人收入不超过28000英镑[①]（2017/2018纳税年度）时，可以减税844.5英镑；而当纳税人收入超过28000英镑时，每超过2英镑，减税额减少1英镑，直至减至326英镑。在2018/2019纳税年度，上述减税额度标准分别达到366英镑、869.5英镑。[②]

3.1.6 税率

英国个人所得税税率主要分为三种，基本税率（Basic Rate）、高税率（Higher Rate）、附加税率（Additional Rate），且与所得的类型密切相关。储蓄性所得和股息所得被视为个人所得的最高收入部分，如果纳税人同时具有应税的储蓄性所得和股息所得，则将股息所得视为个人所得的最高收入部分。因此，在计算个人所得税之前，需要依次排列非储蓄性所得、储蓄性所得、股息所得的应税所得，并将这三种类型应税所得进行加总，得到个人的总应税所得。在计

① 该门槛值标准经常进行调整，例如，2014/2015纳税年度，这一值为27000英镑，2015/2016纳税年度该值为27700英镑。

② https：//www.gov.uk/government/publications/rates-and-allowances-income-tax/income-tax-rates-and-allowances-current-and-past。

算个人所得税时，上述扣除项目、宽免额通常在非储蓄性所得部分进行扣除。下面将分别介绍非储蓄性所得、储蓄性所得、股息所得的税率表，见表3－2、表3－3、表3－4的级距对应于包含三种类型所得的总应纳税所得额。

表3－2　2014/2015～2017/2018纳税年度英国个人非储蓄性所得税率表

税率档次	2014/2015纳税年度		2015/2016纳税年度	
	级距（单位：英镑）	税率（%）	级距（单位：英镑）	税率（%）
基本税率	0～31865	20	0～31785	20
高税率	31866～150000	40	31786～150000	40
附加税率	超过150000	45	超过150000	45

税率档次	2016/2017纳税年度		2017/2018纳税年度	
	级距（单位：英镑）	税率（%）	级距（单位：英镑）	税率（%）
基本税率	0～32000	20	0～33500	20
高税率	32001～150000	40	33501～150000	40
附加税率	超过150000	45	超过150000	45

资料来源：根据英国政府官网信息整理①。

对比而言，2015/2016纳税年度非储蓄性所得基本税率的级距上限值有所下降②。这一级距上限在2016/2017纳税年度提高至32000英镑，且在2017/2018纳税年度继续提高至33500英镑。2018/2019纳税年度，基本税率的级距上限大幅提升至34500英镑。高税率的

① https：//www. gov. uk/government/publications/rates-and-allowances-income-tax/income-tax-rates-and-allowances-current-and-past。

② 自2011/2012纳税年度年起，非储蓄性所得基本税率的级距上限值每年均有所下降。

级距上限值仍保持在 150000 英镑。①

表 3－3　2014/2015～2017/2018 纳税年度英国个人储蓄性所得税率表

税率档次	2014/2015 纳税年度		2015/2016 纳税年度	
	级距（单位：英镑）	税率（%）	级距（单位：英镑）	税率（%）
起始税率	0～2880	10	0～5000	0
基本税率	2881～31865	20	5001～31785	20
高税率	31866～150000	40	31786～150000	40
附加税率	超过 150000	45	超过 150000	45
税率档次	2016/2017 纳税年度		2017/2018 纳税年度	
	级距（单位：英镑）	税率（%）	级距（单位：英镑）	税率（%）
起始税率	0～5000	10	0～5000	10
基本税率	5001～32000	20	5001～33500	20
高税率	32001～150000	40	33501～150000	40
附加税率	超过 150000	45	超过 150000	45

资料来源：根据英国政府官网信息整理②。

如果纳税人的非储蓄性所得已经超过表 3－3 中起始税率的级距上限，那么储蓄性所得的起始税率（starting rate）将不再有效。对比表 3－2 和表 3－3，可以发现储蓄性所得税率表多了一项起始税率，除此之外，基本税率、高税率、附加税率的级距上限值及相应的税率都相同。

① https：//www. gov. uk/government/publications/rates-and-allowances-income-tax/income-tax-rates-and-allowances-current-and-past tax-rates-and-bands。

② https：//www. gov. uk/government/publications/rates-and-allowances-income-tax/income-tax-rates-and-allowances-current-and-past tax-rates-and-bands.

表 3-4 2014/2015～2017/2018 纳税年度英国个人股息所得税率表

税率档次	2014/2015 纳税年度		2015/2016 纳税年度		根据股息抵免政策调整后的实际税率（%）
	级距（单位：英镑）	税率（%）	级距（单位：英镑）	税率（%）	
基本税率	0～31865	10	0～31785	10	0
高税率	31866～150000	32.5	31786～150000	32.5	25
附加税率	超过 150000	37.5	超过 150000	37.5	30.56
税率档次	2016/2017 纳税年度		2017/2018 纳税年度		根据股息抵免政策调整后的实际税率（%）
	级距（单位：英镑）	税率（%）	级距（单位：英镑）	税率（%）	
基本税率	0～32000	7.5	0～33500	7.5	-
高税率	32001～150000	32.5	33501～150000	32.5	25
附加税率	超过 150000	38.1	超过 150000	38.1	31.22

资料来源：根据英国政府官网信息整理，https：//www.gov.uk/government/publications/rates-and-allowances-income-tax/income-tax-rates-and-allowances-current-and-past。

因此对于股息所得，如果考虑到股息的税收抵免，那么股息所得的实际税率见表 3-4 最右侧一列。关于股息的税收抵免政策，详见下文股息税收抵免部分。自 2016 年 4 月 6 日起，英国实行新的股息免税政策，该免税额适用于任何获取股息所得的个人。具体规定为：股息所得的前 5000 英镑可以免税，但是股息免税额不会减少计算个人所得税时的总收入。自 2018 年 4 月 6 日起，上述 5000 英镑的股息免税额度降至 2000 英镑，税率未变。

对比上述三种类型所得的税率表，都为超额累进税率表。非储蓄性所得和储蓄性所得税率表的区别在于，储蓄性所得额外有一个起始税率。股息所得与其他所得的税率差别较大，股息的基本税率、高税率、附加税率均低于其他所得的高税率、附加税率。关于税率表的使用，详见下文个人所得税的计算步骤及示例。

3.1.7 税收抵免（Tax Credits）

除了上文所提到的已婚夫妇宽免，这里着重介绍工作税收抵免、儿童税收抵免，股息税收抵免的基本规定。其中，工作税收抵免、儿童税收抵免均属于可返还抵免，由政府直接支付款项到个人相关账户。需要指出的是，如果个人或其配偶、民事伴侣、同居者已经享受统一福利（Universal Credit）政策，那么该个人就不能享受工作税收抵免、儿童税收抵免。

1. 工作税收抵免（Working Tax Credit）

16~24 岁并且有小孩或者自身有特定残疾，或者年龄在 25 岁及以上的纳税人，满足以下条件时可以使用工作税收抵免：第一，每周工作时间达到一定数量（视个人具体情况而异）；第二，工作有收入；第三，收入低于一定标准。

工作税收抵免的基本标准为每年 1960 英镑（2017/2018 纳税年度），除此之外，视个人情况适用于额外的抵免税额。具体的抵免标准如表 3-5 所示。[①]

表 3-5 英国 2017/2018 纳税年度个人所得税工作税收抵免的额外抵免标准

个人情况	工作税收抵免标准
夫妇共同申请或民事伴侣共同申请	每年 2010 英镑

① https://www.gov.uk/working-tax-credit。

续表

个人情况	工作税收抵免标准
单身家长	每年 2010 英镑
每周至少工作 30 小时	每年 810 英镑
身患残疾	每年 3000 英镑
身患严重残疾	额外每年 1290 英镑
有儿童照料方面的支出	1 个小孩为每周 122.5 英镑 2 个及以上小孩为每周 210 英镑

资料来源：根据英国政府官网资料整理，https：//www.gov.uk/working-tax-credit/what-youll-get。

2. 儿童税收抵免（Child Tax Credit）

儿童税收抵免，主要是针对抚养儿童家庭的税收优惠政策。如果纳税人抚养有不超过 16 岁以及正在接受教育或培训的不超过 20 岁的儿童，可以享受儿童税收抵免。对于每位儿童，只有一位家庭成员可以使用该儿童的税收抵免额。儿童税收抵免的抵免金额包括两部分，基本抵免额和额外抵免额。2017/2018 纳税年度，基本抵免额为每位儿童每年 545 英镑，额外抵免额为每位儿童每年 2780 英镑。如果儿童有残疾，则可以额外再享受 3175 英镑的抵免额，即残疾儿童的儿童税收抵免总额为 6500 英镑。如果儿童残疾情况严重，则在上述基础上额外享受 1290 英镑的抵免额，即严重残疾儿童的儿童税收抵免总额为 7790 英镑。①

3. 股息税收抵免

目前英国公司税实行归集抵免制，因此对于个人股东来说，其取得的股息能够享受税收抵免政策，这意味着股息所得的实际税率

① https：//www.gov.uk/child-tax-credit/new-claim。

更低。具体规定为，股息的税收抵免额为股息金额的1/9，应税股息所得为股息加股息税收抵免额[①]，该抵免额在计算个人所得总的税收抵免时进行抵免。该抵免为不可返还抵免，即抵免额不能超过应纳税额。举例说明股息税收抵免额和实际税率的计算，如下：

假定约翰实际收到股息 900 英镑，那么相应的股息税收抵免额为 100 英镑（900×1/9=100）。在计算约翰的个人所得时，对应的应税股息所得（也即毛股息）则为 1000 英镑（900+100=1000）。假定约翰的应税股息所得适用于高税率 32.5%，可计算出股息税额为 325 英镑（1000×32.5%=325），减去股息税收抵免额 100 英镑，得出实际的股息应纳税额为 225 英镑。由此，可以得到实际税率为 25%（225/900=25%），对应于表 3-4 的实际税率。在计算个人股息所得应纳税额时，也可以直接用所收到的股息数额乘以股息实际税率。

3.1.8 个人所得税的计算步骤及示例

英国个人所得税的计算步骤如下[②]：

第一步，将个人所得进行分类。主要分为三类：第一类，非储蓄性所得；第二类，储蓄性所得；第三类，股息所得。

第二步，计算非储蓄性所得对应的税收。

第三步，计算储蓄性所得对应的税收。

第四步，计算股息所得对应的税收。

第五步，加总所有税额。

---

① 1999 年 4 月 5 日之后实施该政策。在此日期之前，英国对于股息支付实施的是预付公司税（advance corporation tax，ACT）征收制度。

② 参考 ACCA TAXATION PAPER F6 教材。

第六步，扣除股息的税收抵免。这部分税收抵免不能超过应纳税额。

第七步，扣除储蓄性所得对应的税收抵免以及预缴税额。这部分税收抵免可以超过应纳税额，超过的部分可以享受税收返还。

个人所得税计算示例：

假如乔治在2015/2016纳税年度的工资收入为43600英镑，其持有政府债券所取得的毛利息收入为1000英镑（净利息收入为800英镑，20%的预提税率），其持有股票所取得的净股息收入为1800英镑，缴纳职业养老金3000英镑。乔治出生于1971年1月21日。除了基本个人宽免和职业养老金缴款之外，乔治没有其他扣除项目和宽免项目。除了股息、利息的抵免之外，乔治没有其他抵免项目。请计算乔治在2015/2016纳税年度应缴纳的个人所得税。

解答：

第一，首先区分三种类型所得，工资收入属于非储蓄性所得，利息收入属于储蓄性所得，另外有股息所得。其中，股息所得应还原为毛股息所得，即2000英镑（$1800+1800\times1/9=2000$）。

第二，对照税率表，依次分别计算不同类型所得的税额。

非储蓄性所得的税额：$43600-3000-10600=30000$英镑（在非储蓄性所得这里扣除职业养老金缴款和基本个人宽免额10600）。

$30000\times20\%=6000$（$30000<31785$，适用于基本税率20%）。

储蓄性所得的税额：$1000\times20\%=200$（$30000+1000=31000>5000$，所以不适用起始税率0。$31000<31785$，因此适用于基本税率20%）。

股息所得的税额：$785\times10\%=78.5$（$31785-31000=785$，适

用于股息所得的基本税率10%）。

（2000－785）×32.5%＝394.875（超过31785英镑的部分，适用于股息所得的高税率32.5%）。

78.5＋394.875＝473.375（加总得到股息所得的总税额）。

第三，加总所有税额。

6000＋200＋473.375＝6673.375。

第四，进行股息税收抵免。

6673.375－1800×1/9＝6473.375。

第五，进行利息预提税抵免（因为题目未涉及预提税额数据，所以这里只考虑储蓄性所得的税收抵免）。

6473.375－1000×20%＝6273.375。

因此得出，乔治2015/2016纳税年度应缴纳的个人所得税为6273.375英镑。

3.1.9 申报缴纳

对于工资、薪金、养老金、储蓄性所得，征税采用预扣方式①，也称为“即得即缴”方式（pay-as-you-earn，PAYE），预扣税款在计算最终税额时进行抵免。对于其他类型的所得，需填写纳税申报表并申报纳税。如果自雇者的收入超过1000英镑，或者个人的免税收入（例如小费收入或财产出租收入）超过2500英镑，均需进行纳税申报②。

个人所得税按年征收，纳税年度为每年的4月6日至次年的4月5日，与个人相关的税收例如遗产税也适用于同样的纳税年度。

① 即源泉扣缴的方式，英国个人所得税制采用的是累计型源泉扣缴制。

② https://www.gov.uk/income-tax/how-you-pay-income-tax。

个人所得税的纳税年度与公司税的纳税年度、财政年度并不相同。个人所得税实行自行申报纳税，无需提前申报，在上一纳税年度结束之后进行申报，由纳税人自行计算税额。可以采取纸质或网上申报形式。纸质申报截至日期为10月31日，网上申报截至日期为次年1月31日，相关税款的支付需在1月31日之前完成[①]。

3.2　公司所得税

英国开征的公司所得税叫作公司税[②]（Corporation Tax），是对公司利润征收的所得税。英国于1965年正式开征公司税。在此之前是将公司视为非法人企业征收个人所得税和利润税，实行部分归集抵免制。从1965年～1973年3月，英国公司税采用的是古典制（Classical System）。1973年4月起，英国的公司税改为归集抵免制（Imputation System），延续至今。在归集抵免制下，1973年4月～1999年3月，实行的是预付公司税制度（Advance Corporation Tax，ACT），是指当公司每次分配其利润时，必须立即将分配收入的20/80（所得税低税率为20%时的比例）作为预付公司税交入国库，到会计年度结束后，公司将本期内预付的公司税从其本年度应纳的公司税中减去，得出实际应缴纳的公司税净额（mainstream corporation tax）[③]。1999年4月之后，英国的归集抵免制对于居民企业取得

---

① https：//www.gov.uk/self-assessment-tax-returns/deadlines。

② 英国财政法案对公司所得税的表述为“corporation tax”而非“corporate income tax”，因此这里译为公司税。英国税制中的“income tax”，通常是指个人所得税。

③ 财政部税收制度国际比较课题组．英国税制［M］．北京：中国财政经济出版社2000，第94～95页。

股息所得给予一定的税收抵免额，该抵免额等于股息分配公司的利润分配额的1/9。

3.2.1 纳税人

公司税的纳税人包括有限企业、外国公司在英国设立的分支机构、俱乐部、合作社、其他的非法人团体（如建房互助协会、运动俱乐部）等。如果公司在英国注册，或者公司的核心管理和控制地在英国，就会认定为英国的税收居民企业。被认定为英国居民企业，需要就全球所得向英国缴税，包括经营所得、投资所得、资本利得等。如果非居民企业在英国设立办公室或分支机构，则仅需就来源于英国的所得缴税。[①]

在英国开始进行经营活动，首先需要注册成为公司税的纳税人，保留好会计记录，并准备好公司税纳税申报，在会计期间结束之后9个月零1天之内支付公司税税额或者做无税申报，通常在会计期间结束之后12个月内进行公司税纳税申报。[②]

3.2.2 征税对象、扣除项目

公司税是对公司的净利润课税。英国的居民企业可以选择是否将海外常设机构的利润合并申报纳税。公司税的课征按照权责发生制。对来自大中型企业及特定小企业的股息收入、慈善机构的所得通常免税。利息、特许权使用费、费用等支出可以在税前扣除。股息支出、商业赠送礼品支出、招待费支出等不能在税前扣除。[③]

---

① https：//www. gov. uk/corporation-tax。

② https：//www. gov. uk/corporation-tax。

③ 参考 ACCA TAXATTON PAPER F6 教材。

3.2.3 资本扣除

企业购买机器设备时，可以申请资本扣除（Capital Allowance），从而可以将这些机器设备的全部或部分价值在税前利润中进行扣除。除了机器设备之外，其他可以享受资本扣除的项目有翻修经营场所（仅限于英国的劣势产业领域）、研发、专利、提炼矿产资源、产业技术的知识产权等。资本扣除的种类有每年投资扣除（Annual Investment Allowances，AIA）和首年扣除（First-year Allowances）。企业可以就机器和设备申请每年投资扣除，2008 年以来每年投资扣除标准多次调整（见表 3－6），2016 年 1 月 1 日起将再次调整，新的标准为 200000 英镑。

关于首年扣除政策，即对于企业购买符合条件的资产，企业可以在税前扣除全部购置成本。可以享受首年扣除政策的项目包括低二氧化碳排放量的汽车、节能设备、节水设备等，企业可以同时申请首年扣除和每年投资扣除。对于企业购置并用于经营的汽车，可以申请减值扣除，对汽车的部分价值进行税前扣除，但是不适用于每年投资扣除。汽车的减值扣除比率取决于汽车的二氧化碳排放量和购买日期。①

表 3－6　2008～2016 年不同类型企业的每年投资扣除标准

个体经营者/合伙者	有限公司	每年投资扣除标准（AIA）
2016 年 1 月起	2016 年 1 月起	200000 英镑
2014.4.6～2015.12.31	2014.4.1～2015.12.31	500000 英镑
2013.1.1～2014.4.5	2013.1.1～2014.3.31	250000 英镑

① https：//www.gov.uk/capital-allowance。

续表

个体经营者/合伙者	有限公司	每年投资扣除标准（AIA）
2012. 4. 6 ~2012. 12. 31	2012. 4. 1 ~2012. 12. 31	25000 英镑
2010. 4. 6 ~2012. 4. 5	2010. 4. 1 ~2012. 3. 31	100000 英镑
2008. 4. 6 ~2010. 4. 5	2008. 4. 1 ~2010. 3. 31	50000 英镑

资料来源：英国政府官方网站，https：//www. gov. uk/capital-allowances/annual-investment-allowance。

3. 2. 4 税率

英国公司税税率，形式上为比例税率。在 2015/2016 纳税年度之前，针对不同利润水平的企业，曾适用于不同的单一税率及税额计算方法，将公司税率分为标准税率（Main Rate）和小企业税率（Small Profits rate），标准税率通常高于小企业税率。

20 世纪末期，英国公司税税率开始呈下降趋势。在 20 世纪 90 年代期间，公司税的标准税率由 33% 降到 30%（1999 年），小企业税率由 25% 降到 20%（1999 年）。2000/2001 纳税年度至 2007/2008 纳税年度期间，公司税的标准税率一直稳定在 30%，小企业税率从 2002/2003 纳税年度起降至 19%，并一直持续到 2006/2007 纳税年度，并于 2007/2008 纳税年度上调至 20%，2008/2009 纳税年度继续上调至 21%。2008 年金融危机引发了新一轮降税浪潮，2008 年至今，英国公司税的标准税率不断下调。在 2015/2016 纳税年度，标准税率降至与小企业税率相同，统一为 20%。2016/2017 纳税年度，标准税率继续下降至 19%，如表 3－7 所示。2016 年财政法案指出，公司税标准税率则将在 2020/2021 纳税年度降至 17%。

表 3－7 近几年英国公司税的标准税率和小企业税率

纳税年度	标准税率（%）	小企业税率（%）
2008/2009 纳税年度至 2010/2011 纳税年度（2008 年 4 月 1 日～2010 年 3 月 31 日）	28	21
2011/2012 纳税年度	26	20
2012/2013 纳税年度	24	20
2013/2014 纳税年度	23	20
2014/2015 纳税年度	21	20
2015/2016 纳税年度	20	
2016/2017 纳税年度	19	
2017/2018 纳税年度	19	
2018/2019 纳税年度	19	

资料来源：根据英国历年财政法案整理。

对于 2015 年 4 月 1 日之前的利润适用的税率，分为标准税率和小企业税率。标准税率适用于应税利润超过 150 万英镑的企业以及所有封闭型投资控股企业（Closely Owned Investment-Holding Companies）。小企业税率适用于应税利润不超过 30 万英镑的企业。对于应税利润在 30 万（不含）～150 万英镑（含）的企业，其公司税税额的计算，首先按照标准税率计算税额，然后减去边际减免额（Marginal Relief），从而得到企业的应纳税额。

边际减免额的计算公式为：

$$\frac{1}{400}\times(M-P)\times\frac{I}{P}$$

其中，$\frac{1}{400}$ 为边际减免系数，M 为 150 万英镑（即该类型企业的应税利润上限），P 代表应税利润加免税的投资所得，I 代表公司税的应税利润。边际减免系数经常调整变动，具体如表 3－8 所示。

表3-8　　近几年英国公司税边际减免系数表

纳税年度	边际减免系数
2007/2008 纳税年度	1/40
2008/2009 纳税年度至 2010/2011 纳税年度	7/40
2009/2010 纳税年度	7/40
2010/2011 纳税年度	7/40
2011/2012 纳税年度	3/200
2012/2013 纳税年度	1/100
2013/2014 纳税年度	3/400
2014/2015 纳税年度	1/400

资料来源：根据英国历年财政法案整理。

自 2015 年 4 月 1 日起，英国公司税实施单一的比例税率 20%，不再区分标准税率和小企业税率，且不再应用边际减免方法①。

公司税的计算示例：

假如英国某企业在 2012/2013 纳税年度，取得应税利润 25 万英镑，享受免税的投资所得为 10 万英镑。该企业 2013/2014 纳税年度，取得应税利润 120 万英镑，享受免税待遇的投资所得为 40 万英镑。该企业在 2014/2015 纳税年度，取得应税利润 160 万英镑，享受免税待遇的投资所得为 50 万英镑。假定该企业在 2015/2016 纳税年度取得应税利润 130 万英镑，享受免税待遇的投资所得为 10 万英镑。请计算该企业在 2012/2013 纳税年度、2013/2014 纳税年度、2014/2015 纳税年度以及 2015/2016 纳税年度分别应缴纳的公司税税额。

解答：

① “篱笆圈利润”除外，详见下文。

2012/2013 纳税年度应纳税额为：25 × 20% = 5 万英镑。

2013/2014 纳税年度应纳税额为：$120 \times 23\% - \frac{3}{400} \times (150 - 160) \times \frac{120}{160} = 27.65625$ 万英镑。

2014/2015 纳税年度应纳税额为：160 × 21% = 33.6 万英镑。

2015/2016 纳税年度应纳税额为：130 × 20% = 26 万英镑。

3.2.5 对石油、天然气企业利润的征税规定

1. “篱笆圈利润”税收

特别地，需将“篱笆圈利润”与其他利润分别处理，单独计算“篱笆圈利润”的公司税税额。即，对于北海石油、天然气开采生产企业所取得的利润（“篱笆圈利润”），所适用的公司税标准税率为30%，小企业税率为19%[①]。如果这类企业的应税利润处于30万（不含）~150万英镑（含），目前仍适用于“边际减免”公式进行计算，方法与普通企业在2015年4月1日之前所取得利润的税额计算相同。但是，边际减免系数不同，对“篱笆圈利润”征税的边际减免系数为$\frac{11}{400}$，这一系数相对较为稳定，近几年均未变动。

另外，这类企业还需就其“篱笆圈利润”缴纳税率为20%的附加税[②]，计算方法与上述“篱笆圈利润”公司税一致。“篱笆圈”的目的是为了防止在英国及其大陆架的油气生产中企业过多地支付利息或因为其他活动损失而减少应税利润。

---

① 近几年英国公司所得税率下调，并不包括篱笆圈利润。

② 该附加税是以利润为税基，而非公司税税额。之前该附加税率较高，例如2014年为32%，自2015年1月1日起降至20%。该附加税不允许融资成本税前扣除。

2. 石油收益税

对于在1993年3月16日之前获准在英国、英国领海和大陆架开发石油和天然气的企业，其取得的利润应缴纳50%的石油收益税（Petroleum Revenue Tax，PRT）。自2016年1月1日起，该税率降至0，但是并未取消，以便于企业追溯之前的纳税情况。① 石油收益税和公司税的关系，可以认为是补充关系，即对于石油收益税的纳税人，还应缴纳公司税。

3.2.6 税收减免政策

1. 研发减免

英国对中小企业和大企业实行不同的研发减免政策。研发减免的优惠对象为企业符合条件的研发成本，即为一定比例的经认定研发支出。对于小企业（员工少于500人，营业额低于1亿英镑或资产负债表上的总值低于860万英镑），可享受的税收减免额为经认定研发成本的130%。即，对于每100英镑的经认定研发成本，企业可以税前额外扣除30英镑的研发支出额。如果企业当期经营亏损，仍可以享受研发减免，即允许企业额外增加经营亏损，增加的数额等于经认定研发成本的30%。自2015年4月1日起，可享受的税收减免额为经认定研发成本的230%。即，对于每100英镑的经认定研发成本，企业可以税前额外扣除130英镑的研发支出额。②

2013年4月1日之后开始实施研发支出抵免计划（Research and Development Expenditure Credit Scheme），大企业可以在该计划与大企业提升－扣除计划（Large Company enhanced-deduction scheme）之间

① https：//www. gov. uk/guidance/oil-gas-and-mining-petroleum-revenue-tax。

② https：//www. gov. uk/guidance/corporation-tax-research-and-development-rd-relief。

选择其一申请研发减免，2016 年 4 月起大企业提升 - 扣除计划将被研发支出抵免计划替代。在研发支出抵免计划下，自 2015 年 4 月 1 日起，大企业可以享受税收减免的研发成本比例为经认定的研发支出的 11%。从 2018 年 1 月 1 日起，该比例进一步提高至 12%。①

2. 创意产业减免

创意产业减免政策主要包括电影税收减免（Film Tax Relief，FTR）、动画税收减免（Animation Tax Relief，ATR）、高端电视减免（High-end Television Tax Relief，HTR）、视频游戏税收减免（Video Games Tax Relief，VGTR）、剧院税收减免（Theatre Tax Relief，TTR）等。只有通过文化测试的创意产业或者经国际公认合作生产条约认定为英国电影、英国项目或者英国视频游戏，才能享受相应的税收减免。创意产业税收减免的形式，主要是允许企业在税前扣除更多金额的企业支出，在一些特殊情况下，如企业亏损时，企业还可以将部分或全部亏损转换为可返还税收抵免额。②

3. 专利盒政策

很多欧洲国家都有专利盒政策，即对专利权利或类似权利给予减免税的优惠政策。英国的专利盒（Patent Box）政策规定，对企业在 2013 年 4 月 1 日之后从专利发明中取得的利润，适用于更低的公司税税率（10%）。该政策自 2013 年 4 月 1 日起分阶段实施，对于企业通过专利发明所取得的利润，只有一定比例的利润能够享受低税率优惠。2013/2014 财政年度，这一比例为 60%；2014/2015 财政年度，该比例为 70%；2015/2016 财政年度，该比例为 80%；2016/

① https：//www. gov. uk/guidance/corporation-tax-research-and-development-rd-relief。

② https：//www. gov. uk/guidance/corporation-tax-creative-industry-tax-reliefs。

2017 财政年度，该比例为 90%；2017/2018 财政年度起，该比例为 100%。[①] 企业也可以选择税前扣除的方式享受该政策，税前扣除额的具体计算公式为：

$$RP \times FY\% \times [(MR - IPR) \div MR]$$

其中，RP 为与专利盒相关的企业利润，即企业利用专利发明取得的利润；$FY\%$ 为当年财政年度企业可享受该优惠的利润比例；MR 为公司税的标准税率；IPR 为更低税率 10%。[②]

除了上述税收减免政策之外，英国对社区业余体育俱乐部、企业解散有相应的税收减免政策。

3.2.7 申报缴纳

与个人所得税的纳税年度（4 月 6 日至次年 4 月 5 日）不同，公司税的纳税年度为财政年度，即每年 4 月 1 日至次年 3 月 31 日。对居民企业的支付款项，不征收预提税。对非居民的支付款项，视情况而征收预提税，股息为 0，利息为 20%，特许权使用费为 20%，或根据相关国际税收协定规定。

企业采用自核自缴的方式在网上自行申报纳税。中小企业（企业利润未达到 150 万英镑）在会计年度结束后的 9 个月零 1 天内计算并缴纳税额。会计年度通常为企业的财务年度。对于 12 月的会计制度，大企业[③]须分季度支付税款，分别为自会计年度开始后的 6 个月零 13 天、首次支付之后 3 个月、第二次支付之后 3 个月、会计年

① https：//www. gov. uk/guidance/corporation-tax-the-patent-box。

② https：//www. gov. uk/guidance/corporation-tax-the-patent-box。

③ 这里的大企业是指每年利润超过 150 万英镑的企业。不同于英国税务海关总署在纳税服务中对大企业纳税人的认定标准，详见 6. 2 的相关内容。

度结束之后3个月零14天。如果会计年度少于12个月，则最后一次支付是在会计年度结束后的3个月零14天；如果会计年度少于3个月，则首次支付是在会计年度开始后的6个月零13天。①

3.3 资本利得税

英国的资本利得税开征于1965年，主要针对个人和信托受托人（Trustees）在处理资产时产生的利得征收。假如托尼花费3000英镑买了一幅油画，之后以15000英镑卖掉这幅画，这意味着托尼得到了12000英镑的资本利得，托尼应就12000英镑缴纳个人的资本利得税。②

目前，英国资本利得税的纳税人包括个人、信托受托人、死者的个人代理人。特别地，个体经营者、经营合伙者，也需要就资本利得缴纳该税。在英国，公司的资本利得应并入到公司所得，征收公司税。公司的资本利得适用于普通公司税税率，并未单独课征资本利得税。

英国资本利得税的纳税年度与个人所得税相同。2015/2016纳税年度，资本利得的每年宽免额为11100英镑(2014/2015纳税年度为11000英镑、2013/2014纳税年度为10900英镑)。2015/2016纳税年度信托的每年宽免额为5550英镑（2014/2015纳税年度为5500英镑、2013/2014纳税年度为5450英镑），如果信托受益人为残疾人，2015/2016纳税年度该信托的每年宽免额为11100英镑（2014/2015纳税年度为11000英

① https：//www. gov. uk/pay-corporation-tax。

② https：//www. gov. uk/capital-gains-tax。

镑、2013/2014 纳税年度为 10900 英镑)。该免税额标准经常进行调整，在 2018/2019 纳税年度，资本利得和受益人为残疾人的信托，每年宽免额已提高至 11700 英镑，其他信托的每年宽免额提高至 5850 英镑。①

在 2010 年 6 月 22 日之前，英国资本利得税实行单一比例税率。在此之后，英国实施更复杂的税率形式，且与个人所得税率表密切相关。尽管对个人的资本利得单独课征资本利得税，但是目前资本利得税应纳税额的计算仍与个人所得税税额计算密切相关。在计算资本利得税的纳税义务时，首先要将扣除宽免额后的资本利得，加上该个人的个人所得税应税所得，得出一个加总值。以 2015/2016 纳税年度为例，该加总值不超过 31785 英镑②的部分，对应的资本利得税率为 18%；超过 31785 英镑的部分，对应的资本利得税率为 28%。该税率规定适用于个人所得税只需缴纳基本税率的纳税人。而对于个人所得税需缴纳高税率或附加税率的纳税人，其资本利得税税率为单一税率 28%。

承接上面个人所得税的计算示例，乔治在 2015/2016 纳税年度取得了 16100 英镑的资本利得，那么其资本利得税应纳税额为（16100 - 11100）×28% =1400 英镑。因为乔治在该纳税年度个人所得税不仅适用于基本税率，而且适用于高税率和附加税率，所以其资本利得适用于 28% 的税率。

再如，假如托尼在 2015/2016 纳税年度扣除宽免额后的个人应税所得为 31000 英镑，资本利得为 12100 英镑（扣除宽免额后的应

① https://www.gov.uk/government/publications/rates-and-allowances-capital-gains-tax/capital-gains-tax-rates-and-annual-tax-free-allowances#tax-free-allowances-for-capital-gains-tax。

② 该级距上限为 2015/2016 纳税年度个人所得税基本税率的级距上限。

税资本利得为1000英镑），在该纳税年度，托尼的个人所得税只需缴纳基本税率，所以根据上述规定，托尼的资本利得税的应纳税额为（31785－31000）×18%＋215×28%＝201.5英镑。

在2013～2016纳税年度期间，对于信托的受托人和死者个人代理人，其从信托资产或死者财产所取得的资本利得，税率为单一税率28%。对于符合企业家减免条件的个体经营者或合伙者，税率为10%。对于个人通过企业等转让、出售“豪宅”（这里是指豪宅税[①]征税对象，即符合一定条件的住宅性财产）所取得的资本利得，适用于28%的税率，且不允许扣除每年宽免额。非居民企业处理在英国的资产，适用于20%的税率。[②]

自2016/2017纳税年度起，英国资本利得税率有了较大调整，将个人的普通资本利得区分为两类：住宅房地产、附带权益和其他资本利得。对于前者，税率不变；对于后者，税率分别由18%下调至10%，由28%下调至20%。对于信托的受托人和死者个人代理人，将非住宅房地产的资本利得税率由28%下调至20%，住宅房地产资本利得仍保持28%的税率。上述其他类型的资本利得税率不变。[③]

个人出售自住房屋，只要满足一定的条件（这些条件主要是用来限制个人并非投资目的而出售房屋），无需缴纳资本利得税。对配偶、民事伴侣、慈善机构的赠与，亦无需缴纳资本利得税。如果该

---

① 豪宅税的相关介绍见下文财产税部分。

② https：//www.gov.uk/government/publications/rates-and-allowances-capital-gains-tax/capital-gains-tax-rates-and-annual-tax-free-allowances#tax-free-allowances-for-capital-gains-tax。

③ https：//www.gov.uk/government/publications/rates-and-allowances-capital-gains-tax/capital-gains-tax-rates-and-annual-tax-free-allowances#tax-free-allowances-for-capital-gains-tax。

资产为经营资产，纳税人可享受一定的税收减免。

3.4 国民保险税

国民保险税（National Insurance Contributions，NICs）[①]，即社会保障缴款。根据2018/2019纳税年度的规定，年龄在16岁及以上的公民，每周收入在162英镑以上的雇员，每年取得利润在6205英镑及以上的自雇者，均需缴纳国民保险税[②]。纳税人拥有自己的社会保障识别号（National Insurance Number）。[③] 当雇员、雇主达到国家法定领取养老金年龄（State Pension Age）之后，即无需继续缴纳相应分类的国民保险税。

国民保险税由四类构成：第一类国民保险税（雇主、雇员缴纳）、第二类国民保险税（自雇者缴纳）、第三类国民保险税（自愿参加社会保险人员缴纳）、第四类国民保险税（自雇者缴纳）。[④]

3.4.1 第一类国民保险税

第一类国民保险税有几个概念，雇员缴款（Primary Contribution，也称为初级缴款）；雇主缴款（Second Contribution，也称为次级缴款）；缴税门槛（Primary Earnings Threshold）；低收入限值（Lower Earnings Limit）；高收入限值（Upper Earnings Limit）。如果雇员收入处于低收入限值至雇员缴税门槛之间，那么该雇员无需缴纳国民保

① 这里之所以译为国民保险税，而非国民保险费或国民保险缴款，主要是与OECD对税收分类的统计口径相一致。OECD的税种分类中，第二大类即为社会保障税。

② 这里的每周收入标准、每年利润标准，通常每年进行动态调整。

③ https://www.gov.uk/national-insurance。

④ https://www.gov.uk/national-insurance/national-insurance-classes。

险税却可以享受缴税的相关福利。

第一类国民保险税是指雇员及雇主缴纳的部分，是国民保险税中最大的一类。对于雇员，2018/2019 纳税年度每周收入的第一笔 162 英镑无需缴纳国民保险税，意味着免税额为 162 英镑；每周收入在 162 ~ 892 英镑的部分，对应的税率为 12%；每周收入在 892 英镑以上的部分，对应的税率为 2%。这里的 162 英镑即为雇员缴税门槛，892 英镑为高收入限值，另有低收入限值为 116 英镑。雇员所应缴纳的这部分国民保险税由雇主在支付报酬时代扣代缴。雇主对于雇员每周收入超过 162 英镑的部分，应缴纳 13.8% 的国民保险税，这里的 162 英镑为雇主缴税门槛。有时每周收入可能无法确定，英国对以每月支付报酬的情形也规定了相应的低收入限值、雇员缴税门槛、雇主缴税门槛、高收入限值①。另外还有第一类 A 型（Class1A）和第一类 B 型（Class1B）国民保险税，主要适用于雇主发放给雇员的非现金福利，均由雇主缴纳，每年只需缴纳一次，适用于 13.8% 的税率。

3.4.2 第二类国民保险税

自雇者每周需缴纳 2.95 英镑（2018/2019 纳税年度）。② 该税额通常每年进行调整，在 2017/2018 纳税年度，该税额为 2.85 英镑。对收入低于 6205 英镑（2018/2019 纳税年度）的个人免税。自雇者符合规定的支出，可以从其自雇收入中进行税前扣除。第二类国民保险税，由自雇者自行申报纳税。

---

① 详见 https://www.gov.uk/government/publications/rates-and-allowances-national-insurance-contributions/rates-and-allowances-national-insurance-contributions。

② https://www.gov.uk/voluntary-national-insurance-contributions/rates。

3.4.3 第三类国民保险税

该类属于自愿参保缴纳。针对自愿参加社会保险的人员，每周需缴纳14.65英镑（2018/2019纳税年度）。[①] 该税额通常每年进行调整。这一类国民保险税主要适用于为弥补缴税年限不足而自愿缴税的人员。这些人员可能曾经缴纳过第一类或第二类国民保险税，但有一段时间未缴纳国民保险税。一些在英国本土以外工作的英国人，也可以选择缴纳第三类国民保险税以便晚年回到英国生活可以领取养老金[②]。

3.4.4 第四类国民保险税

针对自雇者，2018/2019纳税年度每年收入在8424～46350英镑，对应税率为9%；超过46350英镑的部分，对应税率为2%。第四类国民保险税，由自雇者自行申报纳税。[③]

通常，英国每年都会根据零售价格指数对国民保险税的定额税率、缴税门槛、低收入限值、高收入限值进行调整。雇员缴纳的国民保险税，不能在计算其个人所得税时税前扣除。而雇主缴纳的国民保险税，可以在计算公司税时税前扣除。纳税人所缴纳的国民保险税，是为英国各类社会保障制度提供资金，具体对应关系如表3－9所示。

表3－9　英国国民保险税的主要用途

福利形式	第一类国民保险税：雇员	第二类国民保险税：自雇者	第三类国民保险税：自愿参加社会保险人员
基本国家养老金	是	是	是
附加国家养老金	是	否	否

① https：//www.gov.uk/voluntary-national-insurance-contributions/rates。

② 郑春荣编著．英国社会保障制度［M］．上海：上海人民出版社2012，第74页。

③ https：//www.gov.uk/self-employed-national-insurance-rates。

续表

福利形式	第一类国民保险税：雇员	第二类国民保险税：自雇者	第三类国民保险税：自愿参加社会保险人员
新国家养老金	是	是	是
基于缴税金额的求职者津贴	是	否	否
基于缴税金额的就业与援助津贴	是	是	否
生育津贴	是	是	否
丧葬补助	是	是	是

资料来源：英国政府官方网站，https://www.gov.uk/national-insurance/what-national-insurance-is-for。

小资料：英国社会保障制度①

英国的福利模式属于自由主义类型的福利制度，既强调自由市场经济中的个人选择权，也强调所得再分配的公平性。因此，个人所得税和国民保险税都是低税率，社会保险资金的主要来源为一般税收，福利制度的基本理念是补余原则，以保障最低生活水平为底线，在不违反市场机制运作规则的前提下，依照社会普遍生活水平来决定福利保障范围。英国的社会保障制度通常被称之为“最后一道补偿性的防线”，区别于北欧国家的社会民主模式和德意法的法团主义模式。

英国社会保障制度最初是由零星的、小规模的基督教教义所倡导的慈善济贫行动，之后发展为政府的职能，由最初的《济贫法》到1942年《贝弗里奇报告》，形成了目前的社会保障支出占GDP比

① 资料来源：郑春荣编著．英国社会保障制度［M］．上海：上海人民出版社2012，第1~2页、第19~54页。

重较低的贝弗里奇模式。《贝弗里奇报告》设计了一整套“从摇篮到坟墓”的社会福利制度，包含失业、伤残和培训保险金，退休养老金，生育保险金，寡妇保险金，监护人保险金，抚养补贴，子女补贴，工伤养老金，一次性补助金（结婚、生育、丧葬和工伤补助金4种）共计9种社会保险待遇。

4 商品税类

4.1 增值税

英国于 1973 年起开始实施增值税制度。目前增值税的征收范围为在英国境内供应的商品和劳务，包括从其他欧盟成员国购买的产品，以及从非欧盟成员国进口的产品。商业销售、租用或出借商品、委托、个人自用产品、出售给职员的产品等都属于英国增值税的应税范围。达到一定流转额标准的个人或实体，需要进行增值税注册，2018/2019 纳税年度的具体规定为：如果 12 个月内的应税交易额超过 85000 英镑，或者预期未来 30 天内的交易额会超过 85000 英镑，或者尽管只在英国销售增值税免税产品但是从欧盟成员国增值税注册供应商处购买超过 85000 英镑的商品用于自身经营，均需进行增值税登记注册。低于该标准的，个人或实体可以自愿选择是否进行登记注册。①

与 OECD 成员国的增值税平均税率相比，1990～2010 年英国增值税标准税率低于 OECD 成员国的平均水平，2011 年起英国提高标准税率至 20%，高于 OECD 成员国的平均水平（见表 4－1）。英国的增值税制度实行的是欧洲传统型增值税模式。除了标准税率 20%

① 资料来源：https：//www.gov.uk/vat-registration。增值税登记注册门槛值通常每年进行调整。例如，2015/2016 纳税年度的增值税登记注册门槛值为 82000 英镑。

之外，有一档5%的低税率，适用范围为儿童车载座椅、家用燃料与能源、移动式老年服务、部分安全防护设备等。另外，还有一档零税率，适用范围包括大多数对非欧盟成员国出口的商品、书籍报刊、儿童服装与鞋子、摩托车头盔、向欧共体其他增值税纳税人提供的商品和服务、多数食品饮料。免税范围包括：体能教育与运动活动，博彩行为（包括彩票销售，在线博彩，宾果博彩等），公共机构或合法文化机构从事文化活动收取的入场费，由私人出售给公共收藏机构的古玩等艺术品，健康、教育、福利与慈善等活动，金融服务、投资与保险等。①

表4－1　　英国增值税标准税率变化　　单位：%

年份	1990	2000	2005	2006	2007	2008	2009	2010	2011	2012	2013	2014	2015
英国	15	17.5	17.5	17.5	17.5	17.5	15	17.5	20	20	20	20	20
OECD平均	16.7	18	17.8	17.7	17.8	17.7	17.6	18	18.5	18.7	18.9	19	19.2

资料来源：OECD网站，http://www.oecd.org/ctp/tax-policy/tax-database.htm#VATTables。

4.2　消费税

消费税的征税对象为特定的商品，包括特定的进口产品、家庭自产的产品等，如烟、酒、燃油等。对特殊消费行为征收的税，主要有车辆消费税、博彩游戏税、航空旅客税。

4.2.1　烟税（Tobacco Products Duty）

征税对象包括卷烟、雪茄、手卷烟、烟丝、嚼烟、不含烟草及

① https://www.gov.uk/guidance/rates-of-vat-on-different-goods-and-services。

替代物的草本烟产品以及其他烟制品等。卷烟的征税方式为从价与从量计征相结合，税率为零售价格的16.5%，再加上189.49英镑/每千支的定额税。雪茄的税率为每千克236.37英镑，手卷烟的税率为每千克185.74英镑，嚼烟和其他烟草制品的税率为每千克103.91英镑。[①]

4.2.2 酒税（Alcohol Duties）

具体分为啤酒税（Beer Duty）、果酒税（Cider Duty）、葡萄酒税（Wine Duty）、烈酒税（Spirits Duty），征税环节均为生产、制造、进口环节。烈酒以及酒精体积分数超过22%的葡萄酒，适用于每升纯酒精27.66英镑的税额[②]。根据酒精体积分数，啤酒税、果酒税、葡萄酒税均划分为多档定额税率。比较而言，啤酒税的税率最低，其次为果酒税，葡萄酒税的税率最高。[③]

4.2.3 燃油税（Fuel Duty）

燃油税是对生产、进口或使用燃油类产品征收的税收，由生产者、进口商或使用者缴纳，采用定额税率。例如，无铅汽油、柴油、生物柴油、生物乙醇、用于私人娱乐飞行的航空涡轮燃料，税率为每升0.5795英镑；航空汽油，税率为每升0.377英镑；燃料油，税率为每升0.107英镑等；液化石油气，税率为每千克0.3161英镑；含沼气的公路燃料天然气，税率为每千克0.247英镑[④]。

4.2.4 车辆消费税（Vehicle Excise Duty）

机动车的所有者是车辆消费税的纳税人，在领取许可证时同时

---

① https://www.gov.uk/topic/business-tax/tobacco-products-duty。

② 在2015年3月23日之前，该税率为每升纯酒精28.22英镑。

③ https://www.gov.uk/topic/business-tax/alcohol-duties。

④ 具体税率详见：https://www.gov.uk/guidance/fuel-duty。燃油税的税率较为稳定。

缴纳车辆消费税。注册时间在2001年3月1日之前的车辆，车辆消费税税率取决于发动机排量。注册时间在2001年3月1日及以后的车辆，车辆消费税税率取决于二氧化碳排放量及燃料类型。税率设置较为复杂，分为多个体系、多个档次，均为定额税率。从2010年4月1日起，购买的新车需按首次许可税率（First Licence Rates）缴纳车辆消费税，第二次许可时才开始适用标准税率。为了实现欧盟排放控制目标，英国将对2017年4月1日及之后注册的汽车，适用于新的车辆消费税规定①。

4.2.5 博彩游戏税②

博彩游戏税的种类共有7种，彩票税（Lottery Duty）、赌博税（Gaming Duty）、一般博彩税（General Betting Duty）、池投注税（Pool Betting Duty）、宾戈游戏税（Bingo Duty）、机器游戏税（Machine Games Duty）、远程游戏税（Remote Gaming Duty）。一般博彩税、池投注税、远程游戏税都根据消费地原则征税。

彩票税的税率为购买彩票价格的12%（2015/2016纳税年度）。但是，除了国家彩票之外的大多数彩票都免征彩票税。赌博税是对赌场利润征收的税，纳税人为赌场等赌博经营场所的经营管理者，以博彩总收益为税基（不包括经营场所的管理收费），适用于五档超额累进税率（15%/20%/30%/40%/50%）③，会计周期为6个月，政府每年会调整各档级距。一般博彩税开征于2014年底，对博彩庄

① 新的车辆消费税规定，主要是增加了二氧化碳排放量在100g/km以下的税率等级，并普遍提高了定额税率。

② 本部分主要参考：https：//www.gov.uk/government/collections/gambling-duties-forms。

③ 具体税率详见：https：//www.gov.uk/government/publications/excise-notice-453-gaming-duty/excise-notice-453-gaming-duty。

家的利润征收，包括庄家组织价差赌注的利润、庄家组织赛马或赛狗的一般投注和池投注利润等。对于固定赔率投注、赛马或赛狗的赌金机制，税率为净投注金收入（主要来自庄家的总利润）的15%；对于金融价差赌注，税率为净投注金收入的3%；对于其他类型的价差赌注，税率为净投注金收入的10%。[①] 池投注税对每个会计年度内的净池投注收入征税，税率为15%（2015/2016纳税年度）。

宾戈游戏税，是对在英国境内组织和促销宾戈游戏取得的利润课征的税收。为宾戈游戏提供设备，通常免征增值税。2014年政府将宾戈游戏税率由20%降至10%。机器游戏税，对从应税机器游戏中取得的净收入征收，2015/2016纳税年度共有3个税率，低税率5%、标准税率20%、高税率25%，分别适用于不同类型的游戏机器情形。远程游戏税，对远程游戏的提供商所取得的利润征收，无论提供者位于何地，都需缴纳该税，税率为15%（2015/2016纳税年度）。

4.2.6 航空旅客税（Air Passenger Duty）

英国航空运营商[②]通常需要进行注册，并替旅客缴纳航空旅客税。征收范围为从英国出发的旅客，该税通常包含在机票价格中向旅客收取，再由航空运营商向税务海关总署缴纳。自2016年3月1日起，从英国出发的、年龄在16岁以下的乘客乘坐标准舱免征航空旅客税，税率也调整为：里程在2000英里及以下的，低税率为13

① https://www.gov.uk/government/publications/rates-and-allowance-excise-duty-gambling-duty/excise-duty-gambling-duty-rates。

② 纳税条件为：飞机重量达到5.7吨，燃料为煤油，运送旅客。

英镑，标准税率为26英镑，高税率为78英镑；里程在2000英里以上的，低税率为73英镑，标准税率为146英镑，高税率为438英镑。低税率适用于最低等级客舱，标准税率适用于其他等级客舱，高税率适用于飞机重量达到20吨且载客少于19人的情形。从北爱尔兰出发的直达长途航班，免征航空旅客税。①

4.2.7 软饮料行业税（Soft Drinks Industry Levy）

2018年4月6日起，英国开征软饮料行业税（详见本书附录英国2017年财政法案相关内容）。在不同情形下，纳税人不同，包括软饮料包装者、购买者、首次销售者。符合较高糖度的应税软饮料的税率为每公升准备好的饮料0.24英镑；如果不符合较高糖度的应税软饮料阈值，每公升准备好的饮料征收0.18英镑。小企业生产商可以享受免税政策。②

① https://www.gov.uk/guidance/rates-and-allowances-for-air-passenger-duty。

② 参考2017年财政法案内容。

5 财产和其他税类

5.1 遗产税

英国遗产税（Inheritance Tax）由资本转移税（Capital Transfer Tax）、早期的遗产税（Estate Duty）演变而来。目前，英国的遗产税为遗产税和赠与税的结合体，即通常该税仅就遗产进行征收，但在某些情况下，生前赠与也可能被征收遗产税。

遗产税的征税对象为死者的遗产，包括财产、货币、所有物等。英国的遗产税属于先税后分的模式，即先缴纳遗产税，再由继承人继承“税后遗产”。遗产税的纳税人为遗嘱的执行者、受赠人。继承人通常不需要缴纳遗产税，但是需要缴纳其他税收，比如继承人从所继承的房产中取得的租金收入。①

2009 年 4 月 6 日起，遗产税的免征额上调至 325000 英镑，目前仍维持在该水平②。如果是将遗产转移给配偶或民事伴侣、慈善机构或社区业余体育俱乐部，则可以免缴遗产税。如果是将遗产住房转移给子女（包括收养子女、继子等）或孙辈，则遗产税的免征额将提高至 450000 英镑。遗产税的标准税率为 40%，仅对超过免征额的部分征收。若死者至少将其 10% 的净财产留给慈善机构，则适用于

---

① https：//www. gov. uk/inheritance-tax。

② 与个人所得税免税额每年动态调整不同，遗产税的免税额并非每年调整。

36%的低税率。[①]

为了避免死者以生前赠与的形式逃避遗产税，英国对生前赠与的遗产税纳税义务也做了相应规定。如果赠与时间与赠与者的死亡时间之间相隔小于7年，且赠与者在其死亡之前的7年内赠与总量超过325000英镑，受赠人应就该赠与缴纳遗产税。死者生前赠与至其死亡时的时间长短，将影响相应的税率。赠与时间与死亡时间相隔小于3年的，适用于40%的税率；赠与时间与死亡时间相隔为3～4年的，适用于32%的税率；赠与时间与死亡之间间隔为4～5年的，适用于24%的税率；赠与时间与死亡之间间隔为5～6年的，适用于16%的税率；赠与时间与死亡之间间隔为6～7年的，适用于8%的税率；赠与时间与死亡之间间隔超过7年的，适用于0的税率。[②]

对于赠与，也有相应的免征额。在每个纳税年度，赠与价值不超过3000英镑的部分可以免征遗产税。当年未使用完的免税额度，可以结转到下一年，且只能结转一年。在每个纳税年度中，还有一些特殊的免税额度：（1）结婚或公民纪念日礼品每人免税额度为1000英镑，对孙辈或曾孙辈的礼品免税额度则为2500英镑。（2）不影响基本生活水平的圣诞礼物、生日礼物。（3）帮助其他人（如老人或18岁以下的未成年人）支付生活成本。（4）对慈善机构和政治团体的赠与。[③]

---

① https：//www.gov.uk/inheritance-tax。

② https：//www.gov.uk/inheritance-tax/gifts。

③ https：//www.gov.uk/inheritance-tax/gifts。

5.2 财产税

目前英国的财产税体系，主要包括对居民住宅性房产、营业性房产、特定企业的住宅性房产这三类财产分别开征的税种：议会税、营业财产税和豪宅税。

5.2.1 议会税（Council Tax）

议会税是地方政府对占用住宅房地产征收的一种财产税。英国地方财产税可以追溯到1601年伊丽莎白女王的贫困救济法案中开征的强制性财产税，对应税财产价值课税，一直持续到1989/1990纳税年度。在1990年，英国以现代人头税取代这一地方财产税，但是该税引发了较大争议，1993年引入地方议会税取代了人头税。议会税按照财产价值征收，且考虑个人因素，以更好地将税负与纳税能力关联起来。① 议会税是英国规模最大的地方税种。

纳税人为年满18岁的住房所有者或承租者。非居民在英国的住宅，也应缴纳议会税。税基取决于该财产的价值等级。为了计税方便，英格兰地区和苏格兰地区均根据应税住宅的价值高低将其分为A－H共8个等级，威尔士地区应税住宅的价值等级为A～I共9个等级，如表5－1所示②。英格兰和苏格兰地区应税住宅的价值等级划分是基于1991年4月1日的财产价值。威尔士地区应税住宅价值等级划分是基于2003年4月1日的财产价值。应税住宅的价值等级

---

① 财政部税收制度国际比较课题组编著．英国税制［M］．北京：中国财政经济出版社2000，第20～22页。

② 北爱尔兰地区实行不同的议会税制度。

一经确定，就无须再进行价值评估，除非纳税人对住宅做出一些改动（例如，将多处公寓合并为一处房产或是将一处房产分割为多个独立公寓等），就需要对该住宅重新进行价值评估，其价值等级也可能发生改变。

表 5－1　　英国住宅价值等级划分表

住宅价值等级划分	英格兰地区住宅价值分类范围	苏格兰地区住宅价值分类范围	威尔士地区住宅价值分类范围
A	不超过 40000 英镑	不超过 27000 英镑	不超过 44000 英镑
B	40001～52000 英镑	27000（不含）～35000 英镑（含）	44001～65000 英镑
C	52001～68000 英镑	35000（不含）～45000 英镑（含）	65001～91000 英镑
D	68001～88000 英镑	45000（不含）～58000 英镑（含）	91001～123000 英镑
E	88001～120000 英镑	58000（不含）～80000 英镑（含）	123001～162000 英镑
F	120001～160000 英镑	80000（不含）～106000 英镑（含）	162001～223000 英镑
G	160001～320000 英镑	106000（不含）～212000 英镑（含）	223001～324000 英镑
H	超过 320000 英镑	超过 212000 英镑	324001～424000 英镑
I	—	—	424001 英镑及以上

资料来源：根据各地区相关部门网站数据整理，英格兰地区、威尔士地区：https：//www. gov. uk/guidance/understand-how-council-tax-bands-are-assessed#council-tax-bands-in-england-based-on-1-april-1991-values；苏格兰地区：https：//www. saa. gov. uk/council-tax/council-tax-bands/。

英格兰地区和苏格兰地区的住宅价值等级划分标准并未发生变化，自开征议会税以来一直实行表 5－1 中的等级分类。而威尔士地区的住宅价值等级划分标准则有所变化，不仅增加了第 I 级，而且每级的价值范围也发生了一些变化。从各等级的住宅数量来看，以苏格兰地区为例（见表5－2），B 等级的住宅数量占比最高，H 等级的住宅数量占比最低。

表5－2　　苏格兰地区2017/2018纳税年度各等级应税住宅数量占比表

等级	A	B	C	D	E	F	G	H
占比（%）	20.71	22.39	13.48	13.37	13.7	8.63	6.99	0.71

资料来源：根据苏格兰评估委员会网站数据计算，http：//www.saa.gov.uk/general_statistics.php？&REPORT_NAME＝ct_band#report_list。访问日期2017年11月26日。

表5－3列出了英格兰地区2006～2015年价值等级为D级住宅的平均税率。议会税的税率由各地政府根据当年的预算支出而设定。一般来说，议会税的税额根据区、郡议会和警察局、消防局所需开支的数额而定。自2010年以来，为了减轻人民负担，大多数英国地方政府在本届议会任期内维持议会税规模不变或降低，相应的财政缺口由中央政府拨款弥补。

表5－3　　英格兰地区2006～2015年D级住宅的平均税率

纳税年度	英格兰地区的议会税平均税率（单位：英镑/每个D级应税住宅）	英格兰地区议会税平均税率变化率（单位：%）
2006/2007	1268	4.5
2007/2008	1321	4.2
2008/2009	1373	3.9
2009/2010	1414	3.0
2010/2011	1439	1.8
2011/2012	1439	0.0
2012/2013	1444	0.3
2013/2014	1456	0.8
2014/2015	1468	0.9

续表

纳税年度	英格兰地区的议会税平均税率（单位：英镑/每个D级应税住宅）	英格兰地区议会税平均税率变化率（单位:%）
2015/2016	1484	1.1
2016/2017	1530	3.1
2017/2018	1591	4.0

资料来源：英国政府官方网站，https：//www.gov.uk/government/statistics/council-tax-levels-set-by-local-authorities-in-england-2017-to-2018。

自2013年4月1日起，议会税减税政策（Council Tax Reduction）取代议会税津贴政策（Council Tax Benefit），只要纳税人符合规定，就可以享受一定比例的减税政策。例如，单身的成年业主可以减税25%，闲置住房、第二套住房可以减税50%，全日制学生的住房免税，低收入者可以享受高达100%的减税额。严重智力低下者以及共同生活的照料者（非家庭成员）免征议会税。另外，议会可以对空置两年及以上的住房额外征收议会税。

截至2017年9月11日，英格兰地区总共有2410万处住宅，其中2350万住宅需要缴纳议会税，与2014年相比有所增加。在需要缴纳议会税的住宅中，有1540万住宅需要缴纳100%的议会税，其余810万住宅可以享受一定比例的减税政策或需要额外缴纳税额。在享受减税政策的住宅中，有770万住宅是因为单身成年业主的身份而减税。有56.8万住宅可以享受全部免税的政策。有6.1万住宅空置两年及以上，需额外缴纳税额。有24.9万住宅登记为第二套住宅。①

议会税账单的内容包括应纳税额、税额的计算过程以及缴税截

① https：//www.gov.uk/government/collections/council-taxbase-statistics。

至日期。通常分为10个月分期支付税额，纳税人如果存在缴税困难，可以向地方议会申请帮助，将分期支付期限扩展为12个月。纳税人可以在线支付议会税，也可以使用其他现金支付方式。

5.2.2 营业财产税（National Non-Domestic Rate，NNDR）

也被称为营业税（business rates），是对大多数非住宅用途房产的使用者征收的税种，由地方政府征收。征收范围包括商店、办公室、酒吧、宾馆、仓库、工厂等商业用财产。非经营用的农场建筑及土地、养鱼场、公共宗教活动场所、残障人士的培训及福利场所等，通常免税。该税可以在计算所得税时进行税前扣除。

营业财产税的应纳税额为财产的应税价值乘以税率，这里的税率采用定额税率的形式，例如，2015/2016纳税年度在英格兰（不含伦敦市）地区，每英镑财产价值应缴纳49.3便士，但实际上即为比例税率49.3%。通常政府每年都会根据通货膨胀对税率进行调整。

在英格兰和威尔士地区，营业财产税的税率（Multiplier）是由中央政府制定，财产的应税价值是由价值评估总署（Valuation Office Agency，VOA）评定。在苏格兰地区，财产的应税价值是由地方评估员根据财产在特定日期的公开市场租赁价值进行评定，税率（Poundage Rate）由苏格兰政府制定。

相关评估机构通常每5年根据市场价值的变化对财产的应税价值进行再评估。英格兰、苏格兰和威尔士地区的下一次评估是2017年。北爱尔兰最近一次评估是2015年。每次进行再评估时，政府也会调整税率。表5-4列出了英格兰和威尔士地区营业财产税的税率变化情况，每5年再评估时政府对税率也进行了再调整。

表5-4的小规模税率适用于财产的应税价值低于18000英镑

（大伦敦地区的规定为低于25500英镑）的纳税人。当财产应税价值低于12000英镑且只拥有一处财产时，或者虽拥有多处财产（只有一处财产可以申请减免），所有财产的总应税价值低于12000英镑，并且申请减免的财产之外的其他每处财产的应税价值均小于2600英镑时，纳税人即可以向地方政府申请小规模营业财产税减免政策（Small Business Rate Relief）。除了上述减免政策之外，地方政府还规定了其他多种类型的税收减免政策。例如，在2018年3月之前进入企业区（Enterprise Zone）① 的经营主体，可以申请5年内全部免税，但免征的税额最多不能超过275000英镑。再如，对于纳税人使用应税价值不超过50000英镑的零售型财产（Retail Property），且用作商店、餐馆、咖啡馆、饮酒场所等，地方政府将给予减税1500英镑；如果纳税人使用空置时间达到12个月及以上的零售型经营场所，可以向地方政府申请减半征收第一年的营业财产税②，该减税政策旨在鼓励经营主体对零售型经营场所的再利用。

表5-4　英格兰和威尔士地区的营业财产税的税率表　单位：便士/每英镑

纳税年度	英格兰		伦敦市		威尔士
	标准税率	小规模税率	标准税率	小规模税率	标准税率
2015/2016	49.3	48.0	49.7	48.4	48.2
2014/2015	48.2	47.1	48.6	47.5	47.3
2013/2014	47.1	46.2	47.5	46.6	46.4
2012/2013	45.8	45.0	46.2	45.4	45.2

① 英格兰地区总共有24个企业区，涵盖广泛的产业领域。

② 还需满足不超过欧盟国家援助减免上限（EU State Aid threshold）的规定。该规定为，经营主体在3年内享受的所有税收减免（包括财政补贴）的加总额不能超过20万欧元。

续表

纳税年度	英格兰		伦敦市		威尔士
	标准税率	小规模税率	标准税率	小规模税率	标准税率
2011/2012	43.3	42.6	43.7	43.0	42.8
2010/2011 **	41.4	40.7	41.8	41.1	40.9
2009/2010	48.5	48.1	48.9	48.5	48.9
2008/2009	46.2	45.8	46.6	46.2	46.6
2007/2008	44.4	44.1	44.8	44.5	44.8
2006/2007	43.3	42.6	43.7	43.0	43.2
2005/2006 **	42.2	41.5	42.5	N/A	42.1
2004/2005	45.6	N/A	45.9	N/A	45.2
2003/2004	44.4	N/A	44.7	N/A	44.0
2002/2003	43.7	N/A	N/A	N/A	43.3
2001/2002	43.0	N/A	N/A	N/A	42.6
2000/2001 **	41.6	N/A	N/A	N/A	41.2
1999/2000	48.9	N/A	N/A	N/A	44.3

注：** 代表该年度为再评估年度。N/A 代表未实施。

资料来源：根据英国政府官方网站的资料整理，http：//www.2010.voa.gov.uk/rli/static/HelpPages/English/faqs/faq146-what_are_the_current_multipliers.html。

每年 2 月或 3 月，地方政府会向纳税人发放营业税填报表，用于接下来纳税年度的纳税申报。纳税人可以采用 12 个月分期支付的方式缴纳税款。

小资料：马厩也需要缴纳营业财产税？①

在英国，对营业性财产和住宅性财产分别征收营业财产税和议

① 资料来源：https：//www.gov.uk/government/publications/stables-business-rates-or-council-tax。

会税。实践中，关于马厩的相关财产税纳税义务认定，有时候会非常复杂。通常，马厩被归类为营业性财产，所以纳税人应缴纳营业财产税。但是以下情况例外：第一种情形，如果马厩位于农业用地并用于农业用途，可以免缴营业财产税；而如果农业用地上的马厩用于休闲娱乐目的，也需要缴纳营业财产税。第二种情形，马厩被认定为住宅性财产，需要缴纳议会税而非营业财产税，这种特殊情形为，马厩位于私人庭院内并用于私人住宅性相关用途。

5.2.3 豪宅税（Annual Tax on Enveloped Dwellings，ATED）

豪宅税于2013/2014纳税年度开始征收，每年对特定企业（例如，某些公司、与公司成员合伙的合伙企业、单位信托公司等集体投资机构）拥有的价值超过一定标准的、在英国境内的住宅性财产征收的定额税收，如表5-5所示。

表5-5　豪宅税定额税率表　单位：英镑

财产价值	2017/2018纳税年度	2016/2017纳税年度	2015/2016纳税年度	2014/2015纳税年度	2013/2014纳税年度
50万（不含）~100万	3500	3500	—	—	—
100万（不含）~200万	7050	7000	7000	—	—
200万（不含）~500万	23550	23350	23350	15400	15000
500万（不含）~1000万	54950	54450	54450	35900	35000
1000万（不含）~2000万	110100	109050	109050	71850	70000
超过2000万	220350	218200	218200	143750	140000

注："—"代表该纳税年度对此范围的财产价值不征税。

资料来源：根据英国政府官网资料整理，https：//www.gov.uk/guidance/annual-tax-on-enveloped-dwellings-the-basics。

5.3 其他税种

5.3.1 银行相关税收

银行奖金税（Bank Payroll Tax），也可译为银行工薪税，属于工薪税的性质，是对银行雇主支付给雇员的超过一定标准的年终奖，征收50%的税率。该税是一个短暂的税种，仅于2009年12月9日~2010年4月5日期间征收，筹集到了约34亿英镑的收入[①]。

2011年财政法案提出开征银行税（Bank Levy），并且在之后几年的财政法案中进一步进行了修订。银行税的纳税人为英国银行、银行集团、建房互助协会、通过常设机构和子公司在英国境内经营的外国银行集团、非银行集团下属的英国银行和银行集团。税基的确定以财务报表数据为依据。不同的纳税人，税基的确定有所差异，例如对于英国银行集团，税基为合并财务报表数据。纳税人不超过200亿英镑的应税股权和负债，可以免税。[②] 该税自开征以来，税率持续增加，根据2015年财政法案的最新修订，自2015年4月1日起，应税长期负债和股权的税率由0.078%继续提高至0.105%，应税短期负债的税率由0.156%继续提高至0.21%。[③] 但是自2016年1月1日起，银行税税率开始下调，应税长期负债和股权的税率由0.105%下调至0.09%，应税短期负债的税率由0.21%下调

---

① https：//assets. publishing. service. gov. uk/government/uploads/system/uploads/attachment_data/file/639119/Banking_Sector_Table_2017_FINAL. pdf。

② https：//www. gov. uk/hmrc-internal-manuals/bank-levy-manual/bklm100000。

③ https：//www. gov. uk/government/publications/bank-levy-rate-change。

至0.18%。①

2016年6月，英国引入了银行附加税（Bank Surcharge）。该税是对银行企业2016年1月1日之后的利润额外征收8%的附加税。税基的确定基本与公司税的税基相同，除了需要将特定减免项目加回。②

5.3.2 保险费税

保险费税（Insurance Premium Tax）是对一般保险费征收的税收，范围涵盖建筑物保险、汽车保险、意外和疾病保险、责任险、旅行和度假保险等。保险费税有一档标准税率、一档高税率，高税率适用于交通保险、机械或电力设备保险以及一些车辆保险。2011年1月4日起标准税率由5%提高至6%，高税率由17.5%提高至20%。自2015年11月1日起，保险费税的标准税率继续提高至9.5%，自2016年10月1日起，标准税率继续提高至10%，自2017年6月1日起，标准税率继续提高至12%。③

5.3.3 印花税

英国的印花税主要包括：印花税（Stamp Tax）、印花储存税（Stamp Duty Reserve Tax，SDRT）、土地印花税（Stamp Duty Land Tax，SDLT）。如果是通过电子方式购买股票，则需要缴纳印花储存税，如果是通过股票转让表格购买股票，且交易超过1000英镑，也需缴纳印花税。即，印花税和印花储存税都是对购买股票征税，以

① https://www.gov.uk/hmrc-internal-manuals/bank-levy-manual/bklm160000。

② https://www.gov.uk/government/publications/bank-corporation-tax-surcharge。

③ https://www.gov.uk/government/publications/rates-and-allowances-insurance-premium-tax/insurance-premium-tax-rates。

支付的股票价格为税基，税率为0.5%。另外有一档高税率1.5%，适用于纳税人将股份转为存托凭证计划（Depositary Receipt Scheme）或者通关服务（Clearance Service）的情形。①

土地印花税是对转让英格兰、北爱尔兰的财产或土地征收的税收，税基为购买价格。该税的免税额和税率视不同转让情形而定，例如，住宅性财产的免征额为125000英镑，适用于超额累进税率，最高一档税率为12%②。如果纳税人是购买首套住房，免税额则提高至300000英镑。③ 2014/2015纳税年度，英国土地印花税收入约109亿英镑。苏格兰地区不征收土地印花税，而是征收土地建筑物交易税，威尔士地区征收土地交易税，针对2018年4月1日之后完成的交易。④

5.3.4 环境税

1. 气候变化税（Climate Change Levy）

向工商消费者提供电、煤气、煤等能源需缴纳气候变化税，该税自2001年4月1日生效。工商消费者包括工业、商品、农业、公共管理机构及其他服务行业的能源消费者，应税能源范围为电力、天然气、液化石油气、液态形式的气态碳氢化合物、煤、褐煤、焦炭、石油焦炭等。如果使用除石油外的化石燃料发电，除了气候变化税的标准税率之外，还需缴纳碳价格支持税率（Carbon Price Support Rates）。气候变化协议（Climate Change Agreements）的参与者，

① https://www.gov.uk/tax-buy-shares。

② 该税率表从2014年12月4日开始实施，之前的税率表最高一档税率为7%且税率档次更多1级。

③ https://www.gov.uk/stamp-duty-land-tax/residential-property-rates。

④ https://www.gov.uk/stamp-duty-land-tax。

可以享受相应比例的减税优惠。2017/2018 纳税年度，标准税率提高至：每度电 0.00568 英镑，每千瓦时天然气 0.00198 英镑，每千克液化石油气、液态形式的气态碳氢化合物 0.01271 英镑，其他应税能源每千克 0.01551 英镑①；碳价格支持税率调整为：每千瓦时天然气 0.00331 英镑，每千克液化石油气 0.0528 英镑，每千兆焦耳煤炭、其他固体化石燃料 1.5479 英镑②。

2. 垃圾填埋税（Landfill Tax）

该税开征于 1996 年 10 月，纳税人为垃圾填埋场的经营者、总管，对被处理垃圾、填埋场使用的物质等征收。英国政府经常提高垃圾填埋税的标准税率，最初的标准税率为每吨 7 英镑，低污染垃圾适用的低税率为每吨 2 英镑，2017 年 4 月 1 日之后，标准税率将继续提高至每吨 86.10 英镑，低税率提高至每吨 2.70 英镑。2015 年引入了烧失量检测制度（Loss on Ignition Testing Regime），旨在抑制为了垃圾填埋税目的而误报垃圾罚款的行为。在 2015/2016 纳税年度，烧失量为 15% 及以下的，适用于低税率；烧失量超过 15% 的，适用于标准税率。自 2016 年 4 月 1 日起，烧失量为 10% 及以下的，适用于低税率；烧失量超过 10% 的，适用于标准税率。③

3. 石方税（Aggregates Levy）

2002 年 4 月 1 日以后，在英国以商业目的开采、挖掘、进口沙

① https://www.gov.uk/government/publications/excise-notice-ccl1-a-general-guide-to-climate-change-levy/excise-notice-ccl1-a-general-guide-to-climate-change-levy # what-are-the-main-rates-of-ccl。

② https://www.gov.uk/guidance/climate-change-levy-application-rates-and-exemptions # carbon-price-support-rates。

③ https://www.gov.uk/government/collections/landfill-tax。

子、砂砾、碎石等混泥料需缴纳混泥料税。税率为每吨 2 英镑。不足一吨的，可按比例减收。[①]

5.3.5 关税（Customs Duty）

在英国脱欧之前，作为欧盟成员国，英国对从欧盟成员国进口的货物免征关税，对从非欧盟成员国进口的货物征收关税，相关税率由欧盟制定。

5.3.6 转移利润税（Diverted Profits Tax）

2014 年英国宣布引入转移利润税（Diverted Profits Tax），于 2015 年 4 月 1 日正式征收。该税是英国应对税基侵蚀与利润转移（BEPS）所采取的举措，对转移与英国活动相关的利润征收的税，旨在抑制跨国公司滥用税收筹划将利润转移出英国。该税需要预先缴纳，从而能够督促跨国公司及时提供关于高风险交易和全球安排的最新信息。该税的设计包括两项基本准则，一是抑制外国公司通过常设机构的特殊设置规避英国税收，二是阻止跨国公司通过缺乏经济实质的主体或特殊交易形式来规避英国税收。应缴纳的转移利润税额是以下两部分加总之和，一是应税利润乘以基本税率（25%），二是校准利息（True-Up Interest）[②]。如果应税利润属于"篱笆圈利润"，转移利润税则为应税利润乘以 55% 的税率，再加上校准利息。[③]

---

① https：//www. gov. uk/guidance/aggregates-levy-rates-and-reliefs。

② 根据英国 2015 年财政法案，校准利息是指应税利润从应税会计年度结束 6 个月后起，至征税公告发布时所产生的利息。

③ https：//www. gov. uk/government/publications/diverted-profits-tax。

6 税收征管制度

6.1 税收征管机构

英国的税收管理部门为税务海关总署，隶属于财政部，但是税务管理的机构设置属于统一的、半自治的类型，税务海关总署主管负责向财政部长汇报，并监管由外部人员构成的信息技术支持部门。英国税务海关总署致力于保证税收用于公共服务筹资，并且扶助家庭和个人。税务海关总署通过数据管理打击偷漏税行为，加强税法遵从，实施数字化税收征管制度，减少纳税人和税务部门内部的成本等行动，以实现最大化收入、改善纳税服务和实现可持续成本控制的目标。①

2005 年税务海关总署合并成立时立法规定创建董事会，由税务海关总署内部执行委员会成员以及 4 名外部的非执行董事会成员构成。2008 年税务海关总署实行新的政府治理架构，任命了 1 位非执行主席和 1 位新的首席执行官。2012 年主席职位被取消，由 1 位非执行董事会成员主管就任董事会主席。非执行董事会成员主管负责领导董事会，职责是分析部门运行及未来战略发展面临的挑战并提供建议，但是并不负责日常运行决策、税收政策制定等。首席执行

① 资料来源：OECD 网站 Tax Administration 2015，http：//www.keepeek.com/Digital-Asset-Management/oecd/taxation/tax-administration-2015_tax_admin-2015-en#page123。

官和执行委员会负责税务海关总署的运行工作。目前董事会由1名非执行董事会成员主管，9名执行委员会成员和6名非执行董事会成员构成。[①]

英国税务管理网络下设19个呼叫中心和362个部门，总部为税务海关总署，没有设立地区机构，只有地方局。英国税务管理系统共有64820名职员[②]，其中总部有1600名职员，地方局有40676名职员，国家数据处理中心有2777名职员，呼叫中心有19392名职员，其他部门有375名职员。[③] 为了节约内部成本，英国计划在2016年3月之前将税务机构职员人数裁减至52000人左右。

英国税收征管部门的设置兼容税种模式、职能模式、纳税人模式三种模式[④]，设立有高净值财富个人部门、大企业纳税人部门、专门处理中心，具有欠税征缴、骗税处置、解决税收争议等职能。税务部门的信息技术支持则由外部机构负责。

英国有专门处理纳税人投诉的机构，且与税务海关总署相互独立。关于税务诉求的处理，英国税务海关总署制定了一套申诉程序，该程序共有四个主体构成，即两个内部机构、裁决办公室（Adjudicators Office）、议会和卫生服务监察专员（Parliamentary and Health Service Ombudsman）。

---

① 资料来源：OECD 网站 Tax Administration 2015，http://www.keepeek.com/Digital-Asset-Management/oecd/taxation/tax-administration-2015_tax_admin-2015-en#page46。

② 另有非办公场所的职员258名。

③ 资料来源：OECD 网站 Tax Administration 2015，http://www.keepeek.com/Digital-Asset-Management/oecd/taxation/tax-administration-2015_tax_admin-2015-en#page86。

④ 资料来源：OECD 网站 Tax Administration 2015，http://www.keepeek.com/Digital-Asset-Management/oecd/taxation/tax-administration-2015_tax_admin-2015-en#page64。

6.2 税收征管规定

英国实行自行申报纳税制度，纳税年度为财政年度，即每年的4月1日至次年的3月31日（个人所得税、资本利得税、遗产税等除外[①]）。税务部门征收管理涵盖个人所得税、国民保险税、公司税、增值税、消费税、房地产税等绝大多数税种，不包括车辆消费税。

6.2.1 个人免税代码（Tax Code）[②]

雇主或养老金提供者在为纳税人代扣代缴所得税时，需要使用纳税人的免税代码，以便准确计算个人所得税额。免税代码由税务海关总署提供给雇主或养老金提供者，由数字和字母构成。数字代表纳税人可以享受的宽免额，字母代表影响纳税人宽免额的个人情况。例如，在2015/2016纳税年度，1060L通常适用于出生日期在1938年4月5日之后的且只有一份工作的纳税人，该类纳税人的基本个人宽免额为10600英镑。最常见的字母释义如下：字母L代表纳税人适用于基本个人宽免额；字母M代表纳税人从其配偶或民事伴侣处获取了10%的基本个人宽免额；字母N代表纳税人将其基本个人宽免额的10%转移给配偶或民事伴侣；字母Y代表纳税人出生于1938年4月6日之前，可以享受更高额度的基本个人宽免额。如果纳税人有不止一份工作，字母BR、D0、D1分别代表纳税人从这份工作中取得的所得适用于基本税率、高税率、附加税率。免税代

① 个人所得税、资本利得税、遗产税等对个人征收的税种，纳税年度为每年的4月6日至次年4月5日。

② 本部分主要参考：https：//www. gov. uk/tax-codes.

码通常每年会随着基本个人宽免额的变化而变化。也可能会因为其他因素而改变，例如，纳税人开始或停止取得工作单位提供的应税实物福利、国家养老金等国家提供的福利等。一个纳税人可能会有多个免税代码。

6.2.2　纳税服务①

英国税务机关的职能模式中包括纳税人模式，设立有专门的部门为高净值人群、大企业提供纳税服务。英国对高净值个人的认定标准为资产超过2000万英镑的纳税人，2013年符合条件的纳税人数量为6100人，2011年符合条件的纳税人数量为5400人。

2013年英国对大企业纳税人认定标准为营业额超过6亿英镑的企业，符合条件的共有800家集团企业，税务机关共有1185名职员参与大企业税收管理。自2014年4月起，认定标准增加了员工人数、集团实体数量的因素，因此符合标准的集团数量将达到2000家。英国将大企业纳税人划分为17个产业部门进行遵从管理，即农业和食品、酒和烟草、汽车业、银行业、商业服务、化工业、医疗和药品、建筑、零售业、保险、休闲和媒体、制造业、石油和天然气、公共机构、不动产、电信和信息技术、运输和公用事业②。为了增强大企业的税收遵从行为，2015夏季预算提出对过度进行税收筹划以及税收遵从程度较低的大企业实施特殊制裁机制。

6.2.3　纳税申报和税款缴纳③

英国于2000/2001纳税年度引入个人所得税电子申报纳税方式，

---

① 本部分内容主要参考OECD网站上关于英国税收管理制度的相关资料。

② 解学智，张志勇主编．世界税制现状与趋势（2014）［M］．北京：中国税务出版社2014，第382页。

③ 本部分内容主要参考OECD网站上关于英国税收管理制度的相关资料。

2004年使用比例为17%，2009年为73%，2011年为77%，2013年达到83%。于2003/2004纳税年度引入增值税电子申报纳税方式，2011年使用比例为67%，2013年使用比例已达到99%。接着于2004/2005纳税年度引入公司税电子申报纳税方式，当年的使用比例仅为1%，2009年为16%，2011年为42%，2013年已达到98%。[①] 由于强制要求纳税人申报增值税和公司税时必须采用电子申报方式，2013年英国增值税和公司税电子纳税申报比例已接近100%。英国于2015年启动税收征管数字化改革，计划2020年之前全面实现数字化，届时个人所得税电子申报比例也将接近100%。

英国纳税人税款缴纳方式以电子化形式为主。2013年纳税人使用网络缴税的比例为29%，以电子方式直接扣款形式缴税的比例为52%。采用代理人形式缴税的比例为8%，使用电话银行缴税的比例为2%，使用邮寄支票形式缴税的比例为9%，纳税人亲自到税务部门缴税的比例已不足1%。[②]如果纳税人使用信用卡支付税款，还需支付1.5%的费用，且不退还该费用。自2016年1月1日起，税务海关总署将限制纳税人在一定时期内使用信用卡或借记卡支付税额的次数。这一规定主要限制纳税人对同一税种的税额使用多张银行卡支付，根据新规定，除非支付其他税种的税款否则不能使用其他银行卡，如果纳税人未能使用银行卡全额支付税款，应采用银行转账等其他方式缴纳税额。

纳税人未能按时申报纳税，需缴纳罚款以及延迟纳税期间税款所产生的利息。自2011年4月1日起，英国引入新的惩罚机制，旨

①② 数据来源：http：//www.oecd.org/tax/forum-on-tax-administration/database/#d.en.369254。

在减少通过离岸交易及组织架构所产生的税收流失，最高罚款将达到未申报税额的2倍。纳税人未能准确申报纳税且未及时修改，也需缴纳相应的罚款。

6.2.4 纳税审计

纳税人完成纳税申报单之后，税务海关总署在12个月内可以就相关纳税事项进行正式问询。企业纳税人和税务海关总署通过信息交换及沟通，如果双方未能达成一致，可能就需要启动仲裁或诉讼程序。

英国税务部门可以获得关于纳税人纳税义务所有相关信息，并且可以要求第三方提供相关信息，也可以从政府其他部门获取相关信息。纳税人必须按要求提供相应的信息记录，但是在未经纳税人同意和没有搜查令的情况下，税务人员可以进入营业场所，但是不能进入纳税人的住所，不得没收纳税人的文件资料。①

6.3 税收征管制度改革②

英国已经开始重视数字信息化对税收征管制度改革带来的机遇与挑战。英国政府在2015年3月预算中列出了数字化税收制度以及终结纳税申报单的改革计划。到2020年，税务海关总署将构建起全数字化税收体系。该体系有以下三个核心特征：第一，官僚式的填

① http：//www. keepeek. com/Digital-Asset-Management/oecd/taxation/tax-administration-2015_tax_admin-2015-en#page325。

② 该部分内容主要参考：http：//webarchive. nationalarchives. gov. uk/20161207201022/https：//www. gov. uk/government/publications/making-tax-digital。

表将被取消，纳税人无需反复提供税务海关总署已经知道的信息；第二，纳税将不存在无谓的时间浪费，税制运行将更接近于真实时间，从而减少纳税人因为错过截止日期所产生的风险、不必要的罚款、债务负担以及一些系统误差；第三，纳税人将使用数字化纳税账户，自动更新税务信息，因此无需再使用纳税申报单。

截至2015年底，英国已有200万以上小规模经济主体使用税务海关总署数字化纳税账户，也将继续引入个人纳税人的数字化纳税账户。2016年，所有个人和小规模经济主体都将可以使用其安全的数字化纳税账户。到2020年，个人和小规模经济纳税人将可以实现随时随地注册、填写、支付、更新税务信息。对于大多数纳税人来说，将无需再填写每年的纳税申报单。

2020年英国将实现以下税收征管制度改革目标：

第一，简化税制。纳税人无需再提供税务机关已经获取的信息，或者税务机关能够从其他渠道获取的信息，如能够从银行、雇主、建房互助组织以及其他政府部门获取的信息。纳税人可以在其数字化纳税账户中进行信息查询，随时核对完善信息。税务海关总署根据数字化纳税账户的相关信息，为纳税人提供个性服务。2016年，税务海关总署将解释如何从更多第三方获取信息，从而减轻纳税人的信息汇报负担。

第二，为商业提供数字化纳税服务。商业主体无需等到纳税年度结束之后才能知道应缴纳的税额。税务海关总署将尽可能收集处理纳税义务发生时的相关信息，以避免纳税拖延。自2018年4月起，商业主体、个体经营者以及财产出让者，应在每季度更新主营业务收入信息。如果第二收入来源超过1万英镑且主营收入来自雇佣所得或养老金，也应每季度更新收入信息。

第三，为个人纳税人提供数字化纳税服务。个人纳税人将通过数字化方式与税务海关总署沟通联系。自 2016 年 4 月起，所有个人纳税人和小规模经济主体都将拥有数字化纳税账户。该账户将为个人纳税人提供关于纳税事物的个性化信息服务，包括一些提示、建议、网络及信息安全支持服务。

第四，汇总纳税。目前大多数纳税人不能汇总获取所有纳税信息。到 2020 年，纳税人可以在其数字化纳税账户中看到全部财务情况，类似于网上银行的情形。对一个税种多缴的税种可以抵补其他税种少缴的税收，类似于只缴纳一个单一税种。有多项收入来源的个人纳税人，可以通过数字化纳税账户在不同收入来源之间统筹分配个人宽免额，从而准确地缴纳税额。

7　其他税制信息

7.1　英国税务海关总署网站信息介绍[①]

英国税务海关总署名称为 HM Revenue & Customs（HMRC），全称为 Her Majesty's Revenue and Customs，译为女皇陛下税务海关总署，英国税务海关总署在英国为非部级部门。英国税务海关总署网站主要包括基本服务内容、职责简介、文件发布和机构管理四大板块。下面对这四大内容进行简单的介绍。

7.1.1　基本服务内容

英国税务网站部分图如图 7－1 所示：

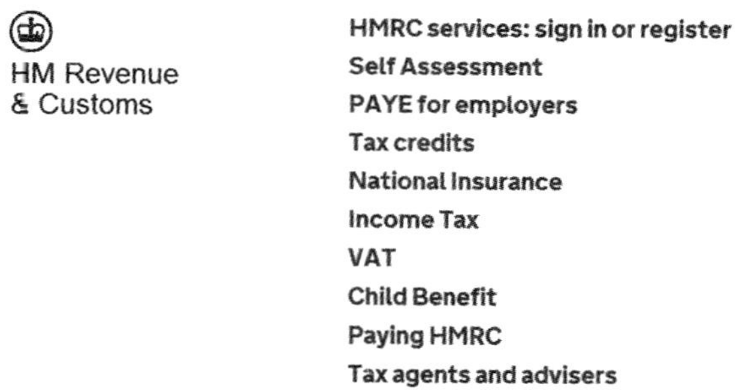

图 7－1　英国税务海关总署网站图示一

资料来源：图片信息截图自英国税务海关总署官网。

① 本部分内容根据英国税务海关总署官网信息进行翻译整理。网址：https：//www.gov.uk/government/organisations/hm-revenue-customs。

1. HMRC 服务：登录或注册

对如何使用税务海关总署的在线服务进行介绍、对使用在线服务账户可享有的服务内容进行介绍。

2. 自我填报报税

对纳税人如何进行自我填报报税进行介绍。

3. 雇主的 PAYE

所谓 PAYE 是税务海关总署从雇佣中收取的所得税和国民保险税，这一部分对 PAYE 的收取进行了介绍。

4. 税收抵免

5. 国民保险

6. 所得税

7. 增值税

8. 儿童福利

9. 税收缴纳

对各个税种的纳税期限和支付方式进行说明。

10. 税务代理和顾问

7.1.2　职责简介

英国税务海关总署网站对税务海关总署职责的介绍等如图 7－2 所示：

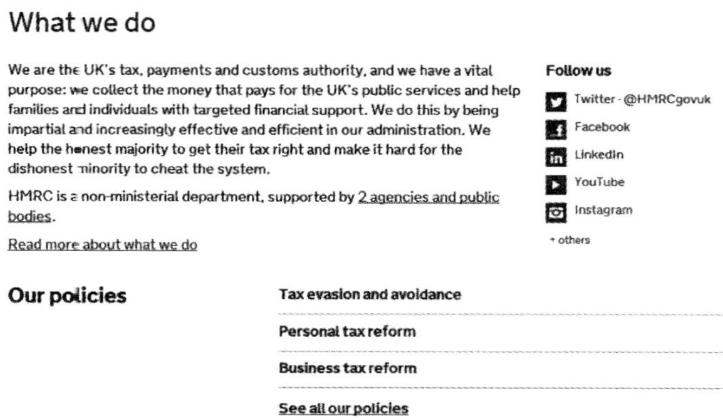

图 7－2　英国税务海关总署网站图示二

资料来源：图片信息截图自英国税务海关总署官网。

这一部分包括对税务海关总署职责的介绍和一些政策介绍。

税务海关总署对其职责的定位是：我们是英国的税收和海关当局，我们有一个重要职责就是为英国提供公共服务筹集资金，并为家庭和个人提供财政支持。我们通过公正，有效行政管理来做这些。我们帮助位于大多数的诚实的纳税人获取税收权益，使不诚实的少数人更难逃避缴税。HMRC 是一个非部级部门，由两个机构和公共机构支持。

政策的介绍主要包括以下几个方面：

1. 税收侵蚀和逃避

2. 个人税制改革

3. 营业税改革

7.1.3　最新文件

英国税务海关总署相关网页如图 7－3 所示：

Documents

Our announcements

Agent toolkits, digital meetings, webinars, e-learning and videos
2 June 2017 News story

Webinars, e-learning, videos and other help for landlords
31 May 2017 News story

See all our announcements

Our consultations

Draft legislation: the Corporate Interest Restriction (Financial Statements: Group Mismatches) Regulations 2017
10 May 2017 Closed consultation

Double Taxation Treaty Passport scheme review
6 April 2017 Consultation outcome

See all our consultations

Our publications

Offshore funds: list of reporting funds
9 June 2017 Guidance

Business Impact Target: HMRC report of Non-Qualifying Regulatory Provisions, 2015 to 2017
9 June 2017 Corporate report

See all our publications

Our statistics

UK overseas trade statistics: April 2017
9 June 2017 National Statistics

UK regional trade statistics: first quarter 2017
9 June 2017 National Statistics

See all our statistics

图 7－3 英国税务海关总署网站图示三

资料来源：图片信息截图自英国税务海关总署。

在这一部分主要对一些声明、研讨、出版物、数据统计进行公开的发布。

7.1.4 机构管理

英国税务海关总署相关网页如图 7－4 所示：

Our management

Edward Troup
Executive Chair and Permanent Secretary

Jon Thompson
Chief Executive and Permanent Secretary

Jim Harra
Tax Assurance Commissioner, Director General Customer Strategy and Tax Design

Nick Lodge
Director General Transformation

Justin Holliday
Chief Finance Officer

Gill Aitken
General Counsel and Solicitor

Mike Potter
Interim Chief Digital and Information Officer

Esther Wallington
Chief People Officer

Rachel McLean
Interim Director General Customer Services

David Richardson
Interim Director General Customer Compliance

Contact HMRC

Corporate information

图 7－4 英国税务海关总署网站图示四

资料来源：图片信息截图自英国税务海关总署。

这一部分主要对目前税务海关总署的任职人员、机构的联系方式、部门内部信息进行介绍。

联系方式主要给出进行交流、问题回复的两个网址：HTTP：//www. hmrc. gov. uk；HTTPS：//www. gov. uk/con。

其他部门信息主要包括：

1. 能源使用

2. 平等和多样性

3. 治理

4. HMRC 研究

5. 统计资料

6. 媒体

7. 公司报告

8. 透明度资料

9. 工作和合同

10. 为 HMRC 工作

11. HMRC 采购

12. 工作

7.2 英国 2017 年财政法案概况

英国每年出台的财政法案中，会对英国现行税法进行修订，法案体现出具体的修订内容。例如，2017 年财政法案，主要包括以下内容：第 1 部分直接税和间接税，第 2 部分软饮料行业税，第 3 部分最终条款，以及 11 个附录。

在 2017 年财政法案中，关于个人所得税法的修订，主要是对个人所得税储蓄性所得的级距值进行了调整，对无须转让就可供使用的资产这类福利的规定进行了调整，对员工股份所得的征税规定进行了调整。在间接税方面，对改装机动车等适用于零税率，对保险费税的标准税率及反预防条款等做出修订，修订了航空旅客税、车辆消费税、酒税、烟税的税率等。2017 年财政法案中有很大的篇幅，介绍了新引入开征的软饮料行业税。2017 年财政法案的附录部分对通过中介向公共部门提供工人服务、可选薪酬安排、海外养老金、离岸转移养老金、所得税的源泉扣除、通过第三方提供的就业收入、适用机动车辆增值税零税率、软饮料行业税征收（返还和超额支付款项、要求保存记录等处罚、上诉和评价）、软饮料行业征税补充修正案等具体内容。附录 1 列出了英国 2017 年财政法案的部分译文。

7.3 英国对外签订双边税收协定情况

7.3.1 英国对外签订双边税收协定的基本概况

英国制定避免双重征税协定是为了保护政府的征税权，防止逃避税收的企图，协定包含国家税务机关之间交换信息的规定。全世界有 3000 多个避免双重征税的协定，其中英国签订的数量最多，覆盖了 130 多个国家和地区。英国积极谋求鼓励和保持有关跨国界经济活动的国际共识，并促进国际贸易和投资。[①] 英国签订的避免双重

① 双重征税协定：他们是如何工作的：https：//www. gov. uk/government/publications/double-taxation-treaties-overview/double-taxation-treaties-how-they-work。

征税协定情况如表 7 - 1 所示。

表 7 - 1　英国签订的避免双重征税协定一览表

序号 Serial No.	名称 Designation	签署日期 Signed on	生效日期 Entry into Force	执行日期 Effective date
1	安提瓜和巴布达—英国所得税协定(1947)	1947. 12. 19	1948. 1. 30	1947. 1. 1(UK); 1947. 1. 1(A5)
2	伯利兹城—英国所得税协定(1947)	1947. 12. 19	1948. 1. 21	1946. 4. 6(UK); 1946. 1. 1(G2)
3	蒙特塞拉特岛—英国所得税协议(1947)	1947. 12. 19	数据不可获取	1947. 1. 1/1946. 4. 6(UK); 1947. 1. 1(MS)
4	塞拉利昂—英国所得税协定(1947)	1947. 12. 19	1948. 2. 16	1946. 4. 6(UK); 1946. 4. 1(SL)
5	圣克里斯多福与尼维斯—英国所得税协定(1947)	1947. 12. 19	1948. 1. 28	1946. 1. 1(KN); 1946. 4. 6(UK)
6	格林纳达—英国所得税协定(1949)	1949. 3. 4	1949. 5. 2	1948. 1. 1(BB); 1947. 4. 6(UK)
7	缅甸—英国所得税协定(1950)	1950. 12. 8	1950. 12. 8	1950. 4. 1/6(UK); 1950. 1. 1(B1)
8	文莱—英国所得税协定(1950)	1950. 12. 8	1952. 3. 26	1950. 1. 1(BN); 1950. 4. 1/6(UK)

续表

序号 Serial No.	名称 Designation	签署日期 Signed on	生效日期 Entry into Force	执行日期 Effective date
9	基里巴斯—英国所得税协定(1950)	1950. 5. 10	数据不可获取	1949. 1. 1(KI); 1949. 4. 1(UK)
10	所罗门群岛—英国所得税协定(1950)	1950. 5. 10	数据不可获取	1949. 1. 1(SB); 1949. 4. 1(UK)
11	图瓦卢—英国所得税协定(1950)	1950. 5. 10	数据不可获取	1949. 1. 1(TV); 1949. 4. 1(UK)
12	泽西岛—英国所得税协定(1952)	1952. 6. 24	数据不可获取	1951. 1. 1(J1); 1951. 4. 1(UK)
13	根西岛—英国所得税协定(1952)	1952. 6. 24	1952. 6. 24	1951. 1. 1(G1); 1951. 4. 1(UK)
14	希腊—英国所得税协定(1953)	1953. 6. 25	1954. 1. 15	1951. 3. 1/1952. 7. 1 (GR); 1952. 4. 1/6(UK)
15	马拉维—英国所得税协定(1955)	1955. 11. 25	1956. 4. 24	1962. 1. 1(MT); 1962. 4. 1(UK)
16	英国属地曼岛—英国所得税协定(1955)	1955. 7. 29	数据不可获取	1955. 4. 6(I1); 1955. 4. 1(UK)
17	纳米比亚—英国所得税协定(1962)	1962. 8. 8	1962. 12. 19	1962. 4. 6(UK); 1962. 7. 1(NA)

续表

序号 Serial No.	名称 Designation	签署日期 Signed on	生效日期 Entry into Force	执行日期 Effective date
18	以色列—英国所得税协定(1962)	1962.9.26	1963.2.13	1961.4.1(IL); 1961.4.6(UK)
19	意大利—英国所得税协定(文化机构)(1965)	1965.9.1	1968.4.23	1964.4.1
20	卢森堡—英国所得和资本税协定(1967)	1967.5.24	1968.7.3	1966.1.1(LU); 1966.4.1(UK)
21	斯威士兰—英国所得税协定(1968)	1968.11.26	1969.3.18	1968.4.1(UK); 1968.6.30(SZ)
22	葡萄牙—英国所得税协定(1968)	1968.3.27	1969.1.17	1970.1.1(PT); 1970.4.1(UK)
23	日本—英国所得税协定(1969)	1969.2.10	1970.12.25	1970.1.1(JP); 1970.4.1(UK)
24	奥地利—英国所得税协定(1969)	1969.4.30	1970.11.13	1969.1.1(AT); 1969.4.1(UK)
25	芬兰—英国所得和资本税协定(1969)	1969.7.17	1970.2.5	1968.1.1(FI); 1968.4.1(UK)
26	牙买加—英国所得税协定(1973)	1973.3.16	1973.12.31	1973.1.1(JM); 1973.4.1(UK)
27	肯尼亚—英国所得税协定(1973)	1973.7.31	1977.9.30	1976.4.1(UK); 1976.1.1(KE)

续表

序号 Serial No.	名称 Designation	签署日期 Signed on	生效日期 Entry into Force	执行日期 Effective date
28	塞浦路斯—英国所得和资本税协定(1974)	1974. 6. 20	1975. 3. 18	1973. 1. 1(CY); 1973. 4. 1(UK)
29	斐济—英国所得税协定(1975)	1975. 11. 21	1976. 8. 17	1975. 1. 1(FJ); 1975. 4. 1(UK)
30	苏丹—英国所得税协定(1975)	1975. 3. 8	1977. 10. 7	1975. 1. 1(SD); 1975. 4. 1(UK)
31	罗马尼亚—英国所得税协定(1975)	1975. 9. 18	1976. 11. 22	1976. 4. 1(RO); 1976. 4. 1(UK)
32	菲律宾—英国所得税协定(1976)	1976. 6. 10	1978. 1. 23	1977. 4. 1(UK); 1978. 1. 1(PH)
33	爱尔兰—英国所得税协定(1976)	1976. 6. 2	1976. 12. 23	1974. 4. 1(IE); 1976. 4. 1(UK)
34	瑞士—英国所得税协定(1977)	1977. 12. 8	1978. 10. 7	1978. 1. 1(CH); 1978. 4. 1(UK)
35	埃及—英国所得税协定(1977)	1977. 4. 25	1980. 8. 22	1977. 1. 1(EG); 1977. 4. 1(UK)
36	加拿大—英国所得税协定(1978)	1978. 9. 8	1980. 12. 17	1976. 1. 1(CA); 1976. 4. 1(UK)
37	斯里兰卡—英国所得税协定(1979)	1979. 6. 21	1980. 5. 21	1977. 4. 1(LK); 1977. 4. 1(UK)

续表

序号 Serial No.	名称 Designation	签署日期 Signed on	生效日期 Entry into Force	执行日期 Effective date
38	孟加拉国—英国所得税协定(1979)	1979. 8. 8	1980. 7. 8	1978. 4. 1(UK); 1978. 7. 1(BD)
39	丹麦—英国所得税协定(1980)	1980. 11. 11	1980. 12. 17	1978. 1. 1(DK); 1978. 4. 1(UK)
40	冈比亚—英国所得税协定(1980)	1980. 5. 20	1980. 7. 5	1980. 4. 1(UK); 1980. 1. 1(GM)
41	波斯尼亚和黑塞哥维那—英国所得税协定(1981)	1981. 11. 6	1982. 9. 16	1983. 1. 1(Y1); 1983. 4. 1(UK)
42	塞尔维亚和黑山—英国所得税协定(1981)	1981. 11. 6	1982. 9. 16	1983. 1. 1(Y1); 1983. 4. 1(UK)
43	毛里求斯—英国所得税协定(1981)	1981. 2. 11	1981. 10. 19	1981. 7. 1(MU); 1981. 4. 1(UK)
44	泰国—英国所得税协定(1981)	1981. 2. 18	1981. 11. 20	1981. 1. 1(TH); 1981. 4. 1(UK)
45	摩洛哥—英国所得税协定(1981)	1981. 9. 8	1990. 11. 28	1981. 4. 1(UK); 1990. 1. 1(MA)
46	津巴布韦—英国所得税协定(1982)	1982. 10. 19	1983. 2. 11	1981. 4. 1(UK); 1981. 1. 1(ZW)
47	突尼斯—英国所得税协定(1982)	1982. 12. 15	1984. 1. 20	1984. 1. 1(TN); 1984. 4. 1(UK)

续表

序号 Serial No.	名称 Designation	签署日期 Signed on	生效日期 Entry into Force	执行日期 Effective date
48	特立尼达和多巴哥—英国所得税协定(1982)	1982. 12. 31	1983. 12. 22	1984. 4. 1(UK); 1984. 1. 1(TT)
49	新西兰—英国所得税协定(1983)	1983. 8. 4	1984. 3. 16	1984. 4. 1(UK); 1984. 4. 1(NZ)
50	科特瓦迪—英国所得税协定(1985)	1985. 6. 26	1987. 1. 24	1986. 1. 1(U3); 1986. 4. 1(UK)
51	白俄罗斯—英国所得税协定(1985)	1985. 7. 31	1986. 1. 30	1986. 1. 1(U3); 1986. 4. 1(UK)
52	巴基斯坦—英国所得税协定(1986)	1986. 11. 24	1987. 12. 8	1988. 4. 1(UK); 1988. 7. 1(PK)
53	土耳其—英国所得税协定(1986)	1986. 2. 19	1988. 10. 26	1989. 1. 1(TR); 1989. 4. 1(UK)
54	比利时—英国所得税协定(1987)	1987. 6. 1	1989. 10. 21	1990. 1. 1(BE); 1990. 4. 1(UK)
55	尼日利亚—英国所得税协定(1986)	1987. 6. 9	1987. 12. 27	1988. 1. 1(BG); 1988. 4. 1/6(UK)
56	意大利—英国所得税协定(1988)	1988. 10. 21	1990. 12. 31	1991. 1. 1(IT); 1991. 4. 1(UK)
57	捷克共和国—英国所得税协定(1990)	1990. 11. 5	1991. 12. 20	1992. 1. 1(C6); 1992. 4. 1(UK)

续表

序号 Serial No.	名称 Designation	签署日期 Signed on	生效日期 Entry into Force	执行日期 Effective date
58	斯洛伐克共和国—英国所得税协定(1990)	1990. 11. 5	1991. 12. 20	1992. 1. 1(C6); 1992. 4. 1(UK)
59	巴布亚新几内亚—英国所得税协定(1991)	1991. 9. 17	1991. 12. 20	1992. 1. 1(PG); 1992. 4. 1(UK)
60	乌干达—英国所得税协定(1992)	1992. 12. 23	1993. 12. 21	1994. 1. 1(UG); 1994. 4. 1(UK)
61	圭亚那—英国所得税协定(1992)	1992. 8. 31	1992. 12. 18	1992. 1. 1(UK); 1993. 4. 1/6(FK)
62	加纳—英国所得税协定(1993)	1993. 1. 20	1994. 8. 10	1995. 1. 1(GH); 1995. 4. 1(UK)
63	印度—英国所得税协定(1993)	1993. 1. 25	1993. 10. 25	1994. 4. 1(IN); 1994. 4. 1(UK)
64	乌兹别克斯坦—英国所得税协定(1993)	1993. 10. 15	1994. 6. 10	1995. 1. 1(UZ); 1995. 4. 1(UK)
65	乌克兰—英国所得税协定(1993)	1993. 2. 10	1993. 8. 11	1994. 1. 1(UA); 1994. 4. 1(UK)
66	印度尼西亚—英国所得税协定(1993)	1993. 4. 5	1994. 4. 14	1995. 1. 1(ID); 1995. 4. 1(UK)
67	玻利维亚—英国所得和资本税协定(1994)	1994. 11. 3	1995. 10. 23	1996. 1. 1(BO); 1996. 4. 1(UK)

续表

序号 Serial No.	名称 Designation	签署日期 Signed on	生效日期 Entry into Force	执行日期 Effective date
68	俄罗斯—英国所得税协定(1994)	1994. 2. 15	1997. 4. 18	1998. 1. 1(RU); 1998. 4. 1(UK)
69	阿塞拜疆—英国所得税协定(1994)	1994. 2. 23	1995. 10. 3	1996. 1. 1(AZ); 1996. 4. 1(UK)
70	哈萨克斯坦—英国所得税协定(1994)	1994. 3. 21	1996. 7. 15	1993. 1. 1(KZ); 1993. 4. 1(UK)
71	越南—英国所得税协定(1994)	1994. 4. 9	1994. 12. 15	1995. 1. 1(VN); 1995. 4. 1(UK)
72	爱沙尼亚—英国所得税协定(1994)	1994. 5. 12	1994. 12. 19	1995. 1. 1(EE); 1994. 4. 1(UK)
73	马耳他—英国所得税协定(1994)	1994. 5. 12	1995. 3. 27	1996. 1. 1(MT); 1996. 4. 1(UK)
74	墨西哥—英国所得税协定(1994)	1994. 6. 2	1994. 12. 15	1994. 4. 6(MX); 1994. 4. 1(UK)
75	阿根廷—英国所得和资本税协定(1996)	1996. 1. 3	1997. 8. 1	1998. 1. 1(AR); 1998. 4. 1(UK)
76	朝鲜—英国所得税协定(1996)	1996. 10. 25	1996. 12. 30	1998. 4. 1(LS); 1998. 4. 1(UK)
77	马来西亚—英国所得税协定(1996)	1996. 12. 10	1998. 7. 8	2000. 1. 1(MY); 1999. 4. 1(UK)

续表

序号 Serial No.	名称 Designation	签署日期 Signed on	生效日期 Entry into Force	执行日期 Effective date
78	委内瑞拉—英国所得税协定(1996)	1996. 3. 11	1996. 12. 31	1997. 1. 1(VE); 1997. 4. 1(UK)
79	拉脱维亚—英国所得税协定(1996)	1996. 3. 8	1996. 12. 30	1997. 1. 1(LV); 1997. 4. 1(UK)
80	蒙古国—英国所得和资本税协定(1996)	1996. 4. 23	1996. 12. 4	1997. 1. 1(MN); 1997. 4. 1(UK)
81	莱索托—英国所得税协定(1997)	1997. 1. 29	1997. 12. 23	1998. 4. 1(LS); 1998. 4. 1(UK)
82	福兰克群岛—英国所得税协定(1997)	1997. 12. 17	1997. 12. 18	1997. 4. 1(UK); 1997. 1. 1(FK)
83	新加坡—英国所得税协定(1997)	1997. 2. 12	1997. 12. 26	1998. 4. 1(UK); 1998. 1. 1(SG)
84	阿曼—英国所得税协定(1998)	1998. 2. 23	1998. 11. 9	1996. 1. 1(OM); 1996. 4. 1(UK)
85	科威特—英国所得和资本税协定(1999)	1999. 2. 23	2000. 7. 1	2001. 1. 1(KW); 2001. 4. 1(UK)
86	立陶宛—英国所得税协定(2001)	2001. 3. 19	2002. 11. 28	2002. 1. 1(LT); 2002. 4. 1(UK)
87	约旦—英国所得税协定(2001)	2001. 7. 22	2002. 3. 24	2003. 1. 1(JO); 2003. 4. 1(UK)

续表

序号 Serial No.	名称 Designation	签署日期 Signed on	生效日期 Entry into Force	执行日期 Effective date
88	美国—英国所得税协定(2001)	2001. 7. 24	2003. 3. 31	2003. 4. 1; 2003. 4. 6;2004. 1. 1
89	中国台湾—英国所得税协议(2002)	2002. 4. 8	2002. 12. 23	2003. 1. 1(TW); 2003. 4. 1(UK)
90	南非—英国所得税协定(2002)	2002. 7. 4	2002. 12. 17	2003. 1. 1(ZA); 2003. 4. 1(UK)
91	智利—英国所得税协定(2003)	2003. 7. 12	2004. 12. 21	2005. 1. 1(CL); 2005. 4. 1(UK)
92	澳大利亚—英国所得税协定(2003)	2003. 8. 21	2003. 12. 17	2004. 4. 1(UK); 2004. 7. 1(AU)
93	格鲁吉亚—英国所得和资本税协定(2004)	2004. 7. 13	2005. 10. 11	2006. 1. 1(GE); 2006. 4. 1(UK)
94	博兹瓦纳—英国所得税协定(2005)	2005. 9. 9	2006. 9. 4	2007. 4. 1(UK); 2007. 7. 1(BW)
95	日本—英国所得税协定(2006)	2006. 2. 2	2006. 10. 12	2007. 1. 1/4. 1/4. 6 (UK); 2007. 1. 1(JP)
96	马其顿—英国所得和资本税协定(2006)	2006. 11. 8	2007. 8. 8	2008. 1. 1(MA); 2008. 1. 1/4. 1/4. 6 (UK)
97	波兰—英国所得税协定(2006)	2006. 7. 20	2006. 12. 27	2007. 1. 1; 2007. 1. 1;2007. 4. 1

续表

序号 Serial No.	名称 Designation	签署日期 Signed on	生效日期 Entry into Force	执行日期 Effective date
98	沙特阿拉伯—英国所得和资本税协定(2007)	2007.10.31	2009.1.1	2010.1.1(SA); 2010.4.1/4.6(UK)
99	斯洛文尼亚—英国所得和资本税协定(2007)	2007.11.13	2008.12.11	2009.1.1(SI); 2009.4.1(UK)
100	摩尔多瓦—英国所得和资本税协定(2007)	2007.11.8	2008.10.30	2009.1.1(MO); 2009.4.1/6(UK)
101	法罗群岛—英国所得税协定(2007)	2007.6.20	2008.6.3	2009.1.1(FA); 2009.4.1/6(UK)
102	英属维尔京群岛—英国所得税协定(2008)	2008.10.29	2010.4.12	2011.1.1(VG); 2011.4.6(UK)
103	利比亚—英国所得税协定(2008)	2008.11.17	2010.3.8	2011.1.1(LB); 2011.4.1/6(UK)
104	法国—英国所得税协定(2008)	2008.6.19	2009.12.18	2010.1.1(FR); 2010.4.1(UK)
105	荷兰—英国所得税协定(2008)	2008.9.26	2010.12.25	2011.1.1(NL); 2011.4.1/4.6(UK)
106	开曼群岛—英国所得税协定(2009)	2009.6.15	2010.12.20	2010.12.20;2011.4.1
107	卡塔尔—英国所得税协定(2009)	2009.6.25	2010.10.15	2011.1.1;2004.1.1

续表

序号 Serial No.	名称 Designation	签署日期 Signed on	生效日期 Entry into Force	执行日期 Effective date
108	巴林—英国所得税协定(2010)	2010. 3. 10	2010. 12. 19	2013. 1. 1
109	德国—英国所得和资本税协定(2010)	2010. 3. 30	2010. 12. 30	2011. 1. 1(GE); 2011. 1. 1/4. 1/4. 6 (UK)
110	中国香港—英国所得税协议(2010)	2010. 6. 21	2010. 12. 20	2011. 4. 1;2011. 4. 1
111	中国—英国所得税协定(2011)	2011. 6. 27	2013. 12. 13	2014. 1. 1(CN); 2014. 4. 1/6(UK)
112	埃塞俄比亚—英国所得税协定(2011)	2011. 6. 9	2013. 2. 21.	2013. 3. 1/7. 8(ET); 2013. 3. 1/4. 1/4. 6 (UK)
113	亚美尼亚—英国所得和资本税协定(2011)	2011. 7. 13	2012. 2. 21	2012. 4. 1/4. 6/1. 1 (UK); 2013. 1. 1(AR)
114	匈牙利—英国所得税协定(2011)	2011. 9. 7	2011. 12. 28	2012. 1. 1(HU); 2012. 1. 1/4. 1/4. 6 (UK)
115	巴巴多斯岛—英国所得和资本税协定(2012)	2012. 4. 26	2012. 12. 19	2013. 1. 1(BB); 2013. 4. 1/6(UK)
116	列支敦士登—英国所得和资本税协定(2012)	2012. 6. 11	2012. 12. 19	2013. 1. 1/2. 1(LI); 2013. 2. 1/4. 1/4. 6 (UK)
117	冰岛—英国所得税协定(2013)	2013. 12. 17	2014. 11. 10	2015. 1. 1(IS); 2015. 1. 1/4. 1/4. 6 (UK)

续表

序号 Serial No.	名称 Designation	签署日期 Signed on	生效日期 Entry into Force	执行日期 Effective date
118	挪威—英国所得税协定(2013)	2013. 3. 14	2013. 12. 17	2014. 1. 1(NO); 2014. 4. 1(UK); 2014. 4. 6(UK)
119	阿尔巴尼亚—英国所得和资本税协定(2013)	2013. 3. 26	2013. 12. 30	2014. 1. 1(AL); 2014. 4. 1/6(UK)
120	西班牙—英国所得和资本税协定(2013)	2013. 4. 13	2014. 6. 12	2014. 6. 12,2015. 1. 1(ES); 2014. 6. 12, 2015. 4. 1/4. 6 (UK)
121	巴拿马—英国所得税协定(2013)	2013. 7. 29	2013. 12. 12	2013. 12. 12, 2014. 1. 1 (PA); 2013. 12. 12, 2014. 1. 1, 2014. 4. 1/6(UK)
122	赞比亚—英国所得和资本税协定(2014)	2014. 2. 4	2015. 7. 20	2016. 1. 1
123	塔吉克斯坦—英国所得和资本税协定(2014)	2014. 7. 1	2015. 3. 16	2015. 4. 1,2016. 1. 1(TJ); 2015. 4. 1/. 6(UK)
124	克罗地亚—英国所得税协定(2015)	2015. 1. 15	2015. 11. 19	2016. 1. 1(HR); 2016. 1. 1/4. 1/4. 6 (UK)
125	阿尔及利亚—英国所得和资本税协定(2015)	2015. 2. 18	2016. 6. 16	2017. 1. 1(DZ); 2017. 1. 1(UK); 2017. 4. 1(UK); 2017. 4. 6(UK)
126	塞内加尔—英国所得税协定(2015)	2015. 2. 26	2016. 3. 30	2017. 1. 1(SN); 2016. 4. 1/4. 6(UK)
127	保加利亚—英国所得税协定(2015)	2015. 3. 26	2015. 12. 15	2016. 1. 1(BG); 2016. 1. 1/4. 1/4. 6 (UK)

续表

序号 Serial No.	名称 Designation	签署日期 Signed on	生效日期 Entry into Force	执行日期 Effective date
128	瑞典—英国所得税协定(2015)	2015. 3. 26	2015. 12. 31	2015. 12. 31，2016. 1. 1(SE)； 2016. 1. 1/4. 1/4. 6(UK)
129	科索沃—英国所得和资本税协定(2015)	2015. 6. 4	2015. 12. 16	2016. 1. 1(K1)； 2016. 1. 1(UK)， 2015. 4. 1/4. 6(UK)
130	乌拉圭—英国所得和资本税协定(2016)	2016. 2. 24	2016. 11. 14	2016. 11. 14； 2017. 1. 1
131	阿拉伯联合酋长国—英国所得税协定(2016)	2016. 4. 12	2016. 12. 25	2017. 1. 1
132	土库曼斯坦—英国所得税协定(2016)	2016. 6. 10	2016. 12. 19	2017. 1. 1(TM)； 2017. 1. 1/4. 1/4. 6(UK)
133	塞浦路斯—英国所得税协定(2018)	2018. 3. 22	2018. 7. 18	2019. 1. 1(CY)； 2019. 1. 1/4. /4. 6(UK)

资料来源：荷兰国际财税文献局 IBFD 数据库，https：//online. ibfd. org/kbase/。资料统计截止至 2018 年 5 月。

7.3.2 中英税收协定的签署与协定内容

中英税收协定最早签署于 1984 年 7 月 26 日，并于 1984 年 12 月 23 日生效，1985 年 1 月 1 日执行。之后，2011 年 6 月 27 日中英双方重新签署《中华人民共和国政府和大不列颠及北爱尔兰联合王国政府对所得和财产收益避免双重征税和防止偷漏税的协定》。《关于修订〈中华人民共和国政府和大不列颠及北爱尔兰联合王国政府对所得和财产收益避免双重征税和防止偷漏税的协定〉的议定书》于2013年2月27日在北京签署。中英双方分别于2013年4月12日和2013年12月13日相互通知已完成该协定和议定书生效所必需的各自国内法律程序。根据协定第二十八条的规定，该协定和议定书自2013年12月13日起生效，并适用于：

一是在中国，2014年1月1日或以后开始的纳税年度产生的利润、所得和财产收益；

二是在英国，2014年4月6日或以后开始的申报年度的所得税和财产收益税，以及2014年4月1日或以后开始的财政年度的公司税。①

《中华人民共和国政府和大不列颠及北爱尔兰联合王国政府对所得和财产收益避免双重征税和防止偷漏税的协定》适用于缔约国一方或者同时为缔约国双方居民的人。该协定共包括29条，分别为：人的范围、税种范围、一般定义、居民、常设机构、不动产所得、营业利润、海运和空运、关联企业、股息、利息、特许权使用费、财产收益、独立个人劳务、受雇所得、董事费、演艺人员和运动员、退休金、政府服务、学生、其他所得、消除双重征税方法、其他规则、非歧视待遇、相互协商程序、信息交换、外交代表和领事官员、生效、终止。议定书是对协定内容的补充。具体的协定和议定书内容详见附录2。

---

① 国家税务总局公告2014年第4号：国家税务总局关于《中华人民共和国政府和大不列颠及北爱尔兰联合王国政府对所得和财产收益避免双重征税和防止偷漏税的协定》及议定书生效执行的公告。

下篇

税制研究

下篇税制研究共包括4章内容，分别围绕税收与经济增长、税收与收入分配、税收与环境保护、税制改革特征与趋势四个主题展开讨论。其中第8章、第9章、第10章，均是从相关理论出发，梳理分析英国税收制度的历史发展和税收政策的演进过程，分别对英国税收制度在经济增长、收入分配、环境保护方面的作用进行分析与评判。第11章则是围绕当前复杂多变的国际经济和国际税收新环境，对英国税制改革动态进行多方位的梳理与研判。

8 税收与经济增长

税收与一国经济发展状况有密不可分的关系，不仅能够体现社会生产总量，而且贯穿于产品生产、分配、交换、消费的各个环节。本章重点从税收与经济理论、历史发展、税政沿革、指标分析等层面对英国税收与经济增长之间的关系进行剖析。

虽然税收与经济增长之间的关系毋庸置疑，但如何处理这种关系在不同时期和学派中存在争议。历史上主要的重商主义、古典经济学、福利经济学、凯恩斯主义等学派将税收与经济关系大致分为三类：国家干预、市场主导和“双管齐下”。不论哪种学派理论，都是在英国不同的发展阶段背景下产生，具有历史特殊性和适用性。因此不能对某一学派的理论下绝对定论，需要根据英国经济运行状况和全球发展环境灵活运用。本章通过宏观税负理论、收入替代效应理论解释税收和经济增长的一般性原理。根据拉弗曲线，税收与经济增长并不是正相关的关系。税收收入在一定范围内随着税率的升高而增长，当税率超过一定水平时，提高税负水平反而会减少税收收入。

英国经济发展主要经过三个大的阶段，即快速增长期、经济受阻期和回升平稳发展期。16～17 世纪，英国工场手工业逐步发展，圈地运动为资本主义发展奠定基础；17 世纪末 18 世纪初，英国实现资本的原始积累，工业革命带来的技术革新加快了英国工业化进程，19 世纪英国经济达到突破性的提升。20 世纪初到 20 世纪末，两次世界大战、全球经济危机、两种意识形态的斗争、此起彼伏的工人运动以及困扰多年的“英国病”使英国陷入困境，经济发展受阻。20 世纪 40 年代到 70 年代，英国政府为刺激经济增长，对个人所得税、公司所得税、土地税等进行税改；20 世纪 70 年代末撒切尔夫人上台推行“私有化”以解决“英国病”，实行降低所得税、增收公司税、调节流转税、加征人头税等税改措施，创造了当时的“英国奇迹”，但并未彻底解决“英国病”。20 世纪 90 年代以后，布莱尔政府运用新思路引导英国税政措施，使英国经济逐渐平稳。21 世纪以来，英国 GDP 稳步提升，经济复苏势头强劲。

判断经济增长的一般性指标包括 GDP 和 GNP、NI、CPI 和 PPI、投资等。根据这些指标数据，本章对现阶段英国税收及经济发展状况进行分析，包括英国目前经济增长概况、税收总量和税收结构与经济增长的关系等。根据分析能够看出，英国 GDP 除金融危机时期基本保持稳定增长，人均 GDP 高于 OECD 成员国平均水平；CPI 波动和 FDI 指标具有明显的阶段性；货物和服务净出口总体增加，贸易逆差有所缩小；失业率总体下降，劳动生产率上升；财政赤字水平逐步下降。总体来看，英国经济具备良好的复苏态势，仍有较大的增长空间。从税收总量来看，税收收入总量和增长率与 GDP 呈同向发展；从税收结构来看，个人所得税作为英国税制结构中的第一大税种。虽然英国中央和地方税分配问题上存在一些问题，但总体上英国税制与经济增长之间具有良好适应性。

8.1　税收与经济增长的基本理论分析

8.1.1　不同学派对税收与经济增长关系的认定

对于税收与经济增长之间的关系，不同学派的观点存在差异，大致可分为三类，即通过税收等国家干预政策能够保护经济的增长；经济的稳定持续增长依靠市场机制，无需任何干预；国家干预与市场“看不见的手”双管齐下才能保证经济增长。这些观点源于重商主义学派、古典经济学派、历史学派、福利经济学派、凯恩斯主义学派以及供应学派的不同代表人物。[①]

古典经济学派认为经济的发展与政府干预不相容，仅靠市场机制就能实现国家经济增长。作为该学派的创始人，威廉·配第强调税收公平、效率，注重税收经济效应的分析，他认为过重的税收负担会影响资本的积累并进而对国家的生产能力造成负面影响，所以威廉·配第对于税收与经济的看法是要依据经济运行发展的效果来调整税制结构。古典学派的主要代表人物亚当·斯密倡导自由主义，他认为市场本身就具有实现资源合理配置的能力，在无干预状态下能够实现国民财富的最大增长。在税收方面其倡导中性税收，如按比例缴税，反对累进税率等思想。大卫·李嘉图对国家干预和重税持反对态度。凡是赋税都会降低资本积累，结果就是减少生产，经济下行。萨伊认为税收会减少消费，降低生产能力，所以选择的税

① 冷琳．各经济学派税收经济思想综述［J］．内蒙古科技与经济，2009（18）：67-68.

制要对生产的影响降到最小。[①]

国家干预对于经济增长具有必要性的观点受到多个学派的支持。以托马斯·孟为代表的重商主义学派注重社会财富的增长，强调国家干预的作用。[②] 由于重商主义代表着商业资产阶级的利益，所以十分重视资本的积累，尤其是国际贸易对于资本积累作用。该学派认为在对外贸易中实现贸易的顺差将会对国民财富增长、国家经济增长具有促进作用，在这一前提下，利用贸易保护措施、采取关税保护主义政策成为对经济在快速增长期的国家具有启示意义的税收经济观点。同样，历史学派的李斯特在分析英国自由贸易局限性后，认为关税保护能促进生产力的发展。瓦格纳在反对自由主义时，国家干预对经济活动有积极作用，国家应积极运用包含税收在内的一系列措施来调节、刺激经济。福利经济学派的庇古也主张政府干预，庇古分析认为，某些负外部效应无法在市场经济下自行消除，私人的边际利益与社会边际利益的矛盾无法得到调和，而在国家干预下能够有效地矫正这些负外部效应，例如，用累进税率征收财产税，提高对富人的征收力度，从而调整收入资源的分配。凯恩斯作为主张政府干预的代表，他认为边际消费倾向递减和边际资本效率递减会引起社会有效需求不足，进而导致经济的停滞不前甚至倒退，所以支持政府干预；另外，在意识到只要征税就会导致边际消费倾向减少的情况下，凯恩斯主张用轻税负财政政策以及累进税率来刺激

① 刘普照．宏观税负与经济增长相关性研究［D］．复旦大学博士学位论文，2003.

② 李玉贤．论重商主义时期英国的崛起——基于凯恩斯的经济理论视角［J］．安徽文学（下半月），2008（8）：394－395.

消费和投资，扩大有效需求，促进经济增长。①

在20世纪70年代，凯恩斯的经济思想受到供应学派的抨击，他们认为在当时经济发生滞胀的情况下应该用刺激供给的方法来带动经济，而在不受干预的市场中，供给能够自动创造需求，所以政府应该改变刺激方向，由刺激需求转变为利用税收政策刺激供给；由利用累进税率等促进公平的“收入再分配”税收政策改变为重视生产、提高工作效率以及扩大收入差距；更加注重市场机制在促进经济增长中的作用。②

8.1.2 税收与经济增长的一般性原理

1. 拉弗曲线（宏观税负理论）

阿瑟·拉弗提出的拉弗曲线阐述了宏观税负水平与经济增长的关系。如图8－1所示，横轴代表税收收入，纵轴代表税率，当税率为0时没有税收收入，当税率上升到 t_0 时社会生产达到最大值，税收收入也达到最大值，当税率超过最佳税率 t_0 时税收收入逐渐减少直至0。t_0 点上方被称为禁区。由拉弗曲线可以看出，税收收入在一定范围内随着税率的升高而增长，当税率超过一定水平时，提高税负水平反而会减少税收收入，因为此时边际效益递减，劳动积极性和投资积极性被打击，生产不足影响经济增长，税基减少，政府能够征收的税收也越少。拉弗曲线表明税收收入、宏观税负与经济增长有着密切联系，在某一税负水平下可以兼顾税收收入与经济

① 冷琳．各经济学派税收经济思想综述［J］．内蒙古科技与经济，2009（18）：67－68．

② 侯小雨．西方经济学派税收经济思想综述及对我国税收政策的启示［J］．西江月，2013（24）．

增长。①

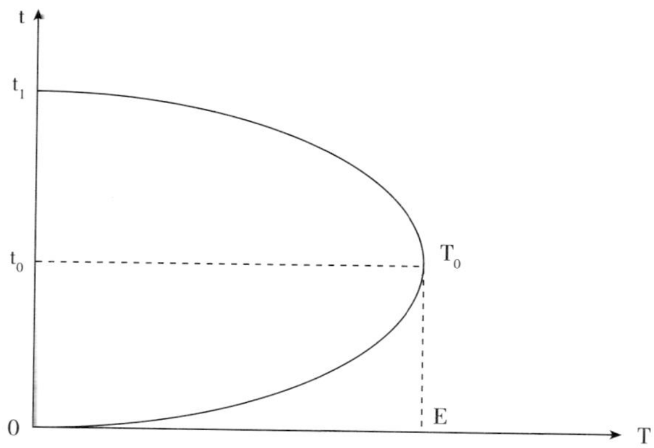

图 8－1　拉弗曲线

2. 收入效应与替代效应

一方面，政府向私人部门征税，则私人部门用于投资的可支配收入和资源会减少，进而减少投资并对经济增长带来不利影响；另一方面，政府征收税收用于提供公共产品，改善投资环境，吸引投资并引导投资者的投资行为，促进经济的发展。② 由此得出，税收与经济增长之间的关系并不是简单的递增或递减。当税负水平和财政支出处于低水平时，虽然税负低，但是政府在低收入情况下为了不至于出现过大的财政赤字，用于公共产品的财政支出就会很少，在这种情况下，提高税负水平，政府就有能力提高对于公共基础设施和服务的投入，这必然会刺激私人部门投资热情的提升，即税收的收入效应大于替代效应。当税负和公共支出本来就偏高时，在边际

① 郝硕博. 拉弗曲线探析［J］. 财经问题研究，2000（6）：15－18.

② 陈共. 财政学：第五版［M］. 北京：中国人民大学出版社 2007.

效益递减规律的作用下，扩大税收收入规模只会打击投资者的积极性，由此产生的负效应用扩大财政支出产生的正效应也无法完全弥补，税收的替代效应大于收入效应，给经济增长带来负面影响。

8.2 英国税收与经济增长的历史发展与趋势特征

8.2.1 经济增长的一般指标

1. GDP 与 GNP

国内生产总值（GDP）是使用最广泛的衡量经济增长的指标。国内生产总值是在一定时期内一个国家或地区生产的全部产品和劳务的价值，是当期新创造的财富价值总量。它是核算社会生产成果和反映经济增长的总量指标。国内生产总值分别从价值构成、收入分配和使用去向三个角度，用生产法、收入法和使用法三种核算方法来反映最终成果的形成、分配和使用过程，可以说 GDP 是最大口径的税源。GNP 是与 GDP 类似的从另一个角度来阐释经济增长的指标，国民生产总值是指一个国家或地区所有常住单位和个人在一定时期内全部生产活动（包括货物和服务）的最终成果。①

2. NI

国民收入是劳动者在一定时期内所创造的价值，是社会总产出扣除物质资料消耗后剩余的价值。国民收入是衡量一个国家经济发展水平的综合指标。经济增长则代表着生产增加、生产力水平上升，

① 刘新利．税收与 GDP 周期关系分析［J］．税务研究，2009（10）：12－21.

反映在国民收入上即为国民收入的增加。①

3. CPI 和 PPI②

CPI 和 PPI 分别为消费者物价指数和生产者价格指数。CPI 是反映与居民生活有关的产品及劳务价格统计出来的物价变动指标，通常作为观察通货膨胀水平的重要指标。如果消费者物价指数升幅过大，表明通货膨胀已经成为经济的不稳定因素，央行会有紧缩货币政策和财政政策的风险，从而造成经济前景不明朗。一般来说 CPI > 3% 的增幅就成为通货膨胀，CPI > 5% 的增幅时就是严重的通货膨胀。

PPI 是生产者价格指数和工业品出厂价格指数，是衡量工业企业产品出厂价格变动趋势和变动程度的指数，是反映某一生产领域价格变动情况的重要经济指标，也是制定有关经济政策和国民经济核算的重要依据。

根据价格传导规律，PPI 对 CPI 有一定的影响，PPI 反映生产环节价格水平，CPI 反应消费环节的价格水平，整体价格水平的波动一般出现在生产领域，然后通过产业链向下游产业扩散，最后波及消费品。消费是 GDP 的组成部分，也是税收产生的源泉，消费的增长可以提高产销率，是拉动经济发展的动力。

4. 投资

投资对促进经济增长具有决定性作用，同时投资的增长促进税收的增加，税收对投资也具有反作用。政府利用税收来引导投资，

---

① 高鸿业．经济学［M］．北京：中国发展出版社 1992.

② 本部分内容主要参考：庞素琳，王燕鸣．金融海啸下珠三角经济困境产生的原因分析［J］．管理评论，2009（2）；刘熙娜．试论通货膨胀的成因及对策［J］．现代商业，2008（20）：107－107.

影响私人部门的投资行为，促进资源合理优化配置，使经济又好又快发展。

国家经济的增长也与进出口额、劳动生产率、失业率等参数相关。

8.2.2　英国经济发展历史沿革

1. 经济增长快速阶段（16 世纪～19 世纪末）

英国在由封建社会转型为资本主义社会阶段，英国的新兴资产阶级不断进行资本的原始积累，重金主义风气在社会不断膨胀和蔓延，社会性的拜金主义在该特定阶段不仅促进了英国资产阶级革命，还对相关产业的发展起到了一定的作用。在 16、17 世纪，英国的工场手工业逐步发展，城市慢慢崛起，城市的人口剧增，英国对农业产品的需求快速增长，贵族为了给城市供应更多的农产品进行圈地运动。在圈地运动中农民的土地使用权和所有权被剥夺，地主把土地圈占起来使其成为私有的牧场，而农民发展为自由劳动力，失去土地之后的农民流入城市，为英国发展资本主义作了准备。农业和农村生产力在这场运动中得到了发展，资产阶级积累了原始资本，国内市场被开拓，大量农民成为廉价劳动力，为英国资本主义的发展奠定了坚实的基础。到 17 世纪末 18 世纪初，英国基本实现了资本的原始积累，工业革命的出现使得英国的工业化进程加快。在 18 世纪，英国人均收入增长明显快于 17 世纪，其资本在 18 世纪中期仅为 5 亿英镑，但到了 1865 年，英国资本增长了 12 倍。1700～1820 年，英国的出口在航运能力提高的基础上，每年出口增长率为 2% 。[①]

在 19 世纪，英国人均收入增长显著，大约为 18 世纪的 3 倍，从这里可以看出英国在该阶段经济快速发展，经济增速得到突破性提高。经济表现突出的最主要原因是工业革命带来的技术进步。技术进步带来的是劳动技能的改进以及劳动力素质的提升，该特征对英国经济的发展又有良好的反作用。在 19 世纪，英国出口的年平均增长率接近 4%，GDP 增长率接近 2%。从 19 世纪 70 年代起，英国掀起了海外投资的热潮，用于海外投资的资本占到本国储蓄量的一半左右。[②]

2. 经济发展受阻阶段（20 世纪初～20 世纪末）

在第一次世界大战之后，英国的工业部门尤其是民用工业部门萎缩，这种状态在战争结束后因为 1920 年的经济危机没有得到缓解。英国国内市场萎靡，在国内需求不足的情况下出口也遇到了困难，经济发展止步不前。在 20 世纪 20 年代，工人运动也在十月革命的影响下进入一个新阶段，英国国内的阶级矛盾被激化，工人阶级展开全国性的斗争，英国的经济被严重削弱。在 20 世纪 30 年代，英国受到美国经济危机的影响，加上英国在 20 年代经济的滞胀，使得英国经济遭受严重打击。自 1930 年第一季度起，英国的工业生产指数和进出口贸易指数都出现明显的下降，在之后的两年内，英国的失业人口达到 300 万，失业率为 23% 。[③]

---

① 高峰. 20 世纪世界资本主义经济的发展与演变［J］. 政治经济学评论，2010，1（1）：105.

② 托马斯·皮凯蒂著，巴曙松译. 21 世纪资本论［M］. 北京：中信出版社 2014.

③ 金卫星. 一战后世界经济结构的变化与 20 世纪 30 年代大萧条［J］. 苏州大学学报（哲学社会科学版），2003（3）：127－131.

在第二次世界大战之后的20年内，英国经济疲软，政府也出台了相关的扩张性政策来刺激国民消费和私人投资、增强出口优势、促进经济增长，在政府的努力下英国经济虽然出现好转苗头，但还是有部分年份出现经济衰退现象，总的来说，在该阶段英国经济发展状况稍有起色但未能起到力挽狂澜的作用。战后英国国内需求多，并且出口竞争力差，在国际贸易中出现严重的贸易逆差，所以在1949年9月，将英镑贬值超过30%来增加出口份额，企图改善贸易逆差局面。[①] 到了20世纪50年代，国民人均收入增加，国内生产总值得到一定的提高，英国私人部门的总投资在增加的同时占国内生产总值比重也得到大幅度的提高。

在20世纪60年代后期“英国病”激化。1967年，英镑再一次贬值，这表明英国在对外贸易和世界经济中的地位被再一次削弱。进入70年代后的英国经济一直处于滞胀状态，英国的通货膨胀率居高不下，停滞的经济使得失业人数不断攀升。自1973年开始，英国加入了欧洲经济共同体，同时也进行了税制改革，利用税收制度的变革来达到刺激和调节经济的目的。在此次税制改革中，主要是完善了所得税制，统一了基本所得税和附加所得税并使用累进税率。撒切尔上台后，采用货币学派理论来刺激经济，但是英国的财政支出大，所以税率高，过高的税收负担抑制了社会上的投资，在财政方面撒切尔利用开源节流的方式使得税制改革更加有效，她推行低税率，将个人所得税基本税率从33%减至25%，最高税率从83%减至40%，同时将间接税如增值税、高档消费品附加税增加了一些，

① 王元．国家主权论：现实挑战与理论反思［D］．厦门大学硕士学位论文，1996.

这样在国家税收收入总量保持一定水平的基础上，能够激励低收入者积极工作，富裕阶层加大投资。①

3. 经济平稳增长阶段（21 世纪初至今）

进入 21 世纪以来，除了 2008 年金融危机之外，英国国内生产总值稳步提升但平均增长率较 20 世纪最后十年增长速度减缓。在脱欧之后，英国经济普遍不被看好，然而实际情况是英国经济有强劲复苏的趋势，这与英国之前采取的一系列刺激经济增长的措施有着密切的关系。为了刺激经济复苏与增长，英国央行长期实行低利率和量化宽松的扩张性货币政策，从 2009 年开始，英国央行已经连续多年将利率维持在 0.5% 的低水平状态，自 2009 年，英国启动了量化宽松的货币政策，并多次扩大量化宽松的规模。同时，英国政府还采取了如增加基础设施投资，提高个税起征点，降低公司税等刺激经济的措施。英国积极发展与新兴国家的经济贸易关系也为经济复苏创造了良好的外部环境。欧洲各国之前一直是英国出口的主要市场，但是受到欧债危机的影响，英国转变出口方向，积极发展与新兴国家如中国之间的友好关系，拓展新市场，促进英国与新兴国家的双边贸易以及投资便利化，为英国创造更多的就业机会以及拉动英国经济的增长。在英国产业发展中制造业相对收缩，相比较来说作为第三产业的服务业则增速较快。金融业是英国的支柱产业，具有竞争力强的特征，金融服务业为英国经济创造了大量财富，为促进英国经济增长做出了重要贡献。英国是一个金融服务的出口大国，其金融服务的贸易顺差在世界上名列前茅，同时，英国的金融

① 刘晓平. 战后英国国家干预经济发展战略评析［J］. 学海，2010（3）：133－139.

业创造了大量就业岗位。而在制造业中，虽然英国有“去工业化”的趋势，但是英国制造业增加值在世界工业增加值总额中的比重仍然很高，为了摆脱产业“空心化”的现状，占领新一轮工业革命的制高点，英国正积极推动传统工业的升级，使制造业重新焕发活力，拉动英国经济增长。①

8.3　促进英国经济增长的税收政策发展变化

8.3.1　第二次世界大战后促进经济增长的税收政策（20世纪40～70年代）

两次世界大战使英国经济遭受重大挫折，资本主义世界的经济危机也波及到英国，使英国经济出现大萧条。一方面，英国出现高通货膨胀，物价水平持续上涨，导致工人实际工资下降，购买力严重不足，产品出现滞销，商品大量积压；大批生产企业破产、工厂倒闭，社会生产急剧下降；另一方面，生活消费品又极度缺乏，人们生活物资难以保障，工厂停工导致失业率不断攀升，工人阶级生活在水深火热中。可以看出这一时期经济严重倒退，社会矛盾也有激化的趋势。政府必须采取相关的措施改变这种经济社会状态。税收制度建设就是其中一项重要的措施。当时英国社会的有效需求不足，根据凯恩斯的“国家干预”经济的理论，主张在有效需求不足的前提下，加大政府的财政支出来刺激经济增长。因此，英国政府刺激经济增长的主要措施就是扩张性的财政政策，如减税、财政赤

① 李罡．英国经济现状剖析［J］．中国货币市场，2016（5）．

字、举债、通货膨胀等。

个人所得税是英国第一大税种，占英国税收收入的较大比例，为了及时有效地为财政支出提供资金来源，必须对个人所得税进行改制。1944 年英国对个人所得税采用了新的征税办法，即“扣除制”。“扣除制”主要是将原先在年末一次性计算缴纳的个人所得税变为在发放工资、薪金前先进行个人所得税的代扣代缴，这种“挣钱先纳税”的税制改革能够使财政收入较前期提前纳入国库，提高政府资金流动效率，为利用财政刺激经济增长提供支持。

公司所得税在英国开征的历史悠久，早在第一次世界大战期间，英国为了筹集战争经费，将公司作为单独的纳税主体对其征税。虽然一战结束后，这种税就被停征，但二战期间为了支持战争又被开征，直到 1965 年才正式成为英国税制体系中的一般税种，即公司所得税。公司所得税在战争年代作为特殊税种，在国家财政收入中占比很少，始终维持在 10% 以下，对英国财政支撑作用较小。1965 年为了扩大财政支出，英国政府对公司所得税进行了规范，规定凡按照英国《公司法》登记的公司、法人实体或非公司组织，公司在会计期内取得的扣除折旧、费用、损失后的各项收入均应缴纳公司所得税。[①] 公司所得税的开征为英国经济发展提供了财力保证。

另一项有效的改革措施就是对土地税的改革。自英国实行自由主义贸易政策，就更加重视工商业的发展，强调国际贸易往来，农业生产在国内的地位下降。失去政府保护政策的农业逐步衰退，粮

① 资料来源：http：//www.66law.cn/topic2010/gssds/74971.shtml。

食产量下降，以致难以满足国内消费者需求，同时工业需求也只能依靠大量的进口粮食。为改善农业的萧条状态，英国政府采取措施减少土地税、增加农业补贴。20 世纪初，英国政府将土地税具体分为矿藏开采税、继承权税、增值税、未开发土地税四类。特别规定土地税的起征点是每英亩 50 英镑，同时对农业用地制定特别税收优惠，农业用地的土地税的起征点为每英亩 500 英镑。①

这一阶段的英国政府需要在经济增长和平复社会矛盾之间选择平衡点。一方面要增加财政收入扩大支出刺激消费，促进经济增长；另一方面要减轻税负，提高群众购买力，增加市场有效需求。因此，从税制改革措施上可以看出，英国政府通过开征新的公司所得税、资本利得税，来增加财政收入；通过调整个人所得税征收方式，减轻纳税人税负意识；通过加大富人税收负担，减轻农业生产者税负，缩小贫富差距。英国政府利用增加的财政收入扩大政府投资，在一些私人投资难以解决的领域实行国有化。由于政府投资的乘数效应，英国经济总量快速增加，经济快速恢复，失业状况也得到了有效改善。

8.3.2 撒切尔政府促进经济增长的税收改革（20 世纪 70 年代末到 90 年代）

第二次世界大战后的经济复苏政策主要是增加财政支出，通过财政赤字、政府投资、国有化等途径解决经济萎靡。虽然经济有所好转，但是直到 70 年代末，“英国病”并没有明显好转，通货膨胀和失业率依然居高不下，国有化又使生产率低下，高福利支出标准

① 陈炜．英国税收与社会公正［D］．山东大学博士学位论文，2012.

使得财政不堪重负。撒切尔夫人及其同僚认为造成这些问题的根源在于中央缺乏对货币政策和财政政策的控制，中央过度干预经济。因此，撒切尔夫人及其政府希望依靠税收政策调节经济和进行宏观调控，彻底解决“英国病”。[①]

在个人所得税上，福利国家的建立形成了英国独特的“依赖型文化”，享受福利的人大多不愿去工作，社会生产缺乏积极性，同时也使积极的财富创造者受到打击，不利于储蓄和投资。因此撒切尔上台后经过多次调整，将个人所得税的税率大幅降低，有效减低了纳税人的税收负担。

20 世纪 60 年代英国正式征收公司所得税，并将公司税的税率调高，成为政府财政收入的重要来源，但企业税负明显增加，高额的税收负担阻碍了企业发展。撒切尔上台后通过降低税率不断减轻企业税负。尤其是 20 世纪 80 年代，就围绕公司所得税进行了一次税收改革，当时采取的降低税率、增加折旧、停征投资所得附加税等措施都有效焕发了企业活力，增加企业收入，因此在撒切尔政府时期，公司所得税占税收总额的比重有较大幅度的增加。

流转税方面，撒切尔政府主要对增值税和消费税进行调节。1979 年之前，增值税税率分为普通商品和奢侈品，适用不同的税率，但税率相对都比较低。撒切尔政府减少个人所得税和企业所得税税负之后，相应地提高了商品税的税率，将增值税的税率提高到 15%，1991 年增值税税率又提升到 17.5%。[②] 消费税是当时商品税中第二大税种，撒切尔政府加大了对烟草制品和道路燃油消费税的

---

① 陈炜．英国税收与社会公正［D］．山东大学博士学位论文，2012.
② 陈炜．英国税收与社会公正［D］．山东大学博士学位论文，2012.

征收。可以看出，撒切尔政府利用间接税税负的提高来弥补直接税税负下降带来的财政损失。

财产税方面，撒切尔政府在20世纪80年代通过新法案，将资产转移税改为遗产继承税，90年代积极推行“现代人头税”代替原来的地方税。财产税的征收为中央财政提供了新的税源。

为了平衡区域发展，缩小区域间的经济差距，撒切尔政府利用税收政策来引导投资。1984年撒切尔政府指定50个区域为“重点受援区”,① 为这些区域颁布一些包括税收在内的优惠政策，鼓励海内外的投资者到指定优惠地区投资资金和技术。20世纪80年代中期，英国为发展中小企业，向投资中小企业一定数额的企业在一定期限内免征所得税，这一政策为中小企业吸引了大量的投资，促进中小企业的迅速发展。

撒切尔政府的税收政策总能够根据国际和国内的经济时局变化进行及时调整，因此英国税制具有足够的弹性并能够迅速调整，为促进经济发展和实现政府政策目标服务。从撒切尔政府增减税率、调整税目、升降起征点或免税额等措施都可以看出政府对税制的掌控能力和调节力度。1990年下半年，英国经济陷入又一次的经济衰退，政府通过紧缩的货币政策和宽松的财政政策，帮助中小企业周转资金，减轻债务和税负，刺激市场有效需求，促进经济增长。在撒切尔政府的政策领导下，英国迎来了第二次世界大战后最长的经济繁荣时期。英国经济增长加快，经济增长率甚至一度超过欧共体成员国的平均水平，摆脱了“欧洲病夫”的称号；财政赤字减少，

① 陈炜．英国税收与社会公正［D］．山东大学博士学位论文，2012.

到1988年出现财政盈余；失业率大幅下降；通货膨胀率由1979年的25%下降到1988年的4.4%，[①] 人民平均生活水平大幅提高。可以说撒切尔政府创造了当时的“英国奇迹”。

8.3.3 新工党政府促进经济增长的税收调整（20世纪90年代以后）

新工党政府执政期间，是英国经济工业革命以来最平稳、繁荣的阶段，经济持续、快速、稳定增长，失业率和通胀率一直保持较低水平；贫富差距缩小，社会健康稳定。这一切的经济社会表现与布莱尔政府实行的经济政策息息相关。布莱尔领导的新工党政府认为税收是兼顾效率和公平的经济社会政策中作用最大的政策工具。布莱尔表示政府必须对税收拥有控制权，强调公共服务的现代化并对其进行大量的投资。不同于传统的“税收—支出”政策，布莱尔政府更多地侧重财政纪律和平衡预算，奉行“谨慎”和“稳定”的开支政策。[②]

布莱尔政府促进经济增长的措施并非传统的增加税收和扩大财政支出，而是通过提高劳动生产率、提高居民收入的方式促进经济增长。对公司所得税的调整核心在于降低公司税的税率和减少额外负担，提高英国工业国际竞争力。新工党将公司所得税的基本税率从33%降到了30%，并提出一系列促进中小企业发展的税收优惠，同时，推行旨在公共部门私有化的“私人自助创议（PFIS）”或

---

① 刘玉安．告别福利国家？——西欧社会政策改革的大趋势［J］．当代世界社会主义问题，2014（3）．

② 李众宜．论布莱尔第一届政府的新混合经济政策［D］．山东师范大学硕士学位论文，2007．

"公私伙伴关系（PPPS）"①。

个人所得税的调整主要解决的是社会收入分配问题。不论是调低税率、调整税基，还是改变税收抵免政策，将税收与社会福利政策结合，建立责任制的社会福利国家，为低收入家庭从源头上解决就业和贫困问题。遗产税和国民保险税也都做了相应的改革，真正提高了贫困人口收入水平，促进社会公平正义。

2008 年全球金融危机，世界经济面临严重考验，许多经济体受到严重打击。英国经济也出现严重衰退。为了应对金融危机造成的经济萧条，英国采取了减税和增税相结合的税收政策，帮助经济恢复发展。第一，降低流转税的税率，减轻生产企业和消费者的税收负担，刺激消费，如将增值税税率由 17.5% 下调至 15%，② 适用欧盟规定的增值税最低税率，直到 2010 年结束。第二，不超过 5 万英镑的企业亏损结转期限由原先的 1 年增加到 2 年，中小企业的税收优惠政策也一直延续到 2010 年。③ 这样可以减轻企业税负，促进企业现金流的周转。第三，提高个税费用扣除标准，扩大累进税率的收入级距，降低雇员的社会保障税。这一措施在于降低英国居民的个人税负担，从而相对增加居民收入，提高购买力水平，促进消费。第四，提高烟、酒、燃油等消费税的税率。英国政府应对金融危机的税收政策主要是以增加税收、减轻企业税负为主，从而刺激消费，促进经济的增长。

第二次世界大战后英国的经济发展并不是一帆风顺，既经过了

---

① 陈炜．英国税收与社会公正［D］．山东大学博士学位论文，2012.

② 资料来源：http：//news. hexun. com/2008 - 11 - 24/111581374. html。

③ 汪昊．英国应对金融危机税收政策的特点及其启示［J］．涉外税务，2009（5）.

平稳发展的繁荣期，也经历过萧条颓败的衰退期，但不论经济运行状况如何，英国政府总能运用税收政策和其他社会经济措施引导经济发展，税收制度也能随着经济形势做出及时的调整，可见英国税收制度建设完整，具有很强的弹性，政府对税收理论的理解和政策掌控程度也较为合理，税收政策对英国经济发展具有重要的意义。

8.4 现阶段英国税收及经济发展状况分析

8.4.1 英国目前经济增长概况

1. 国内生产总值

由表 8－1 可以看出，英国国内生产总值和人均国内生产总值自 1990 年以来有增有减，总体上在不断增加，英国经济除了在个别危机时期，经济发展较为稳定。其中，英国在 1990 年和 2008 年爆发经济危机，GDP 不增反降，经济衰退。1990 年经济的衰微自 1992 年起才开始复苏，而 2008 年席卷全球的经济危机使世界各国尤其是发达国家损失惨重，英国经济增长高度依赖金融业等服务业，2009 年 GDP 反向倒退 4.33%，对经济造成重创，在之后的三年间，又由于欧债危机加上实行应对英镑贬值引起的通货膨胀率上升的财政紧缩政策，英国经济恢复缓慢。自 2013 年开始，在宽松的货币政策下，英国经济有了全面复苏的苗头，2014 年 GDP 增长率为 3.07%，达到英国进入 21 世纪以来的最大值，GDP 总值超过了金融危机前，2015 年继续稳定增长态势。英国作为发达国家国内生产总值基数较大，GDP 增长率虽然不高，但所处水平已经属于良好。英国 GDP 总量逐渐增长，增长率总体上有减缓趋势。2016 年英国经济平稳增长，GDP环比增长0.7%，增长动力主要因素是消费，不过由于英镑贬值，通货膨胀可以基本抵消收入的上升，未来消费能力能否继续保持强劲势头促进经济增长还有待考察。

表8-1 英国1990~2015年GDP总量和人均GDP及年增长率

年度	GDP总量（亿英镑）	GDP年增长率（%）	人均GDP（美元）	人均GDP年增长（%）
2015	28610.90	2.19	43930	1.39
2014	29988.33	3.07	46412	2.30
2013	27195.09	1.91	42407	1.23
2012	26460.02	1.31	41538	0.61
2011	26089.95	1.51	41243	0.72
2010	24296.02	1.92	38709	1.12
2009	23671.27	-4.33	38010	-5.05
2008	28754.63	-0.63	46523	-1.41
2007	30630.05	2.56	49949	1.76
2006	26782.77	2.50	44017	1.75
2005	25081.03	2.97	41524	2.27
2004	23890.04	2.53	39825	1.95
2003	20284.88	3.47	34008	2.99
2002	17575.72	2.40	29603	1.96
2001	16130.34	2.73	27284	2.33
2000	16354.41	3.74	27770	3.37
1999	16521.67	3.28	28154	2.94
1998	16235.64	3.19	27759	2.89

续表

年度	GDP 总量（亿英镑）	GDP 年增长率（%）	人均 GDP（美元）	人均 GDP 年增长（%）
1997	15370.91	3.13	26358	2.86
1996	13929.79	2.55	23948	2.29
1995	13202.55	2.51	22756	2.24
1994	11404.89	3.89	19709	3.62
1993	10613.88	2.51	18389	2.26
1992	11796.59	0.36	20487	0.09
1991	11427.97	-1.12	19901	-1.42
1990	10931.69	0.72	19095	0.42

资料来源：根据英国国家政府网站和世界银行数据库整理。

由图 8－2 可以看出，英国人均 GDP 在近几年稳步增长，且水平高于 OECD 欧洲国家的平均水平，与日本人均 GDP 相比，英国人均 GDP 在 2012 年与 2013 年旗鼓相当，到 2014 年及以后，英国人均 GDP 明显比日本高，具有较强的增长势头。美国在图 8－2 中几个国家中的人均 GDP 最高，具有明显优势。而中国作为发展中国家，人口基数多，虽然人均 GDP 远落后于各主要的发达国家，但是总体上在不断攀升，增长势头猛。美国经济体量大，人均 GDP 也在各国中具有明显的优势，不易比较，所以可以从人均 GDP 的增长率方面来比较。由图 8－3 可以看出，英国人均 GDP 增长率在近几年中表现突出，即使在 2016 年各国人均 GDP 增长率都放缓的情况下，英国增长率也还是超过了 OECD 欧洲国家的平均增长率和日本的增长率，日本人均 GDP 在 2014 年较 2013 年变化不大，增长率较以前年度明显变小，在 2015 年有明显回升。英国人均 GDP 增长率在各发达国家中仅次于美国，表明英国经济复苏和经济增长势头良好。

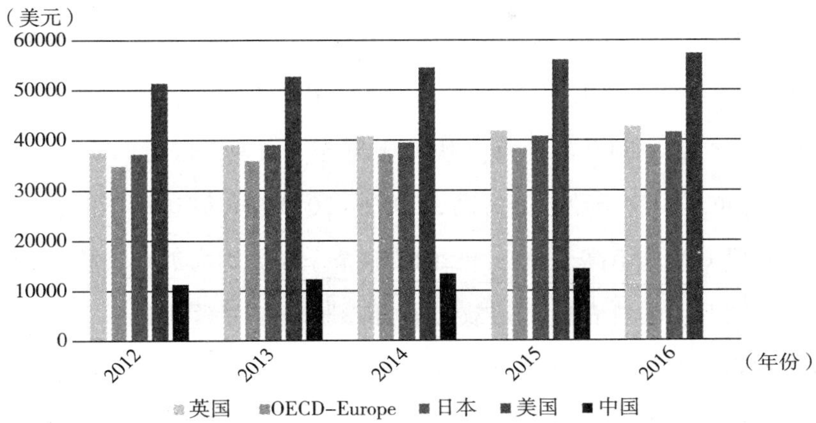

图 8－2　人均 GDP 比较

注：OECD 官网中缺少中国 2016 年人均 GDP 及其增长率数据，因此图中缺少 2016 年中国数据。

资料来源：OECD 官网。

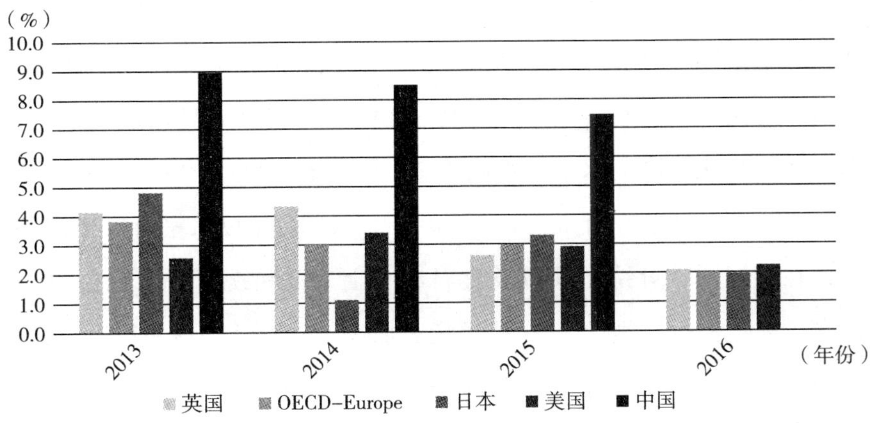

图 8－3　人均 GDP 增长率

注：OECD 官网中缺少中国 2016 年人均 GDP 及其增长率数据，因此图 8－2 和图 8－3 中未包含中国 2016 年数据。

资料来源：OECD 官网。

2. 英国 CPI

近十年来，英国消费者价格指数有几个明显波动的阶段，2007～2008 年 CPI 快速增长，涨幅超过 3%，至 2008 年 9 月达到最高点 5.2%，之后到 2009 年 9 月又快速下降至 1.1%，该时间点至 2011 年 10 月英国 CPI 指数逐渐升高，2012～2015 年 CPI 逐渐下降，在此下降阶段 CPI 均不高于 3%。[①] 2015 年至今，英国的消费者价格指数在逐步回升。消费者价格指数与通货膨胀率有着紧密联系，是衡量通货膨胀率变化的主要经济指标之一，它反映消费者支付商品和劳务的价格变化情况。当 CPI 上升表明市场上商品和服务的整体价格水平上涨，涨幅过高说明市场上货币与商品供应量出现矛盾，商品的供应量不能满足消费者的需求，在该国内会发生通货膨胀，一般来说通货膨胀与经济增长相联系，然而通胀到达其能承受的极限之后，经济就会崩溃进入经济低迷时期。2008～2009 年 CPI 的快速下降很好地证明了这一点，2008 年爆发的经济危机使得通胀率飙升，崩溃后急速下跌，经济萧条。2010～2013 年，英国消费者价格指数基本在一个比较高的水平，都高于 2% 甚至超过 5%，2013～2016 年英国 CPI 不管涨落一直维持在 2% 以下[②]，2016 年以来呈持续上涨态势，在英国脱欧英镑下跌以及燃料成本上升的情况下，可以预见英国在未来经济的主题之一就是通货膨胀率。国际上通常把 CPI 涨幅达到 3 个百分点作为通货膨胀的警戒线。英国前首相布莱尔在其执政期间实现了保守党的主张，规定通货膨胀率不能超过 3%。

① 数据来源：英国国家统计局。
② 数据来源：英国国家统计局。

3. 英国国际经济与贸易

根据图 8-4，2001~2014 年英国的 FDI 净流入呈现三个明显的阶段，2001~2004 年外国直接投资净流入比较之后几年处于较低水平，2005~2008 年英国 FDI 净流入明显大幅上涨，2009~2014 年回落到 2005 年之前的水平，尤其是在金融危机后的 2009 年外国直接投资净流入暴跌，反映出经济发展状况与外国直接投资净流入有关。若外国直接投资净流入增加，说明国内市场吸引着外国投资者，外资的流入代表外商直接在接受投资国家进行生产活动，不仅可以弥补资金缺口，还可以带动出口和就业，对于经济增长具有十分重要的促进作用。英国在 2011 年以来的外国直接投资净流入有着小幅度的增减，总体上处于平稳水平，表明英国在该阶段经济发展较为平稳。

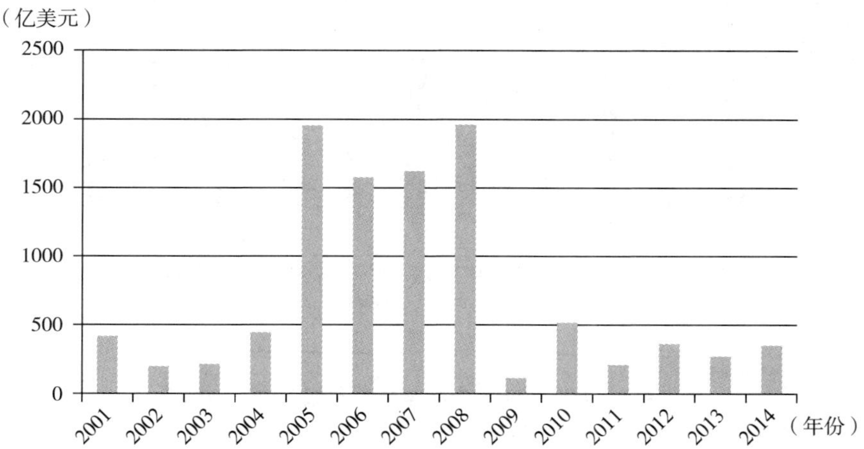

图 8-4　2001~2014 年英国的外国直接投资净流入

资料来源：英国国家统计局。

由图 8 –5 可以看出，长期以来英国在国际贸易进出口中，货物一直是出口量低于进口量，且自 2009 ~2014 年，英国货物出口与进口差额在逐渐增大；英国服务出口总量一直是高于服务进口总量的；在 2005 ~2015 年，英国货物和服务净出口总量一直处于负数状态，但其总体上增加，2005 ~2006 年，净出口稳定保持，2006 ~2008 年，英国货物和服务净出口量持续下跌，2008 ~2009 年和 2010 ~2011 年两个时间段内，英国货物和服务净出口量呈现增长态势，虽然增长过后都出现下降趋势，但下降幅度小于增长的幅度，2013 ~2015 年，英国货物和服务净出口额缓慢增加，呈增加状态。

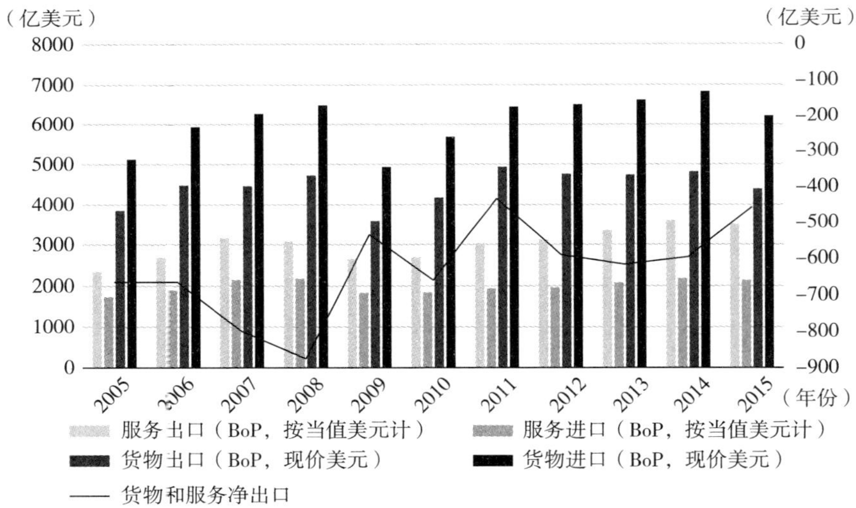

图 8 –5　2005 –2015 年英国货物与服务进出口情况

资料来源：英国国家统计局。

英国作为发达国家，服务业占据经济产值的绝大部分，服务业比较发达，所以服务的出口会大于进口。而制造业相比较之下所占比重较少，由于在全球市场上一般由发展中国家加工制造商品再出口到世界各国，作为发达国家则要进口货物，所以英国的国际贸易更多地表现为产生贸易逆差。

英国货物和服务净出口总体上是在增加的，在不断扭转国际贸易逆差过大的局面，这表明英国经济发展态势良好，还具有增长空间。

根据图 8 - 6 所示，在英国、德国、法国、日本和美国这几个国家中，除了德国长期以来一直处于贸易顺差地位，其他国家基本处于贸易逆差地位，尤其是美国，贸易逆差尤其突出。美国巨额的贸易逆差是经济全球化的国际分工与美国产业结构调整造成的，美国在发展中国家进行大量投资，使得国家间的贸易规模迅速扩大，而在美国国内优先发展高新技术产业，生产高附加值的高新技术产品，发展优势产业，所以美国出现大量贸易逆差在所难免。近年来英国的贸易逆差不断扩大，2016 年英国贸易逆差超过 880 亿美元。英国对外贸易持续大幅逆差是英国政府必须解决的难题，这对于英国经济保持复苏增长态势具有重要意义。

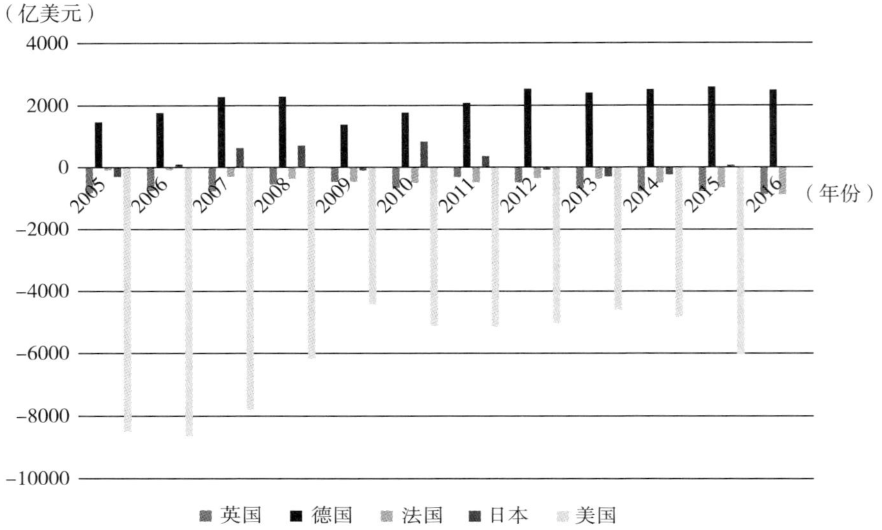

图 8－6　2005～2016 年五国货物与服务进出口贸易净额

资料来源　OECD 官网。

4. 失业率

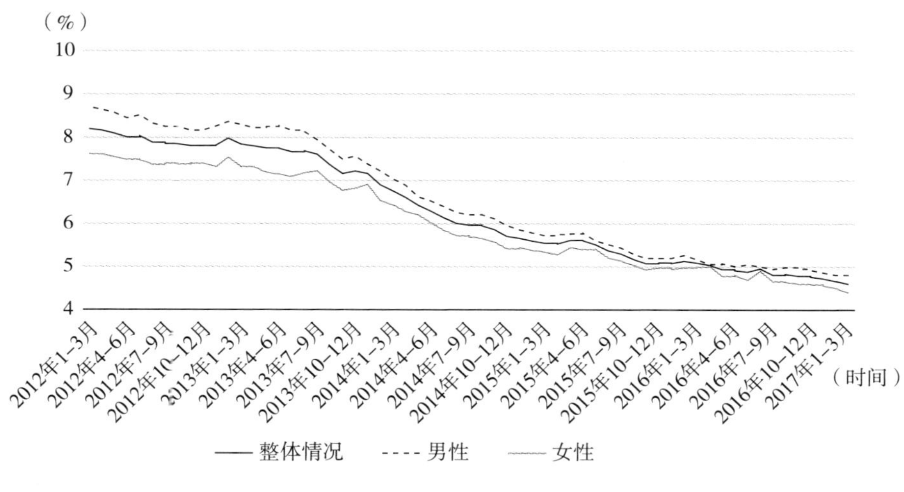

图 8－7　2012～2017 年英国失业率

资料来源：英国国家统计局。

图 8－7 显示，2012～2017 年间英国 16～64 岁的男性与女性失业率呈现不断下降趋势，总失业率也在逐步下降，2011 年第一季度英国失业率为 8.2%，至 2017 年第一季度的英国失业率不到 4.6%，下降接近一半。当经济发展态势良好的情况下，随着经济的增长国家各个产业的发展能够提供更多的职位，让更多人能够找到工作，失业者会减少从而降低失业率，所以失业率能够反映出经济增长的情况。英国实行最低工资制，采取政府出资和企业联合培训制度来培训失业人员，强化灵活的就业机制，保证英国失业率在 4% 以下。英国失业率的降低表明英国的生产需要更多的劳动力从事生产，增加市场上产品供应量以满足需求，促进国家经济增长。从另一个方面看，英国本土居民就业数量没有太大的变化，就业人数的增加主要来自非英国公民，这显示出英国外来移民的竞争优势，能够达到一定程度的充分就业。但是考虑到英国未来对外来移民的管控政策，在缺失移民就业率的情况下，英国劳动力市场的动力会面临一定的挑战，这可能会对英国经济增长产生一定的负面影响。

5. 英国劳动生产率

图 8－8 横轴代表某年份某一季度的时间坐标。根据图 8－8 可以看到，自 2008 年金融危机以来，英国每个工人的劳动生产率总体上在稳步上升，按每小时的劳动生产率在 2011～2013 年出现下降后，已经恢复了提升态势，总体上还是处于上升状态，就这一点来说，英国劳动生产率升高，有利于扩大生产，刺激消费需求，促进经济的增长。在国家统计局公布的一系列数据中可以看到，英国居民消费和就业的提升幅度都超出了预期，表现出经济发展强劲的态势。但是也有不同的观点认为英国经济增长可能不会如表面看上去

那么强劲，劳动生产率虽然上升，但是增速却有所下降，并且当前劳动生产率在与金融危机爆发前的2007年基本处于同一水平，除去金融服务和采矿业，其他行业的劳动生产率问题由来已久。

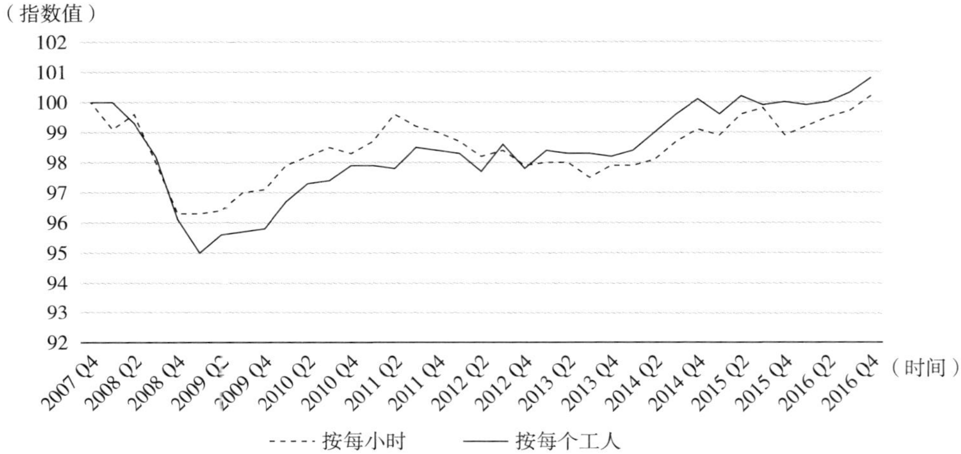

图8－8　2007～2016年英国劳动生产率变化

注：以2007年第四季度作为基期，赋值100。

资料来源：英国国家统计局。

6. 英国外汇储备

根据图8－9所示，英国外汇储备包括外币、黄金、国际货币基金组织特别提款权以及英国在国际货币基金组织的储备金定位。外汇储备是货币当局持有并可以随时兑换成国外货币的资产，一定的外汇储备可以起到调节经济、平衡国际收支的作用。当今世界经济全球化，各国经济相互影响，一国经济很容易受到其他国家经济的影响，而利用外汇储备可以起到稳定汇率的作用，对于经济均衡稳定发展十分重要。一般来说外汇储备的增多不仅可以增强宏观调控能力，还有利于吸引外国投资、促进国际贸易和防范国际金融风险。

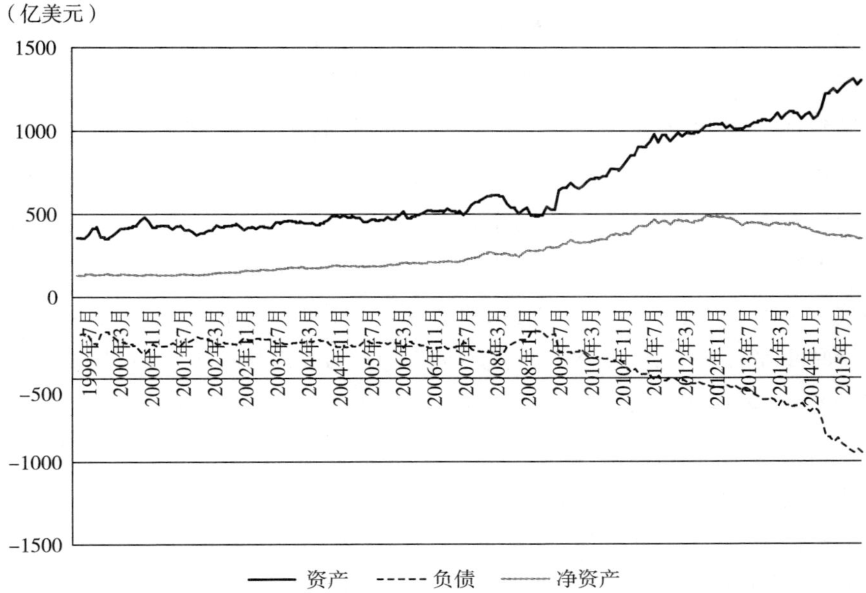

图 8－9　1999～2015 年英国国际储备趋势

资料来源：英格兰银行，UK International Reserves-May 2017。

英国自进入 21 世纪以来，直至 2008 年，净外汇储备逐步上升，2008～2015 年，英国增持了外汇资产和负债，使得英国净外汇储备在 2008～2012 年保持较大幅度的增长趋势，在 2013～2015 年，英国外汇资产、负债同时增加的情况下，由于负债增持幅度大于资产，英国外汇净资产呈下降趋势。

7. 财政状况

由图 8－10 可以看出，近年来英国财政赤字水平逐步下降。2012 年，英国财政赤字占 GDP 的比重高达 8.24%，同年，日本和美国财政赤字占 GDP 比重也都高于 8%。2013 年以来，英国政府采取了一系列措施，有效控制了政府财政赤字与公共债务，这些措施包括限制政府公共部门工资、削减政府福利支出等，同时严厉打击偷税漏税现象。英国财政赤字占 GDP 的比重长期以来处于 3% 的水平之上，而国际上衡量财政赤字风险的指标之一赤字率即财政赤字占 GDP 的比重不应超过 3%。财政赤字是由财政支出大于财政收入导致的，财政支出水平高表明政府积极扶持公共事业，有利于社会福利的提高，但是从另一方面表明，过高的社会福利不利于调动社会民众的工作积极性，不利于社会生产，导致税收收入的减少，如此循环，必然对经济增长造成负面影响。英国采取的一系列降低财政赤字水平的措施起到了限制的效果，2013 年当年英国财政赤字率就减少了接近三个百分点，虽然水平仍超过了警戒线，但是综观世界各主要发达国家的财政赤字率都超过了这一水平，况且英国 2014～2016 年财政赤字率一直在下降，2016 年降至 2.95%，回归到较安全的水平。虽然有人认为英国政府紧缩政策执行过紧，减缓了英国经济增长的步伐，但是从总体上来看，英国积极的货币政策和稳健的财政政策相结合，既稳定了公共财政，也能更好地促进经济的长远发展。

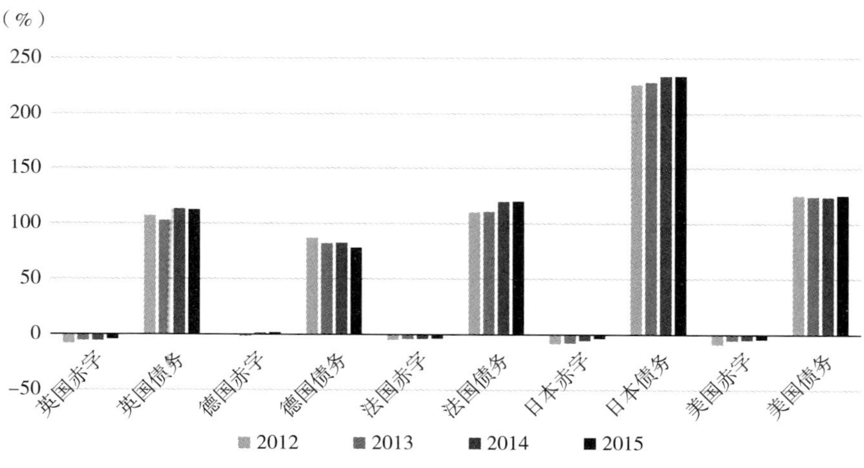

图 8－10　2012～2015 年五国财政赤字与政府债务占 GDP 比重示意图

资料来源：OECD 官网。

发行国债是世界各国弥补财政赤字的普遍做法，而且被认为是一种最可靠的弥补途径，但是，用债务作为弥补赤字的来源，则债务会随着赤字的增长而增长，另外，债务是需要到期偿还的，且要还本付息，债务的增加反过来也会加大财政赤字。政府债务占 GDP 比重称为国债负担率，主要衡量政府累计债务相当于同期经济规模的比例，反映着政府债务总量对经济的影响。一般来说，经济越发达的国家，承受债务的能力也会越大。由图 8－10 可以看出，各国的政府债务大多超过了 GDP，日本尤为突出，国债负担率超过了 200%，且还有上升趋势。德国的债务水平相对较低，且有下降趋势。英国国债负担率较法国和美国都低，但 2016 年有一个明显的上升，达到 123.6%。

8.4.2 英国税收总量与经济增长分析

税收是国家财政收入的主要来源，税收对于经济增长的作用可以是积极的刺激作用，也会有消极的抑制作用，以下挑选若干反映经济增长情况的指标与税收进行分析来阐释英国税收与经济增长的关系。

1. 税收总量与 GDP

由图 8－11 看到，1999～2015 年英国的税收总收入与 GDP 同增同减，1999～2007 年，英国 GDP 总量在不断攀升，从 16521 亿英镑增长到 30630 亿英镑，而与之对应，英国税收总量也在不断增加，2008 年 GDP 总量和税收总量都因为金融风暴的影响发生倒退分别降低至 28754 亿英镑和 5484 亿英镑，直到 2009 年还是受到了较大影响，两者均大幅度降低，尤其是 GDP 从 28754 亿英镑降至 2367 亿英镑，2010～2014 年，英国 GDP 总量和税收总量恢复上升趋势，经济逐渐复苏。

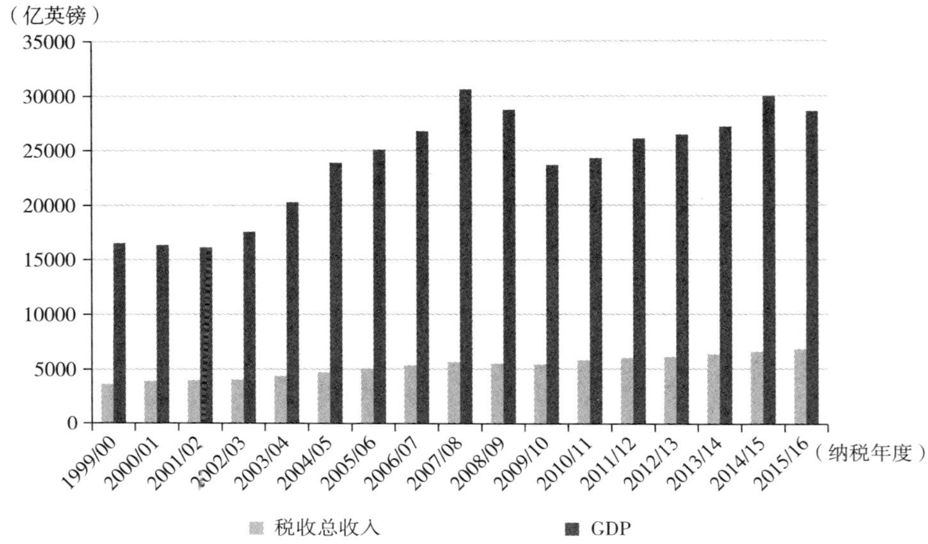

图 8－11　1999～2015 年英国税收收入与 GDP

资料来源：世界银行数据库。

税收与经济增长相互影响、相互制约，税收收入的高低直接取决于经济的发展程度，反过来，一国经济增长也会受到税收环境和制度的约束或刺激。所以结合上图可以看出英国税收随着国内生产总值的增加而增加，同时，适当的税负水平也能够对经济增长起到正面作用。英国税收收入在逐年增加的过程中并没有给经济增长带来过大压力，两者总体上呈同向变化趋势，表明英国税收与经济增长总体上是相适应的。

图 8－12 反映了 1999～2015 年 GDP 增长率和税收收入增长率变化趋势，结合图和数据来分析税收与经济增长。从英国国内生产总值增长率的角度分析，2000 年 GDP 增长率高于 1999 年，而在

2000～2002年GDP增长率连续两年呈下降趋势，在2003年有所回升，2003～2007年英国GDP增长率略有波动，基本保持在2.5%的增长率水平，在2007～2009年，GDP增长率出现负增长，在2009～2010年才出现明显的回升，直到2014年GDP增长率才恢复到2008年之前的水平，在2015～2016年，GDP增长率出现0.88%的下降，这在一定程度上属于正常波动。从英国税收总收入增长率的角度分析，2000～2001年，英国税收收入增长率从7%大幅下降至1%，2002～2003年出现增长率上升为8%，2003～2007年，税收增长率逐年下降，到2008年出现负增长，不过又在两年内恢复到经济危机前税收增长率，2010～2012年英国税收收入增长缓慢，2013年增长率为4%，在之后两年税收收入增长率保持在4%。

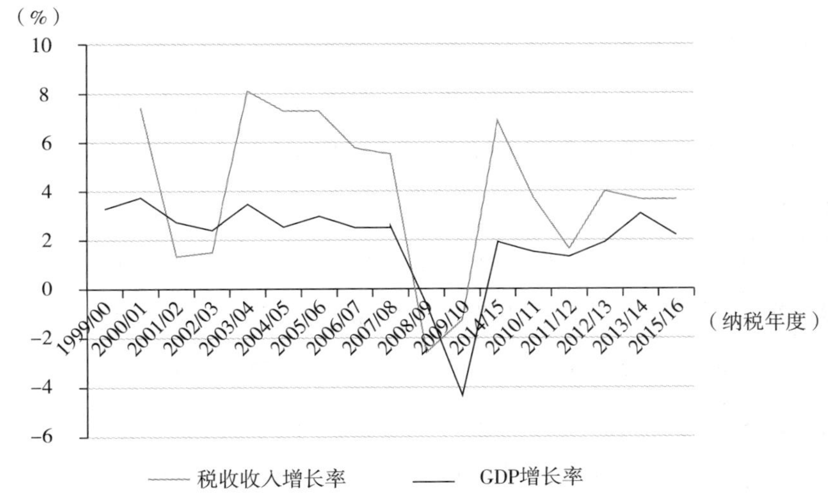

图8-12　1999～2015年英国税收收入增长率与GDP增长率比较

资料来源：世界银行数据库。

根据英国税收收入增长率与GDP增长率的变化趋势可以看出，进入21世纪以来，英国税收收入增长率与国内生产总值增长率呈现同方向发展趋势，同时，可以看出税收总收入的增长率在多数年份都高于国内生产总值的增长率，但是这并没有导致英国经济的增长速度下降和经济的衰退，这证实了在税负水平适当的范围内，税收与经济增长之间的关系是正相关的。

2. 税收占GDP比例

由图8-13英国税收收入占GDP比重来看，英国税收总收入平均占英国国内生产总值比重为22%，1999～2003年，英国税收占GDP比重一直保持在20%以上，而在2004年、2005年、2006年、2007年、2008年以及2009年，税收收入占GDP比重低于20%，尤其在2008年和2009年，税收占GDP比重为1999年以来的最低值，2009年之后占比也保持稳定，基本在23%左右。税收是政府财政的主要来源，这是由税收的特点和经济职能决定的，国家需要税收用于财政开支，若税收收入过低，政府就没有足够的经济来源来维持开支以及国家基础设施建设、福利开支等事项，这对于国家经济的发展明显是不利的，所以税收占生产总值的比例不能过低，但也不能过高，过高的税负会影响劳动者的积极性，产生替代效应，不利于生产。过高的税负也会影响消费者心理，不利于国内消费需求的增加，最终阻碍国家经济的增长与发展。所以税收收入总量占GDP的比重要适当，并且要控制好公司所得税、个人所得税等主要税种的税收收入比例，这样在各个收入分配阶段设置适当的税收负担，才能促进经济在健康的状态下良性增长。

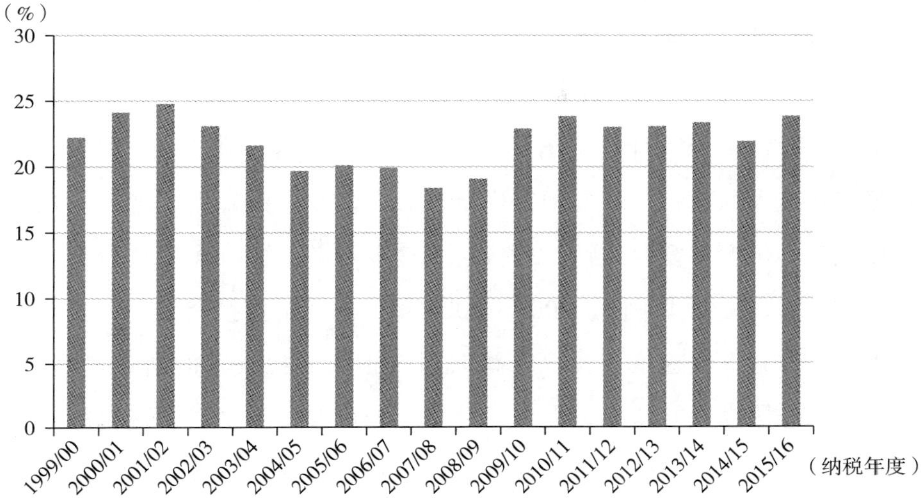

图 8－13　1999～2015 年英国税收占 GDP 比重

资料来源：世界银行数据库。

3. 税收与投资

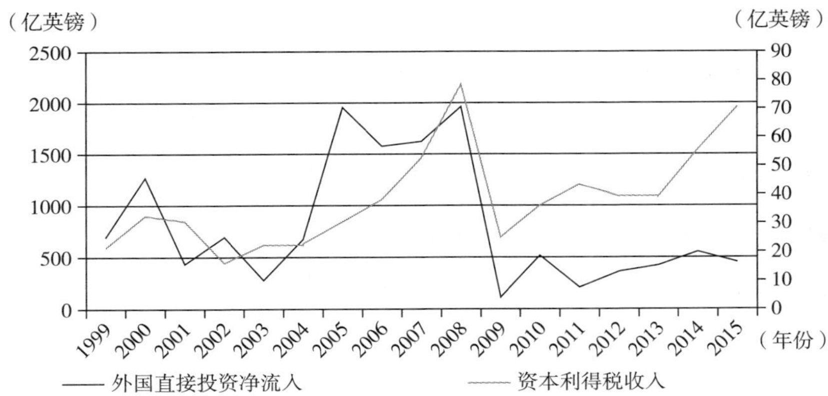

图 8－14　1999～2015 年英国外国直接投资净流入与资本利得税收入

资料来源：英国统计局。

从图 8 – 14 可以看出，2002 ~ 2008 年，英国的资本利得税收入大幅度上升，达到最高值 7.85 亿英镑，经济危机这一年英国资本利得税直线下滑，2009 ~ 2011 年出现较大增长，至 2013 年又有小幅度下降，2013 ~ 2015 年，英国资本利得税收入快速回升。在外国直接投资净流入方面，与资本利得税增长方向基本一致，但是增长的幅度在某些年度有较大差别。2000 ~ 2003 年，英国的外国直接投资净流入一直在波动式下降，2003 ~ 2005 年，外国直接投资净流入快速上涨，并且上涨速度明显高于该阶段资本利得税收入的增长速度，这表明外国投资的流入在促进经济增长的同时，也带动了税收的增长，这种正相关性在 2008 ~ 2009 年两者都大幅下降的表现中可以证实。2010 ~ 2015 年，英国的资本利得税收入与外国直接投资净流入之间也是同增同减的趋势，但是可以看出该阶段外国直接投资净流入的增速明显低于资本利得税的增长速度，英国政府对于投资产生的资本利得征收的资本利得税征税力度有所加大，对于投资有所抑制。税收与代表经济增长的指标投资是呈正相关的。

4. 产品税收与生产率

从图 8 – 15 可以看出，1999 ~ 2015 年，除了在 2008 ~ 2009 年之间有下降外，对于产品征收的税收呈上升趋势，劳动生产率总体上也呈现上升趋势。劳动生产率提高，有利于增加社会上的产品以满足消费需求，消费拉动经济增长，同时促进税收收入的增长。

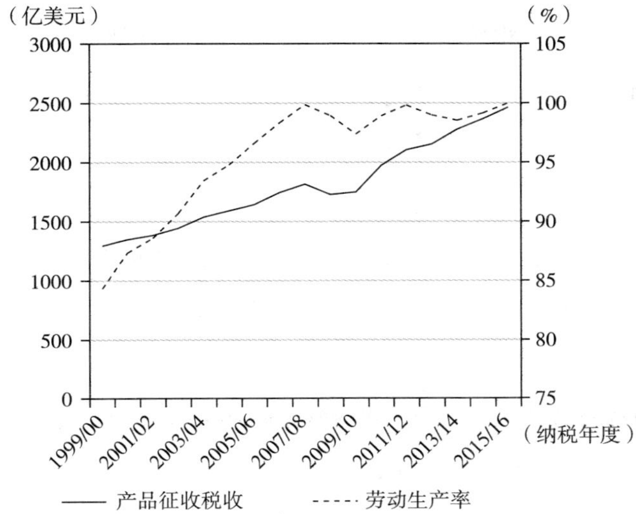

图 8－15 英国产品税收收入与劳动生产率

资料来源：英国国家统计局。

8.4.3 英国税收结构与经济增长分析

对于税收结构的研究和定义，主流方法是将税收划分为直接税和间接税，或者划分为扭曲性税收和非扭曲性税收。税收结构会受到国家经济发展水平的影响，一个国家经济越发达，则经济商品化、社会化、货币化会越突出，人均收入会越高，所以，以个人所得税为主体税种的税制结构会更加适合。税收制度在社会再生产中发挥着重要作用，对于经济的增长和经济协调发展也具有一定影响。

1. 主要税种与 GDP

图 8－16 代表的是 1999～2015 年英国主要税种公司税、个人所得税和增值税占当年国内生产总值的变化趋势及对比，该图选取了代表直接税的个人所得税和公司所得税以及代表间接税的增值税，

从图中可以看出，在三个税种中公司所得税占国内生产总值的比例较其他两种小。对作为市场经济体的公司来说，若对于公司所得征收过重的税收会影响企业在市场上进行各种经济活动的积极性，同时也会导致部分公司采用不规范的手段进行避税，不利于市场经济主体有效发挥其对经济增长的促进作用，所以，公司所得税应该在适当的范围内以较低的比重为先。从图中可以看出，作为英国税制结构中最重要的个人所得税占国内生产总值的比例在三个税种中是最高的。英国是发达资本主义国家，国民收入水平高，英国税制结构也是一所得税为主体的税制结构，而个人所得税在所得税中又占最大比重，图 8 - 16 中，英国个人所得税占 GDP 比重也在缓慢攀升，从侧面反映英国人均收入水平也在不断提高，这表明英国经济发展态势良好。

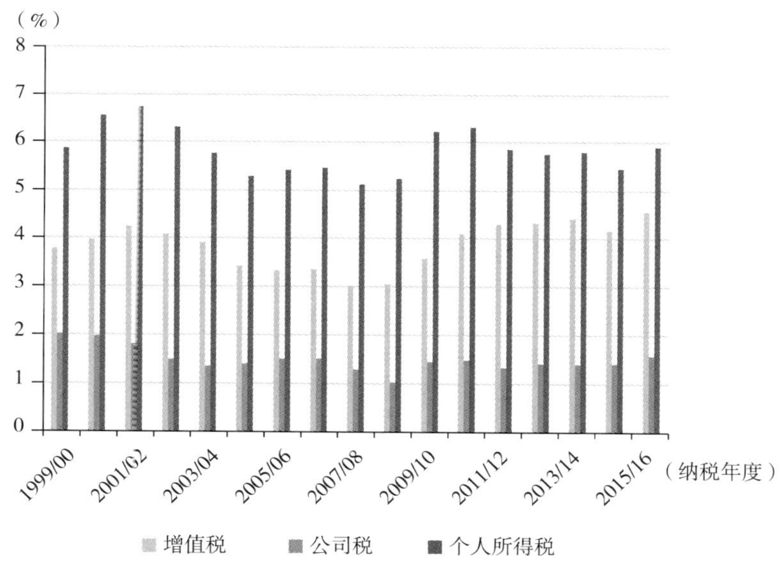

图 8 - 16　1999 ~ 2015 年主要税种税收收入占 GDP 比重

资料来源：英国国家统计局。

2. 中央地方税收分配与 GDP

从表 8－2 可以看出，英国中央与地方税收收入所占比例明显不同，中央政府征收绝大部分税种的税收，英国的绝大部分税收收入归属于中央，而地方只有财产税这一主体税种，还有地方国民保险税这一收入。从税收比重来看，2010～2013 年，英国中央政府税收收入分别占总税收收入的 94.46%、94.65%、94.58% 和 94.55%，地方税仅分别占 5.54%、5.35%、5.42% 和 5.45%，英国是中央集权制国家，只有中央具有税收立法权，地方政府无权决定开征地方税种，只有对属于本级政府的地方税享有征税权以及适当的税率调整权和部分减免权，并且这些调整的权利还受到中央政府的严格控制和监管，虽然地方财政能得到中央政府的财政拨款，但是地方政府在征收地方税时的主动权太少，英国严格执行分税制，并不存在中央和地方共享税，这使得地方政府的财政收入的来源过于单一，缺乏灵活性和弹性。

从表 8－2 中可以看出，当地方税在税收总量中占比相对较高时，如 2010 年和 2013 年，国内生产总值的增长率也会比较高，达到 1.92% 和 1.91%，所以，当地方政府有较高的税收收入时，就会有较充足的资金来安排财政开支，促进地方经济的发展，从而带动全国经济增长。

表 8－2　英国中央与地方税收比重　单位：%

年份	地方税收占比	中央税收占比	GDP 增长率
2010	5.54	94.46	1.92
2011	5.35	94.65	1.51
2012	5.42	94.58	1.31
2013	5.45	94.55	1.91

资料来源：英国政府网站。

3. 税率与 GDP

税率作为税制结构的重要因素，直接影响到了纳税人的税收负担，若税率太高会增加税收负担，从而成为经济增长的抑制剂，在保证政府财政支出的前提下，较低的税率能够让市场各环节变得更有活力，促进经济增长。

（1）公司所得税税率变化与 GDP 增长率。由图 8－17 可以看出，自 1990 年开始，英国一直在下调公司所得税的税率，1990 年为 34%，在 1991 年下调至 33%，该税率维持到 1995 年，1996～1997 年保持在 31%，1996 年降至 30%，直至 2008 年该税率调减至 28%，后在 2011～2015 年，每年都将公司税税率调减 1%，现在英国公司所得税税率为 20%。当公司所得税税率的变化对应于 GDP 增长率时可以看出，除了两个经济危机时期，一般降低公司所得税税率都对应着 GDP 增长率的上升，尤其是自 2010 年以来，随着公司所得税税率年年下调，GDP 的增长率有明显的上升趋势。由此看出，降低公司所得税税率，对于公司来说具有刺激作用，有利于增加企业的税收收入，进一步扩大企业规模，这对于投资者来说也是一个利好消息，能获得更多税后利益，最终在良性循环中促进经济增长。

（2）增值税税率变化与 GDP。增值税作为一种中性税收，是在商品或服务流转的过程中增加的价值额为依据而征收的流转税，其属于间接税，在英国的税制结构中，流转税虽然不是主体税种，但它使增值税最能够完善抵扣链条，避免重复征税的税种，将税负完全转嫁给消费者起着重要作用，同时不同的增值税税率在货物、劳务和服务流转的过程中对于企业现金流施加的压力也不同。

1990～2015年英国增值税标准税率总体上增加，但也有个别年份有税率降低的波动。英国自1973年开始征收增值税，1990年英国增值税标准税率为15%，低于OECD国家平均税率的16.7%，2000～2008年英国增值税的标准税率一直为17.5%，都低于OECD国家的平均增值税税率，在2009年又将增值税税率下调为15%，2010年上升至17.5%，2011～2015年，英国增值税税率调整至20%的基本税率，开始高于OECD平均增值税税率。

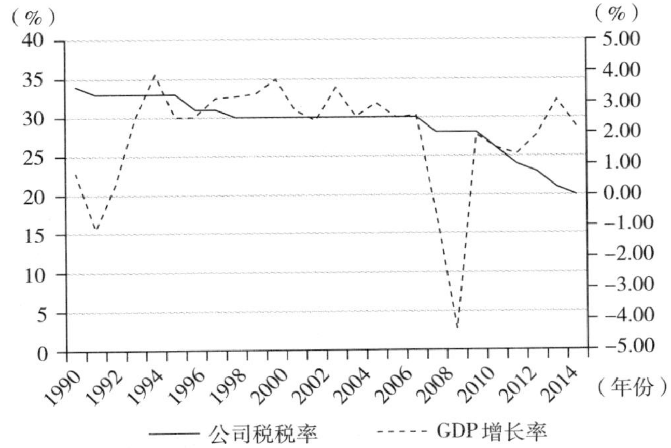

图8－17　1990～2015年英国公司税税率变化及GDP增长率变化

资料来源：英国国家统计局网站。

图8－18反映的是增值税税率变化趋势与GDP增长率的变化趋势。在2009年经济危机过后，英国增值税税率降低为15%，政府这一举动反映了经济危机过后，国民经济衰退，利用增值税制度中的税率降低来刺激商品和服务的消费与投资，这种暂时性的调节虽然短暂，但是对于经济体的积极性有着正面促进作用。就引领产业升级，转变经济发展方式方面，增值税有着重要作用。在英国服务业

发达，服务业产值占所有产业全部产值比重最大，服务业作为增值税涉及的领域必然会受到增值税税制变化的影响。降低增值税税率可以缓解企业的现金流压力，同时若增值税在特殊情况，如市场上有替代品，商品需求弹性较大或增值税抵扣链条不完整等情况产生的额外税收负担需要企业自身来承受，所以调整增值税税率对于经济的发展有着重要影响。

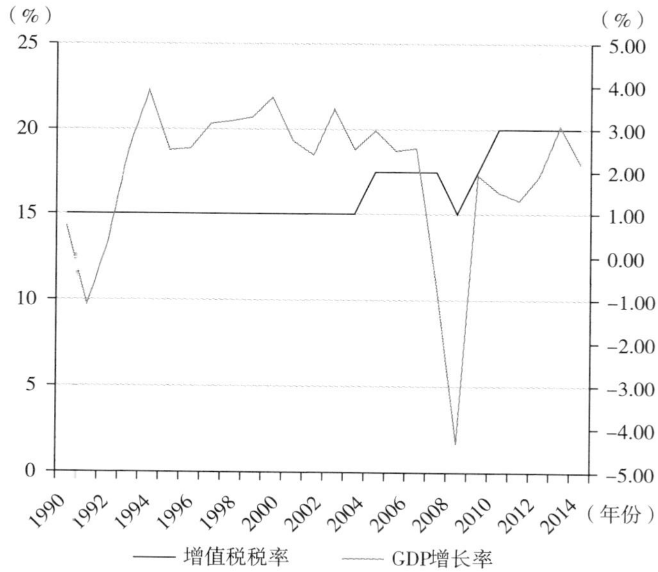

图 8-18　1990~2004 年英国增值税税率变化与 GDP 增长率

资料来源：英国国家统计局。

总的来说，税收收入与税制结构的调整都会受到一国经济发展情况的影响，同时，税制结构的变化以及税收负担的情况也会反作用于经济的发展，政府当局应该综合考虑两方面因素，良好地利用税收来促进经济增长，避免过重的税负引起经济的下滑。

9 税收与收入分配

居民收入分配状况是一个十分重要的国民经济社会发展指标，它不仅关系到社会经济的稳定和可持续发展，而且与国民切身利益息息相关。而税收是政府调节收入分配最重要的工具之一。本章从五个部分具体阐述英国的税收政策对英国收入分配状况的影响。

第一部分概括性地介绍了税收调节收入分配的基本理论，即税收的基本属性以及税收发挥调节作用的三个阶段：国民收入初次分配、再分配和第三次收入分配，其中，收入再分配是税收发挥调节作用的主要环节。同时，根据英国现有的税收体系，分别列举了在不同收入分配阶段发挥调节作用的相应税种。

第二至四部分详细介绍了英国历史上贫富差距演变历程、相关税收理论和各阶段政府的税改政策，呈现出英国收入分配状况的动态图。税收是政府筹集财政收入的最主要途径，除了对国家经济的宏观调控职能，税收对于促进社会公平、均衡收入分配也发挥着重要作用。英国收入分配格局随着世界宏观局势、国内经济状况、政府执政目标和税收职能理念不断变化。工业革命持续期间，社会生产扩大、资本集中、收入分配不公问题逐渐恶化；进入 20 世纪，世界局势动荡，经济危机蔓延，福利国家理论逐渐形成并促使英国实行税改和福利国家制度，贫富差距日渐缩小；20 世纪 70 年代末，撒切尔政府为了治理“英国病”，忽视了税收调节、再分配的作用，又一次扩大贫富差距，导致怨声四起；20 世纪 90 年代末到 21 世纪初，布莱尔政府进行有效的税收变革，改善了收入分配失衡的格局，将贫富差距缩小并保持在合理范围之内。通过英国贫富差距变化情况能够看出，税收与收入分配有着密切的关系，政府通过税收手段在高低收入者中进行再分配。与居民可支配收入直接相关的是直接税，政府通过提高免征额、适用累进税率、制定优惠政策、增加税种等方式降低中低收入者的税收负担，增加高收入者的应纳税额，从而达到“劫富济贫”的效果。不过在历史发展中，难免会出现实现经济增长和保持社会公平的两难选择，政府如何在发展和公平之间找到平衡点，也是英国政府执政期间必须面临的课题。

第五部分通过大量数据介绍了英国收入分配的现状，包括英国收入分配的总体趋势，家庭收入分配的总体情况，不同阶层、年龄段人口的收入分配状况，以及英国基尼系数在欧洲各国所处的水平，从而使读者更具体地了解英国的收入分配情况。同时，采用数据分析的方式，分析了英国的税收与福利政策对以上各收入分配情况的影响，得出英国税收与福利政策可以缩小收入分配差距，促进收入分配公平的结论，即英国的税收与福利政策在调节收入分配方面是有效的。

9.1 税收调节收入分配的基本理论分析

9.1.1 税收的经济意义

税收是国家财政收入的主要来源，体现了国家主权和国家权力，是国家实行宏观经济调控的重要经济杠杆之一。适度的宏观税收水平，科学合理的税收结构和税收制度，规范的税收政策，可以有效地调节国民收入再分配，促进生产要素流动，引导资源优化配置，推动经济增长和产业升级，促进充分就业和社会稳定。

9.1.2 税收调节收入分配的作用

目前世界大多数国家实行市场经济，在市场经济条件下，市场在分配领域中处于基础地位，提倡机会均等、公平竞争，市场会按生产要素多寡进行分配并根据供需关系实现自我调节。但是，现实情况里市场为个人或企业提供的机会和竞争往往是不均等的，收入分配差距由此形成，此时需要政府来调节市场无法调节的领域。而税收作为政府主要调节手段之一，在调节经济运行，缩小收入分配差距方面发挥了重要作用。税收主要有三大职能：财政收入职能、经济调控职能、社会政策职能。① 从税收的第二大职能来看，税收具有调节作用，政府凭借政治权利参与社会分配，必然改变社会成员在国民收入分配中所占的配额，减少其可支配收入，但是该减少额并不是相等的，无论是比例税率还是累进税率，一般情况下，收入越高，税额越大。因此，这种利益得失的差别化影响了纳税人的经济活动和经济行为。此外，政府将税收收入用于公共支出、社会救助等活动，也在一定程度上减小了收入分配差距。具体来看，税收调节收入分配职能主要是通过参与国民收入初次分配、再分配、第三次分配这三个环节实现的②，三个环节前后衔接，紧密相连。

1. 初次分配环节

初次分配环节是收入差距产生的源头，主要由市场机制形成，

---

① 龙笔锋．从和谐社会构建中解读税收的职能［J］．会计之友（上旬刊），2009(6)．

② 张忠友．利益和谐取向下的我国税收调节收入分配功能优化研究［D］．华中师范大学硕士学位论文，2007．

它是指依据资本、劳动、土地、技术、管理等生产要素把国民收入分解成不同经济主体收入的过程。在初次分配环节中，政府一般通过流转税参与调控，不对经济进行直接干预。虽然从表面看，初次分配主要是由生产要素的价格决定的，政府没有对其进行干预，但从实质看，政府通过征收流转税改变资本、劳动、土地等生产要素的价格，影响这些生产要素在国民收入分配中的比重，从而发挥税收的调控作用。流转税税负增加，该比重上升；流转税税负降低，该比重下降。目前，英国增值税率主要有20%、5%和零税率三档税率①，通过对日常必需品实行优惠税率，可以降低低收入群体的税负，从而缩小了收入分配差距。

2. 再分配环节

再分配环节是实现收入分配公平的关键环节，也是税收发挥主要作用的环节，它是指政府在初次分配的基础上，运用财政政策和货币政策等工具对初次分配总收入进行再分配的过程。在再分配环节中，政府主要以所得税为主，流转税为辅，在收入的实现环节、使用环节、积累环节和转让环节进行调控。② 从英国现行税制看，具体体现为：

（1）收入实现环节。在收入实现环节，主要是所得税发挥作用，调节个人的税后可支配收入。英国所得税种类主要包括个人所得税、企业所得税、资本利得税和国民保险税。英国的个人所得税有基本税率、高税率和附加税率，而且规定了宽免额和大量的扣除项目，

① 资料来源：https：//www. gov. uk/browse/tax/vat。

② 苗文娣. 税收对我国居民收入分配的调节机制分析［D］. 首都经贸大学硕士学位论文，2012.

其累进性很好地弥补了流转税的累退性，可以更多地减少高收入者的可支配收入，促进收入分配公平。企业所得税以企业为征税对象，采用比例税率，虽然不能直接调节个人收入，但是可以转嫁给企业投资者，间接减少投资者的可支配收入，从而缩小与普通劳动者的收入差距。资本利得税主要针对个人征收的一种税，一般情况下资本利得属于高收入人群，通过向这个收入群体征税，也能在一定程度上实现收入分配公平。国民保险税属于社会保障税，目前在国际上普遍开征，通常被称为“最后一道补偿性的防线”，它与财政转移支付相结合，起到了平衡收入分配的作用。

（2）收入使用环节。在收入的使用环节，通过征收特别消费税、关税等，影响居民的货币支付能力。个人收入的使用包括消费和投资两种取向，税收对收入的消费环节的调节表现在对部分消费品征收的特别消费税，或在进口环节对部分消费品选择性征收关税。这两种税，都会依商品的供求状况和需求弹性，或多或少地转嫁给消费者，从而降低了其实际收入水平。[①] 如英国对烟、酒、燃油、机动车、博彩游戏、航空等消费品和消费行为征收特别消费税，一定程度上限制了富有者消费支付能力，调节税后收入分配。但要注意的是，消费税等商品税的收入分配功能，是以收入和财富的既定分配为前提的，可以对收入分配不平等的消极后果起到限制或修补作用，但却不能直接改变不平等状况，难以起到所得税的直接调节作用。[②]

① 秦丹萍．论我国税收调节收入分配功能的完善［D］．中央民族大学硕士学位论文，2012.

② 张忠友．利益和谐取向下的我国税收调节收入分配功能优化研究［D］．华中师范大学硕士学位论文，2007.

（3）收入保有环节。在收入保有环节，对人们拥有或支配的财产征收财产类税。英国的财产税体系，主要包括对居民住宅性房产、营业性房产、特定非自然人的住宅性房产这三类财产分别开征的税种：议会税、营业财产税和豪宅税。由于财产税类税负不易转嫁，并且通常高收入者是税负的承担者，具有累进的特点，因而也有缩小收入差距的效果。

（4）收入转让环节。在收入转让环节，通过征收遗产税，抑制社会财富的过度集中。对个人而言，富有者将所得的一部分转化为财富积累，在继承或赠与情况下，可以如滚雪球似地增加财富，对社会来说，存在财富日益向少数富有者集中的趋向，故许多经济学家都主张征收税率累进的财产税，尤其主张对遗产税课以重税。①

3. 第三次分配环节

第三次分配是个人基于自愿的原则，以公益的形式对社会财富和社会资源进行分配。政府为了鼓励社会财富向弱势群体转移，通常采用税式支出的方式，即通过减免捐赠收入的应纳税额来鼓励社会全员参与慈善事业，以此来缩小收入分配差距。英国在相关税收法律中都规定了对于捐赠等慈善行为的优惠政策，如在个人所得税中规定将个人的慈善捐赠支出列为扣除项目，在企业所得税中规定慈善机构的所得通常免税，在遗产税中规定若死者至少将其 10% 的净财产留给慈善机构，则税率由 40% 减低至 36%。② 这些税收优惠政策鼓励了慈善事业的发展，促进了社会公平，有助于缩小收入分配差距。

简而言之，通过市场实现的收入分配为初次收入分配，通过政

---

① 张青．发挥税收的收入效应促进收入分配公平［J］．商业文化，2011（4）．

② 资料来源：https：//www. gov. uk/browse/tax/inheritance-tax。

府调节而进行的收入分配为收入再分配，而民间自愿、在道德的影响下把可支配收入的一部分捐赠出去，称为第三次收入分配。但是，税收的调节作用也是有限的。它还要受到税收课征的广度和深度、税收征管水平和效率、税收以外的经济环境等其他客观因素的制约，因此要能合理地预估税收的调节能力，与其他货币政策、财政政策相配合，达到一个理想的调控效果。

9.2　英国收入分配的历史变化与相应背景

税收需要对收入进行再分配的前提条件是一国社会各阶级之间初次收入分配差距过大，可能或已经导致贫富分化严重。严重的贫富分化现象不仅有损社会公平正义，而且可能会激化社会矛盾，激起底层人民的反抗斗志，严重时可能产生暴力革命。因此，这种情况下就需要发挥税收的收入再分配作用，通过有针对性的税收政策，减轻两极分化，缓解社会矛盾。不过，一个社会的收入分配情况不会一成不变，它受到国际环境和国内经济、政治、历史等诸多因素的影响。作为曾经的资本主义世界霸主、老牌资本主义国家，在英国从封建制度过渡到君主立宪制，再到工业革命资本主义高速发展的百年历史中，既达到过资本主义发展的鼎盛时期，又经历过经济的萧条、衰退和危机，收入分配在各阶级中的差距也随之不断变化。

9.2.1　工业革命时期

18 世纪 60 年代，英国首先进行工业革命，使资本主义社会化大生产方式得到普及，生产力和经济实力极大提高，社会财富快速积累，社会生产的高效性使市场的产品数量大于国内需求量，因此英国更多地向外输出商品，并在其他国家建立殖民地，获得廉价的生产原料。但工业生产积累的巨额财富并没有公平地落入每一位劳动者的手中，而是流入了有产者的腰包，劳动者并未充分享受工业革命带来的社会红利。另外，由于工业成为英国的领先产业，传统的农业和商业地位下降。当时以间接税为主要税种的英国为了支持巨额的财政支出，将征收范围从奢侈品扩大到普通民众的生活必需品，导致普通劳动者本身收入微薄，还需承担较重的税收负担，贫富差距日益扩大，收入分配严重不公①。

19 世纪初，英国颁布《谷物法》以维护国内谷物价格的稳定②。虽然，《谷物法》直接对谷物的进口商征税，但实际上商人会将部分税负转嫁给境外供应商和英国的谷物消费者。因此，《谷物法》的实际受益人是英国的土地贵族和大土地所有者③，而以谷物为主要消费品的低收入者成为该税的实际负税人，形成“劫贫济富”的不公平现象。

19 世纪 20 年代，英国进行了税制改革，减轻了间接税的税负。这次“税改”促使工业革命进入高潮，并推动英国在 19 世纪末 20 世纪初进入垄断资本主义阶段，开始资本主义发展新阶段。但这一时期，英国社会财富更加集中，而物价飞涨使得普通劳动者获得的工资收入的购买力实际下降④，两极分化问题更加严重，社会收入分配不公现象凸显。

总的来说，英国工业革命时期，财富分配不均且有恶化趋势。

---

① 陈炜．英国税制与社会公正［D］．山东大学博士学位论文，2012.

② 刘成．英国废除《谷物法》刍议［J］．史学集刊，2013（1）.

③ 滕淑娜，顾銮斋．由课征到补贴——英国惠农政策的由来与现状［J］．史学理论研究，2010（2）.

④ 陈炜．英国税制与社会公正［D］．山东大学博士学位论文，2012.

1801 年，1.1% 最富有人的收入占当时英国国民总收入的 25%，1812 年，1.2% 最富有人的收入占比为35%，1867 年，2% 最富有人的收入占比达到了 40%，相比之下，体量庞大的体力劳动者在国民总收入中所占的比重却从 1803 年的 42% 下降到了 1867 年的 39%。从上述数据可以看出，在 19 世纪只占 1% ~2% 的最富人群的收入能够占到国民收入的 30% ~40%，与占社会人群数量最大的劳动者的收入占比相当，并在 19 世纪中后期超过了劳动者的收入占比。从基尼系数来看，1759 年英国基尼系数就达到 0.52，而 1801 年继续上升为 0.59。①

9.2.2 第二次世界大战前后

20 世纪 30 年代世界经济面临危机，英国经济也出现倒退。第二次世界大战使英国经济遭受重创，各殖民地的独立和脱离也使英国经济更加困难。18 世纪 60 年代的工业革命加速了资本的积累和积聚，使生产资料进一步集中在大资本家手中。当资本主义社会化大生产和社会生产的无政府状态之间的矛盾积累到一定程度时，便会引发资本主义经济危机。20 世纪 40 年代到 60 年代期间，英国不断面临着经济危机的挑战。

为了帮助英国经济回暖，缓和社会矛盾，英国政府决定采用建设性税收制度和社会保障制度。利用税收制度增加富人阶层的税收收入，减轻低收入者的税收负担；同时增加财政支出，建立社会保障制度，提高国家福利水平。通过这一时期政府的政策转变和支持，英国社会的收入分配不公现象明显好转，贫富差距明显缩小。有数

---

① 郭家宏.19 世纪上半期英国的贫富差距问题及其化解策略［J］. 学海，2007（6）.

据表明，1938～1949年，英国前10%富人的收入占全国收入总和的1/3，而到了20世纪70年代，这一比重下降为1/5；第二次世界大战之前，前10%的富人拥有的财产占全国财产总量的56%，1972年前10%的富人拥有的财产占比下降为27.6%。[①] 由此可以看出，第二次世界大战后经过英国政府正确的政策向导，英国经历了一段繁荣发展的时期，经济向好发展的同时，政府采取的一系列调控手段有效调节了英国各阶级收入再分配状况，英国低收入群体的收入增加，税收负担下降，同时福利制国家的建设，也使得贫民阶层的生活获得可靠的保障。

但是20世纪70年代之后，布雷顿森林体系瓦解、第四次中东战争引发的石油危机等都对资本主义世界造成了沉重打击，导致西方发达资本主义国家遭受经济危机，英国作为欧洲一员同样面临经济衰退的问题。在经过第二次世界战后20多年的经济繁荣，“英国病”越来越突出，成为困扰英国经济的严重“病症”。“英国病”是形容第二次世界大战后英国出现的一些典型经济状况。当时的英国高通货膨胀和高失业率并存，即出现了典型的“滞胀”表现[②]；政府为缩小贫富差距实施高福利和高税收政策，却导致英国财政难以为继；国内经济发展停滞不前、国际收支陷入困境等。20世纪70年代之前是英国发展福利国家的顶峰，英国政府每年为福利事业支出巨额财政，财政连续多年严重赤字，使得福利政策难以继续实行。与此同时，高额的福利经费需要高税收来支撑，一方面，高税收降

① 陈炜．英国税收与社会公正［D］．山东大学博士学位论文，2012.

② 孟瑞．20世纪70年代以来经济危机与英国福利制度改革［D］．西北大学硕士学位论文，2009年.

低了财富工作者的积极性，使得社会生产效率低下，经济缺乏活力；另一方面，企业税负过重也使企业生存困难，英国企业的国际竞争力下降。劳动力成本的增加和企业的生存空间狭小使得企业主严格控制劳动生产者数量，社会就业机会减少，就业难问题出现；完善的福利和社保制度也催生了一批不愿工作纯靠福利生活的懒人。[①] 在这种经济社会背景下，撒切尔夫人上台执政。撒切尔夫人认为通过“私有化”和简税、降税、增加间接税等财税政策和其他政策，能够解决“英国病”，减轻企业负担，调动个人和社会生产的积极性，刺激英国经济的发展。撒切尔夫人执政期间确实取得了卓越的成效，英国经济开始正常运行，经济持续增长，通货膨胀率下降，失业人数减少，人民平均生活水平提高。但撒切尔夫人执政也暴露了明显的缺陷，在其执政期间贫富差距不断扩大。1973～1991 年，英国前 10% 最低收入人群的实际收入增长 10%，相比之下前 10% 最高收入人群增长了 55%；1991 年，收入最低 10% 的体力劳动者的收入仅仅是平均收入的 64%[②]。撒切尔政府执政期间造成贫富差距的扩大，这也进一步影响了英国的收入分配格局。

9.2.3 20 世纪 90 年代到 21 世纪初

20 世纪 90 年代以后，为面对经济全球化和科技革命带来的挑战、根治困扰英国经济稳定的“英国病”、解决上一届政府遗留的贫富差距扩大等不公平问题，布莱尔政府在政治、经济、社会、外交等多方面制定新的措施。在宏观经济方面，布莱尔政府将改革重点

---

① 谢德成. 20 世纪 80 年代以来英国福利制度改革述论［J］. 理论导刊，2003（11）.

② 陈炜. 英国税收与社会公正［D］. 山东大学博士学位论文，2012.

放在税收和预算政策上，力图调节资本和劳动之间的利益关系。① 通过布莱尔政府的税制改革，英国各阶层之间的收入差距显著缩小，收入分配更趋于合理化。在20世纪90年代初期，英国初始收入的基尼系数为0.52；21世纪初英国居民总收入的基尼系数已经下降为0.37，而居民可支配收入在0.37的基础上进一步下降3个百分点，仅为0.34。② 这说明通过税制改革，英国贫富差距缩小，税收对收入的再分配作用显著。

综合上述分析可以看出，从工业革命到21世纪初，英国收入分配差距呈现双倒U形变化。在工业革命持续的100多年里，社会资本逐渐集中于少数人的手中，收入分配不公且逐渐恶化，社会贫富差距巨大。进入20世纪，建设性税收制度和福利国家的建设使得贫富差距缩小，收入分配向公平化转变。20世纪70年代末到80年代初，由于撒切尔政府解决“英国病”、刺激经济增长的执政目标，减税政策又一次扩大了贫富差距，收入分配不公，税收对收入再分配的作用难以体现。20世纪90年代后布莱尔政府走上“第三条道路”，侧重通过税改和预算政策调节不同阶层之间的利益关系，将贫富差距拉回正常范围之内，并在21世纪初保持贫富差距的稳定。

从英国历史上贫富差距变化及其产生的背景原因能够看出，税收是调节社会收入分配的一种重要手段。一国的国民收入在初次分配时受到各种经济、政治、历史、文化的影响，往往是不公平的，收入和财富往往集中在少数贵族、地主、资本家等阶级手中，广大

① 陈炜．英国税收与社会公正［D］．山东大学博士学位论文，2012.

② 杨钒．英国调节收入分配的制度模式及其对我国的启示［J］．中国经贸导刊，2008（4）.

劳动者的收入微薄，生活在社会底层。这时就需要政府运用税收手段、社保制度等政策对收入进行再分配和第三次分配，促进社会资源在不同阶级人群中的合理配置，维护社会公平正义。因此，英国每一阶段的收入分配状况都是国家整体经济运行、税收政策调节、社会保障支出、个人劳动贡献等综合作用的结果。

9.3 英国用于调节收入分配的税收政策

9.3.1 第二次世界大战后英国税收制度改革

1. 经济背景

第二次世界大战后英国经济状况不容乐观，经济增长缓慢，资本主义矛盾使得经济危机频繁爆发，工业革命带来的贫富差距拉大，收入分配严重不公也成为社会的弊病。

2. 福利国家

第一，世界大战拉大了英国社会的贫富差距，激化了社会矛盾，不断爆发的工人运动使社会动荡不安；第二，第二次世界大战后英国统治阶级意识到必须在温和改良和暴乱革命中做出仔细的权衡，以稳定政局、保证统治阶级的既得利益；第三，资产阶级也意识到要恢复生产和发展经济，就必须与工人阶级联合，对工人阶级的利益做出让步。

于是，英国政府在工人阶级和资产阶级之间进行协商，最终建立了社会福利制度。20 世纪 40 年代，“福利国家”在英国诞生。英国政府通过立法从保险、医疗、教育、住房等多个民生领域对英国国民生活进行全面保障，使其拥有最低生活保障、全面医疗服务、公平教育机会和基本住房条件，从而缩小贫富差距，使收入分配更加公平。但是高福利国家的财政支出必须依靠高税收的支撑，而当时的英国经济萎靡，减少税收、重振经济又是当时政府的另一重要目标。因此，税收政策的改革需要在这两者之间寻找一个平衡点。

3. 税改政策

（1）个人所得税。18 世纪末到 19 世纪初，英国陷入拿破仑战争，为应对巨额战争经费带来的财政压力，英国于 1799 年开征个人所得税，并成为最早开征个人所得税的国家。自开征以来，个人所得税在英国一直处于反复停征和恢复的状态，直到 1874 年才终于成为英国的一个稳定税种。① 个人所得税实行累进税制，虽能体现量能负担的原则，但都是在年度后才根据纳税能力计算，使财政收入滞后，政府不能及时利用税收收入。1944 年，英国采取了“所得税扣除”方式的预扣税款制度，即扣缴义务人在发放工资薪金时，先将该笔个人收入应该负担的个人所得税代扣代缴，扣除税款后的工资薪金再发放到个人手中。当期应纳税款为全年累计应纳税款扣除前期已纳税款后的余额。② 实行“扣除制”后，能够从源头上防止税收流失，英国政府能够及时获得资金现金流，将税收分配到各个领域的建设中。对于个人纳税人来说，累进的所得税制能够在纳税人未实际得到工资薪金时就扣除个税，高收入者多纳税，低收入者少纳税或不纳税，这样就发挥了税收的收入再分配功能。

（2）国民保险税。英国 1905 年开始征收国民保险税，并经过后

① 刘乐山，覃曼．英国调节收入分配差距的财政措施及启示［J］．湖南文理学院学报（社会科学版），2006，31（2）．

② 陈炜．英国税收与社会公正［D］．山东大学博士学位论文，2012．

来的不断完善和修改成为英国仅次于个人所得税的第二大税种。[①] 国民保险税也是社会保障税，是英国社会保障体系的主要资金来源。社会保障体系的主要目的是“济贫”，通过社保体系为低收入家庭提供生活保障，促进社会公平。因此，国民保险税从征收目的和税款用途上来看对社会也起着调节收入分配的作用。

（3）资本利得税。当时英国的个人所得税在个人财产征收上存在漏洞，一部分拥有资本财产处置收益的个人被排除在征税范围之外。另外也存在利用捐赠等手段规避遗产税的行为。[②] 而资本利得和大额财富捐赠多被富人或大资本家拥有和实施，如果不对这部分收入征税，就会加剧少数人财富的积聚。因此为了税制公平和调节收入分配，1965 年英国开征了资本利得税。[③]

在第二次世界大战后英国建立福利国家的这一时期，英国政府通过增加新税种（资本利得税）、个税累进扣除制度等“劫富济贫”的建设性税收制度和全面的社会保障制度，调节经济市场下形成的初次收入分配格局，形成更加合理的再分配收入格局，缩小了贫富差距，实现了社会公平，使当时成为英国历史上贫富差距最小的一个阶段。

9.3.2 撒切尔政府税收改革政策

1. 经济背景

虽然第二次世界大战后英国经历了一段平和的经济发展和繁荣

---

① 陈晓光，张文春．英国税制沿革变化及其对我国的借鉴意义［J］．国际税收，2015（9）．

② 林娜．资本利得税制的国际比较及对我国的借鉴意义［D］．华东政法大学硕士学位论文，2011．

③ 陈炜．英国税收与社会公正［D］．山东大学博士学位论文，2012．

时期，但“英国病”也一直困扰着英国经济。高福利需要高税收，高税收束缚经济活力，经济萎靡又带来失业危机。高福利、高税收、高通货膨胀导致了20世纪70年代的福利国家危机，也正是这种经济形势推动70年代末上台的撒切尔政府进行社会政策变革。

2. 政策主张

20世纪70年代以后西方国家普遍面临经济停滞和通货膨胀的现象，各种福利国家危机论也纷纷涌现。其中对英国影响最大、最早批判福利国家、弥补凯恩斯主义理论空白的思想派别是新右派。新右派包括两个分支：新自由主义和新保守主义。两者在市场与国家的关系上存在分歧，在经济和政治偏向性上也各不相同。新自由主义信奉自由市场，认为市场能够通过价格原理、供求关系和竞争机制达到自我调节和分配，具有高效性，能够刺激创新；但同时不否认政府的作用，认为在国家安全等特殊领域需要国家的主导。新保守主义则更偏向于政治，认为社会不是人的简单集合，而具有其特殊的意志；它强调社会的秩序，而秩序需要国家权威来维护，国家权威需要通过法律具体体现，因此，国家法律能够对社会任何领域加以干预和约束。但新右派都反对民主社会主义下的福利制度。新自由主义认为福利制度会导致市场效率低下，官僚主义严重和过分的集中主义；而新保守主义认为极端的同情可能会促成不良社会风气，如堕落、颓废等个人情绪。① 因此，该学派主张“有限”的社会福利。撒切尔政府就依据该理论制定相关新政。

撒切尔政府上台之后，提出“重塑英国”的口号，撒切尔政府

① 毛锐．英国新右派思潮述评［J］．探索与争鸣，2008（5）．

以摆脱“英国病”，促进经济健康、快速发展为执政目标，同时致力于改变社会福利国家制度，将福利更加精准地适用到需要的人群身上。撒切尔政府企图减少国家对经济的干预，私有化就是其经济政策中的重要部分。撒切尔在位期间对各个领域进行了私有化改革，通过私有化改革，重新调整了政府和市场之间的关系，减轻了“英国病”的困扰，经济也实现了新发展。

3. 税制改革

在税收政策方面，撒切尔政府主要是通过减税、简税和增加间接税的方式调动社会生产积极性，改变以前依赖福利的社会状态。[①]

（1）个人所得税。个人所得税的税改方向就是不再征收高累进所得税。首先降低税率，撒切尔政府在1985年、1986年和1988年三次下调个人所得税的基础税率和最高税率，从原先33%的基础税率下降至25%，最高税率从83%下降至40%。其次提高个人所得税起征点，从原先的8000英镑上升为10000英镑。[②] 另外，为了调动社会积极性，刺激投资和消费，政府减少了个人所得税的层级，从六级累进降低为两个档次。[③]

（2）国民保险税。国民保险税连同个人所得税是英国税制的两大支撑点。国民保险税主要包括对雇员征收的、对自营者征收的和自愿捐款。1989年，对国民保险税实行改革，降低低收入者的义务，雇主为雇员付税义务也有所降低，所得税和国民保险税的税基

---

① 陈炜．英国税收与社会公正［D］．山东大学博士学位论文，2012.
② 李仲阳．论反通货膨胀的撒切尔革命［D］．湘潭大学硕士学位论文，2008.
③ 毛锐．撒切尔政府私有化政策的目标评析［J］．世界历史，2004（6）.

在更大程度上保持一致①。

（3）资本利得税。1965年英国在其《财政法》中决定开征资本利得税，后又颁布了多种补充法案，共同组成《资本利得税法》。②在之后的税制改革中，英国将“指数化宽免制度”引入资本利得税的计算过程中，并于1988年更新了应税利得计算方法，从而将通货膨胀因素对课税的影响完全剔除，减轻纳税人的负担。③

（4）遗产税。1694年英国开征了遗产税，是较早开征遗产税的国家。1986年，撒切尔夫人将资产转移税变为遗产继承税。英国遗产继承税实施总遗产税制，实行“先税后分”的政策，先对被继承人的总遗产征税，再将税后遗产分配给继承人或受赠人。④ 撒切尔政府不仅对遗产税规定了很多的税收扣免项目，而且将其税率由75%下降到40%，并废除了其他的征税等级。

（5）现代人头税（社区费）。英国1851年征收房屋税（又称财产税），征税对象主要是住宅用和营业用住房。撒切尔夫人时期，她认为地方政府责任感缺乏，不同地方政府服务质量有较大差异，税款使用难以受到监督；地方政府职能出现变化，不仅只对房屋等硬件设备和设施服务，而更多地服务于社区、文化等人文环境；况且房产税征税成本高，也对居民住房改善造成压力，因此撒切尔政府变房屋税为现代人头税，也就是按成年人数计征的人头税，该税种

---

① 陈炜．英国税收与社会公正［D］．山东大学博士学位论文，2012.

② 肖鹏．资本利得税制建设研究［D］．厦门大学硕士学位论文，2002.

③ 陈炜．英国税收与社会公正［D］．山东大学博士学位论文，2012.

④ 陈炜．英国税收与社会公正［D］．山东大学博士学位论文，2012.

与纳税人收入、财产状况均无关，只与人数相关。[①] 该税种不能体现量能负担的原则，造成贫民税收负担加重，不利于收入再分配的调节。

4. 改革效果

撒切尔政府的税制改革取得了一定的成效，英国经济增长，失业率下降，社会生产重焕活力，人均生活水平有所提高。但在经济繁荣发展的势头之下隐藏着的是逐步扩大的贫富差距。当时的税制改革只考虑到刺激经济增长，而忽视了收入分配调节的作用，导致部分税制改革加重了贫民的税收负担，反而减少了富人的应纳税款。撒切尔政府的改革措施只是重新构建了政府、市场和社会之间的福利责任关系，并非真正推翻福利国家制度，因此其并没有完全解决英国存在的问题。[②]

9.3.3 近现代英国税收制度的调整

1. 经济背景

首先，从全球经济环境来看，20 世纪 90 年代以来经济全球化成为不可遏制和发展迅猛的趋势，英国也已经成为经济全球化的重要组成部分，想要在全球自由贸易中获得好处，既提高英国整体经济实力和竞争力，又降低国内失业率、完善社会福利和保障体系，就应该寻求更好的发展思路和政治路径。其次，英国经济在通过撒切尔政府的调整后，呈现出经济快速增长和平稳发展的态势，但“英

① 杜萌昆．成也税收，败也税收——英国撒切尔政府税制改革回顾［J］．税收与社会，2001（9）．

② 吴飞．紧缩政治学视域下社会福利政策的变迁——以撒切尔政府社会福利改革为考量［J］．河南大学学报（社会科学版），2015（1）．

国病”并没有彻底被根治，社会贫富差距也巨大，社会矛盾突出。

2. 政策主张

20世纪90年代是英国新工党执政阶段，面对两极分化、社会犯罪率上升、教育水平下降等社会现象和经济全球化、全球科技革命带来的挑战，工党运用“第三条道路”的相关理论指导政府制定政策。在思想政治方面，“第三条道路”并非是完全否定“左派”和“右派”的中立道路，而主张对“老左派”和“新右派”的扬弃，强调消除旧意识形态的界限和务实的精神。①“第三条道路”是在西方政治哲学“社会主义民主”和“市场万能论”、效率和公平、增长和协调之间寻找平衡的一条中间道路②。在经济政策方面，新工党政府既重视宏观经济改革，又强调微观经济调整。宏观经济方面侧重利用积极的财政政策刺激需求和供给，改革重点放在税收和预算政策；微观经济政策则侧重经济效率最大化和社会公平目标，加强对市场失灵领域的干预，提升公共投资水平。社会福利方面，新工党政府改变贯穿个人一生的全面社会保障制度，倡导社会投资性的福利政策，即提高劳动者的教育程度和职业技能，从根源上解决其生存问题。③

3. 税制调整

新工党政府认为税收是兼顾经济发展和社会公平的最重要、发挥作用最大的政策工具，“第三条道路”的核心就是运用好税收政

---

① 陈炜．英国税收与社会公正［D］．山东大学博士学位论文，2012.

② 李济时．现代英国政治发展与第三条道路［J］．当代世界社会主义问题，2000（4）.

③ 陈炜．英国税收与社会公正［D］．山东大学博士学位论文，2012.

策，具体的税收政策内容包括：[①]

（1）个人所得税。作为英国的主要税种和牵涉面最广的税种，新工党政府对个人所得税进行了比较全面的调整。首先是调整税率和税基，1998～1999年应税所得有三个对应的税率，分别为低税率20%、标准税率23%和高税率40%；1999年英国政府将低税率从20%降低到10%，适用低税率的税基从0～4300英镑下调为0～1500英镑；2000年又将标准税率23%下调为20%，这样就降低了中低等收入者的税收负担。[②] 其次是建立税收抵免制度，将税收和社会福利制度结合起来，促进就业和消除贫困。例如，工作家庭税收抵免就是将家庭基础税收抵免额度和家庭成员每周工作时间和每周净收入结合，不同情况使用不同额度的抵免。这一政策几乎提高了所有有子女的贫困家庭的待遇。这一政策在2003年又重新做出了调整，调整后主要向低报酬者提供就业补贴。税收抵免制度在一定程度上增加了最贫困人群的收入，减少了富人收入，起到了收入再分配的作用。[③]

（2）国民保险税。国民保险税由雇员和雇主各承担一部分，雇主实行固定税率，雇员根据收入不同适用不同的税率。新工党政府在调整国民保险税时，对雇主征税情况、雇员征税情况和税率都进行了调整。对雇主主要是扩大税基，简化征收，将原来的5档次税率简化为2档；对雇员的征税的调整主要是提高免征额和免征上限。国民保险税是英国福利和社会保障的资金支撑，新工党对国民保险

① 陈炜．英国税收与社会公正［D］．山东大学博士学位论文，2012.

② 陈炜．英国税收与社会公正［D］．山东大学博士学位论文，2012.

③ 陈炜．英国税收与社会公正［D］．山东大学博士学位论文，2012.

税的调整意在减轻税负，鼓励就业，也是从源头上为低收入者提供就业机会和收入保障，是促进收入再分配的举措。①

4. 调整效果

新工党实施新政策以后，居民收入差距基本稳定，收入分配较之前阶段更加公平合理，通货膨胀率和失业率也大幅降低，社会犯罪率降低，社会稳定，国际组织也对英国的经济状况予以肯定。

可以看出从第二次世界大战后英国政府、撒切尔政府和20世纪90年代新工党政府，都将税收政策作为调节收入分配的重要政策工具，具体到税种包括个人所得税、国民保险税、资本利得税、遗产税和赠与税，从税种性质上看多为直接税，对纳税人的所得和财产进行征税，并通过累进税率对富人和穷人的税负进行调节。直接税的特点是税负难以转嫁，财富集中者同样必须承担一定的税额，且收入越多、拥有的财产越多，承担的税负越重，这就表现出税收调节收入分配的作用。从英国税收政策和收入分配状况的历史变化来看，英国社会税收分配状况从来不是一成不变的，政府采取不同税收政策会导致不同结果的收入分配状况，而决定政府采取什么样的税收政策取决于世界经济和英国本国经济发展状况、社会矛盾激化程度、政府执政理念和政府的执政目标。不论哪一届英国政府，采取何种税收政策，都能清楚地看出税收政策对收入分配的作用。税收与收入分配有密不可分的关系，收入分配不公时，通过税收政策能够调节各阶层的收入，拉近贫富差距，促进社会公平；而社会贫富差距缩小，社会收入水平普遍提高，社会稳定，有利于经济平稳

① 陈炜．英国税收与社会公正［D］．山东大学博士学位论文，2012.

快速增长，国民收入的提高有会促进税收收入的增加。

9.4 英国收入分配现状及税收调控的有效性分析

如前文所述，收入分配包括初次收入分配、收入再分配和第三次收入分配三个环节，税收在三个环节中都起到了调节收入分配的作用，但发挥主要作用的则是在收入再分配环节。由于初次收入分配是在市场机制下各种要素综合作用的结果，单纯从税收角度讨论国民收入初次分配的结果可能有失偏颇，并且第三次收入分配相关的税收与经济数据难以取得。因此本部分主要从收入再分配环节着手，分析英国收入再分配的现状，并进行税收调控的有效性分析。

9.4.1 英国收入分配现状

1. 英国收入分配变化总体趋势

根据英国的税收和福利政策在收入再分配环节发挥的不同作用，可以将收入再分配环节实现的收入划分为五个阶段：原始收入阶段、总收入阶段、可支配收入阶段、税后收入阶段和最终收入阶段。

如图 9 - 1 所示，原始收入是指家庭成员工资、私人养老金、投资收益和其他非政府因素收入的总和，此阶段，政府一般不对其进行干预；总收入是指在原始收入的基础上加上现金福利（如国家养老金、税收抵免等）的收入；可支配收入是总收入扣除直接税（如个人所得税、议会税等）后的收入；税后收入是指可支配收入减去间接税（如增值税、特殊消费税等）的收入，是指居民可用于最终消费支出和储蓄的总和，即居民可用于自由支配的收入；最终收入是税后收入加上实物福利（如免费享用公共产品或公共服务）的收入，是税收与福利政策调控的最终结果。

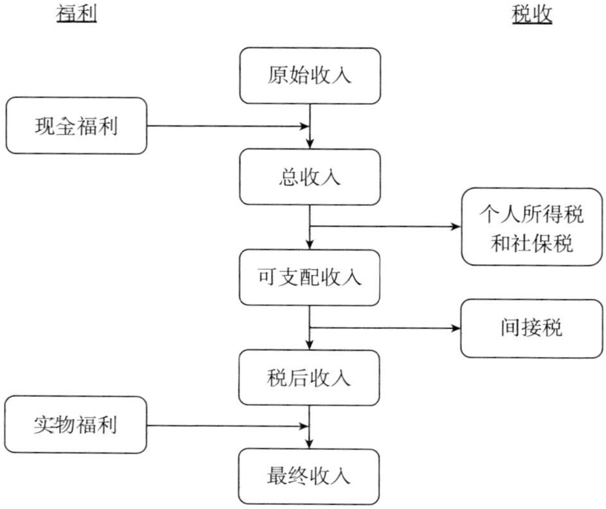

图 9－1　收入再分配环节的各阶段收入形式

资料来源：Wells c.，Thomas N.，Effects of taxes and benefits on UK household income：financial year ending 2016. http：//www. onsgov. UK，2017.

目前有许多不同的测算方法来考察居民内部收入分配差异状况，其中基尼系数是国际上运用最广泛的分析指标之一。它是一个比值，数值在 0～1。基尼指数的数值越低，表明财富在社会成员之间的分配越均匀。一般认为基尼系数低于 0. 2 表示收入过于公平，而 0. 4 是社会分配不平均的警戒线，故基尼系数应保持在0. 2～0. 4。低于 0. 2 社会动力不足，高于 0. 4 社会不安定。

图 9－2 统计了四种测量口径下各收入形式对应的基尼系数。根据图 9－2 显示可以看出，四种收入形式所对应的基尼系数变化趋势基本一致。原始收入基尼系数远远大于其他三种收入形式的基尼系数，说明英国的税收和福利政策在抑制贫富分化，减少收入分配差

距方面发挥了重要作用。1977～1991 年，基尼系数持续上升，1991 年的税后收入基尼系数已经超过了国际警戒线，这与 20 世纪 70 年代发生的经济危机有关，布雷顿森林体系瓦解后，经济发展处于滞涨状态，撒切尔政府通过"私有化"、增加间接税等财税政策虽在一定行程度上缓解了经济危机，但却带来严重的贫富分化后果。1991 年以后，总收入、可支配收入、税后收入所对应的基尼系数有所下降并趋于稳定，这与布莱尔政府通过税制改革调节资本与劳动之间的分配关系有关。2002～2016 年，基尼系数出现明显的下降趋势，收入分配更趋公平。

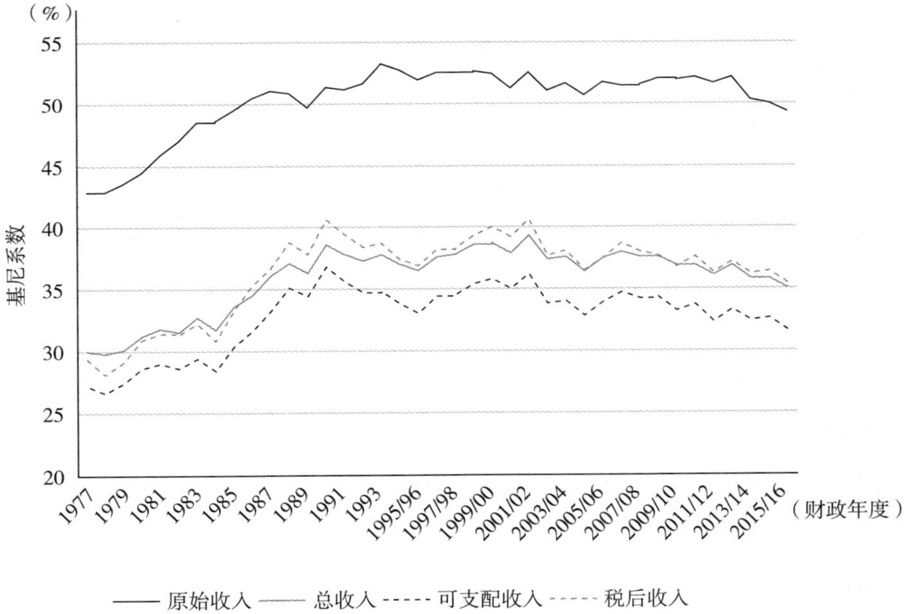

图 9－2 1977～2015 年英国不同收入形式下对应的基尼系数

资料来源：英国国家统计局。

2. 英国家庭收入的分配情况

表9－1统计了2015/2016财政年度英国平均每个家庭各阶段的收入状况，从原始收入起到最终收入止，这个过程中，收入高者多纳税，收入低者少纳税，起到公平税负的作用。表9－1数据表明各收入阶段在税收与福利政策的影响下有增有减，如2016年政府平均向每个家庭征税13893英镑（直接税、社保税和间接税的总和）并向其提供福利金额13293英镑（现金福利和实物福利的总和）。与最初的原始收入相比，每个家庭的最终收入减少了599英镑，这部分由政府占有，用于其他事项的支出。

表9－1 英国2015/2016纳税年度税收和福利政策下平均每个家庭的收入规模 单位：英镑

原始收入（1）	现金福利（2）	总收入（3）	个人所得税和社保税（4）	可支配收入（5）	间接税（6）	税后收入（7）	实物福利（8）	最终收入（9）
35204	6341	41545	7767	33778	6126	27652	6952	34605

注：（3）=（1）+（2），（5）=（2）－（4），（7）=（5）－（6），（9）=（7）+（8）
资料来源：英国国家统计局。

在收入实现的五个阶段中，一般以可支配收入来衡量一个国家生活水平的变化情况，可支配收入越高，该国家生活水平越高。英国主要以家庭为单位计算每个家庭的可支配收入。图9－3表示英国不同家庭可支配收入水平对应家庭数量，并采用了平均数和中位数两个主要指标表示英国每个家庭的收入情况。平均数因为受到几个收入非常高或非常低的家庭的影响，它所表示的家庭可支配收入水平不一定反映最具代表性的家庭收入水平。许多研究人员认为，家庭收入中位数是一个能更好地衡量人们生活水平的测量工具。若把英国的所有家庭都从最贫穷到最富有排列，收入分配的中间位置，就是家庭可支配收入的中位数，相对平均数而言，它能够反映最具代表性的家庭收入水平。

如图 9－3 所示，英国大多数家庭的家庭可支配收入水平主要处于 14000～30000 英镑，对应家庭数量最多的是 19000 英镑，处于该收入水平的家庭数量约 1081000 户。根据英国国家统计局数据，家庭可支配收入的中位数为 26332 英镑，表明英国中等家庭可支配收入为 26332 英镑，而英国家庭可支配收入的平均数为 31441 英镑，大于中位数，说明英国可支配收入较高的家庭数量偏多，可支配收入较低的家庭数量偏少，这表明英国居民整体的生活水平处于一个较高的位置，与英国高收入国家的特征相吻合。

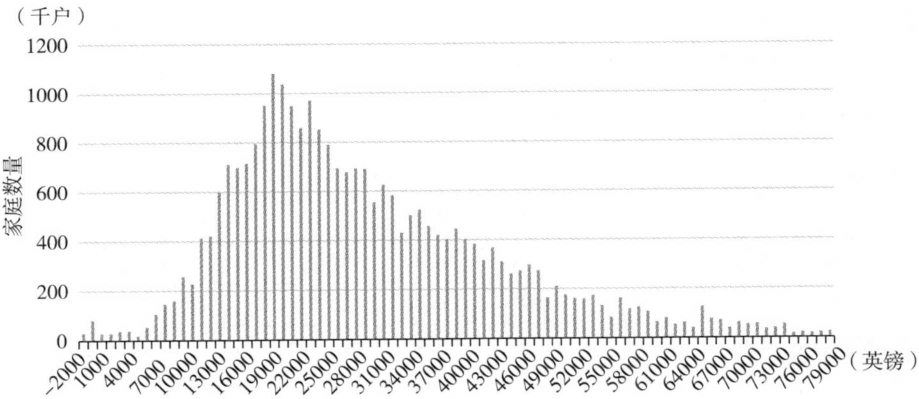

图 9－3　2016 年英国家庭可支配收入的分配情况

资料来源：英国国家统计局。

3. 不同收入阶层的收入分配状况

在市场机制下，市场提供给个人的机会和竞争理论上是均等的，但由于现实生活多种因素作用下，每个人从市场获得的机会和竞争往往是不平衡的，因此产生了收入分配差距，一般可以根据社会的收入状况划分为低收入阶层、中等收入阶层和高收入阶层。但在不同的国家中，由于各国经济发展状况、人口素质状况等因素不同，不同收入阶层的差距会有所差异。国际上一般将人口按收入分配份额划分为五个等级，在收入分配绝对平均的前提下，每20%的人口所占的收入分配份额也应是20%，当这两个百分比相差却大，收入分配差距也越大。表9－2是英国2004～2012年社会财富在社会成员的分配状况的统计结果。

表9－2　2004～2012年英国不同收入人口占有的收入分配份额　　单位：%

年份	最低10%占有的收入分配份额	最低20%占有的收入分配份额	第二个20%占有的收入分配份额	第三个20%占有的收入分配份额	第四个20%占有的收入分配份额	最高20%占有的收入分配份额	最高10%占有的收入分配份额
2004	2.38	6.58	11.75	16.27	22.31	43.10	27.83
2005	2.41	6.72	12.17	16.80	22.88	41.43	26.19
2006	2.54	6.90	12.09	16.52	22.43	42.06	26.80
2007	2.52	6.80	11.90	16.19	22.03	43.07	28.03
2008	2.62	7.07	12.21	16.44	22.57	41.71	26.44
2009	2.60	6.98	11.97	16.64	22.57	41.83	26.65
2010	2.62	7.08	11.91	16.49	22.54	41.98	26.88
2011	2.57	7.08	12.24	16.86	22.89	40.92	25.47
2012	2.94	7.51	12.29	17.04	23.10	40.07	24.66

资料来源：根据世界银行数据整理所得。

从横向来看，英国各部分人口所占的收入分配份额有较大差距：自2004年以来，占英国总人口20%的低收入阶层占有的收入分配份额一直保持在6% ~7%的水平，其中，最低10%的贫困人口大约仅占收入分配总额的2%多；占英国人口总数的第二个20%的中低收入阶层也保持在一个相对稳定的水平，基本保持在10%以上；第三个20%和第四个20%的中等及中上等收入阶层所占的收入分配份额比较接近平均分配的水平；而最高的20%的高收入阶层所占的收入分配份额在40%，接近全部社会财富的一半，而且最高10%的富有阶层所占的收入分配份额接近30%，社会财富较多地集中在这一部分人手中，因此英国居民间的收入分配是不平衡的。

从纵向来看，虽然英国各部分人口所占的收入分配份额有较大差距，但是随着时间的推移，高低收入阶层的收入差距呈现出一个缩小的趋势：从2004~2012年近10年时间里，除了最高20%以及最高10%的高收入阶层所占的收入分配份额有所下降以外，其余部分的人口所占的收入分配份额大体呈现一个上升的态势。最高20%以及最高10%的高收入阶层所占的收入分配份额各自下降了近3个百分点，其余各部分人口所占的收入分配份额则各自上升了近1个百分点，虽然这些变化并没有对英国既有的收入分配格局产生较大的变化，但是从总体上看，英国的收入分配差距正在走向一个逐渐缩小的趋势。

4. 不同年龄段人口的收入分配状况

在国家经济正常发展的情况下，居民的原始收入，即工资性收入会随着年龄增长呈现倒“U”形趋势。处于倒“U”形的顶端主要是青壮年劳动者，他们是社会生产的主力军，因此能获得更多的劳动收入分配份额。而处于倒“U”形两端的儿童、青少年与老人群体由于劳动能力不足，占有的社会劳动收入份额会较低。但在税收和福利政策的影响下，低收入者会少缴税享受更多的福利，高收入者则多缴税享受较少的社会福利，从而调节不同年龄段社会成员的收入分配差距。

图9－4显示了英国家庭原始收入、家庭可支配收入和家庭最终收入随着家庭成员的年龄增长的变化趋势。平均年龄在25～64岁的家庭，他们的原始收入都高于他们的可支配收入。然而，这些人的年龄在65岁以上，平均可支配收入超过了原始收入。对于大多数年龄组来说，最终收入与可支配收入相对接近。其中一个例外是年龄在50～64岁的家庭，他们的平均最终收入较低，这部分反映了与较年轻的家庭相比，由于家庭中有孩子的家庭比例更小，家庭教育津贴较低。另一个例外是那些年龄在75岁以上的家庭，因为英国医疗服务体系提供了更多的服务，增加了最终收入。

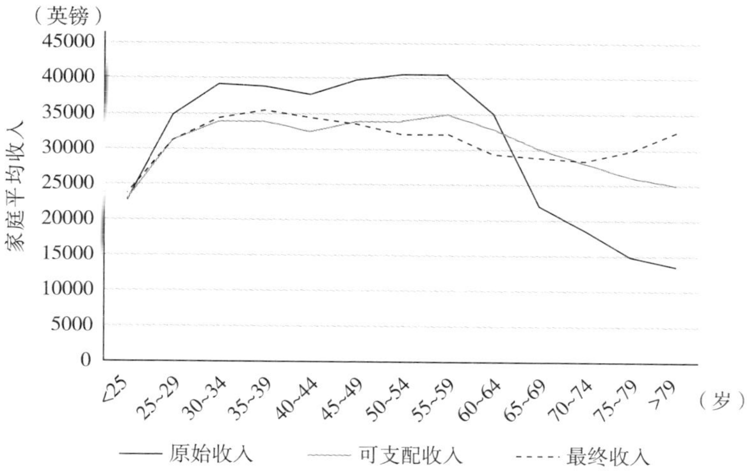

图9－4　2016年英国各年龄段人口的家庭平均收入状况

资料来源：英国国家统计局。

从原始收入曲线可以看出，30 岁之前每年家庭收入随着年龄的增长而增长，在 30 ~ 60 岁年龄段的人口每年家庭收入基本处于 40000 英镑的水平，60 岁之后家庭收入急速下降至 20000 英镑以下，因此各年龄段的人口收入分配差距较大。从可支配收入曲线和最终收入曲线来看，在税收与福利等政策的影响下，各年龄段的收入分配差距明显缩小，老年人口的家庭最终收入甚至有一个上升的趋势，与青壮年劳动力的家庭最终收入基本持平。

从纵向来看，就个人角度而言，一个人从青年到老年，虽然其工资性收入有明显下降，但其家庭最终收入基本维持在一个较高的水平，说明英国居民收入分配实现了时间跨度上的平衡。从横向来看，就社会整体成员而言，在同一时期内青年和老人群体的最终收入差距也是很小的，说明英国居民收入分配实现了空间跨度上的平衡。收入分配差距的缩小得益于英国逐渐完善的税收和福利政策。因此，不同年龄段人口的收入分配差距并不大。

5. 英国基尼系数的国际比较

英国是一个高度发达的资本主义国家，其国民拥有较高的生活水平和良好的社会保障制度，在众多欧洲国家中占有重要地位。图 9 – 5选取了 14 个包括英国在内的具有代表性的欧洲国家，将英国与其他欧洲国家的财富分配状况作对比，由英国在欧洲国家中所处的水平，可以更宏观地研究英国国内的收入分配情况。

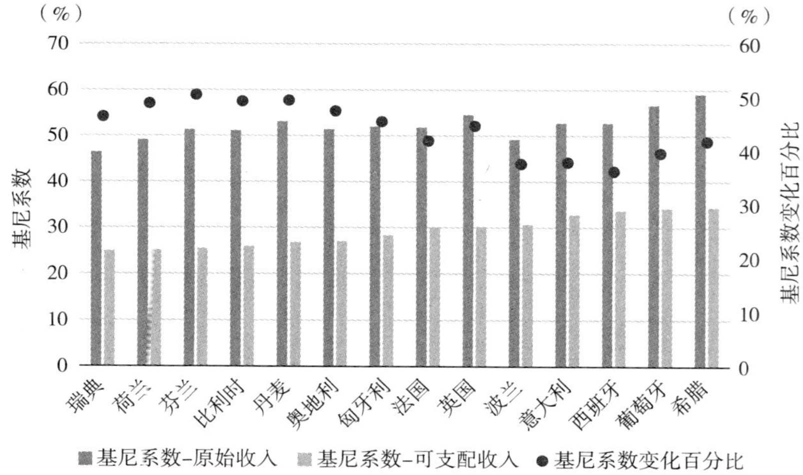

图 9－5　2015 年欧洲各国原始收入与可支配收入对应的基尼系数

资料来源：英国国家统计局。

如图 9－5 所示，在这些欧洲国家中，他们的原始收入对应的基尼系数都超过了 0.4 的警戒线，说明在政府干预之前，靠市场机制形成的原始收入在社会成员之间的分配是极为失衡的。其中，希腊原始收入的基尼系数最高。但当政府介入时，利用税收和福利政策，向低收入者提供更多的福利，例如，提供更多的税收减免，向高收入者征收更多的个人所得税和社保税，从而在高低收入者之间进行收入再分配，减少收入分配差距，体现在图 9－5 中可支配收入的基尼系数为：这些国家在税收和福利制度的影响下，可支配收入的基尼系数明显降低，并且都降到警戒线 0.4 以下，有的国家甚至降到了 0.3 以下，如瑞典、荷兰等。从税收和福利政策调节的力度看，芬兰的基尼系数前后变化最大，下降了 50.5%，说明各国的税收和福利政策在调节居民收入分配中起到了积极的作用，有助于缩小收入分配差距，提高国民整体的生活水平。

就英国而言，其原始收入基尼系数为0.546，仅次于希腊和葡萄牙，已经越过警戒线，说明英国单纯靠市场作用在社会成员间分配的收入差距是很大的，而可支配收入基尼系数为0.302，下降了44.7%，收入分配水平达到了一个非常合理的水平。与其他欧洲国家相比，虽然其原始收入基尼系数略高于其他国家，但是在税收与福利政策的影响下，可支配收入基尼系数降至这些国家的中等水平，因此，从可支配收入基尼系数来看，英国的收入分配差距处于0.2～0.4的合理水平，社会财富分配比较公平。

9.4.2　英国税收调控的有效性分析

根据图9－2不同收入形式下对应的基尼系数来看，福利制度、个人所得税和社会保障税有助于降低基尼系数，促进居民收入分配公平，而间接税却会提高基尼系数，加剧收入分配不公。本部分将结合税收与福利具体数据，分析其在收入分配环节的有效性。税收和福利政策调节收入分配的综合作用。

1. 税收和福利在不同收入阶层的调节作用

富裕家庭和贫困家庭之间的税收和福利收益分配有减少收入不平等的效果。一般情况下，在一个好的税收和福利制度环境中，与高收入家庭相比，低收入家庭能够享受更多的福利，缴纳更少的税收，简单来说利用税收与福利进行收入分配调节更像是一个“杀富济贫”的过程。图9－6选取了英国2016年不同收入阶层的家庭所缴纳或享有的税收与福利的相关数据，包括间接税、直接税、实物福利、现金福利以及净收益。

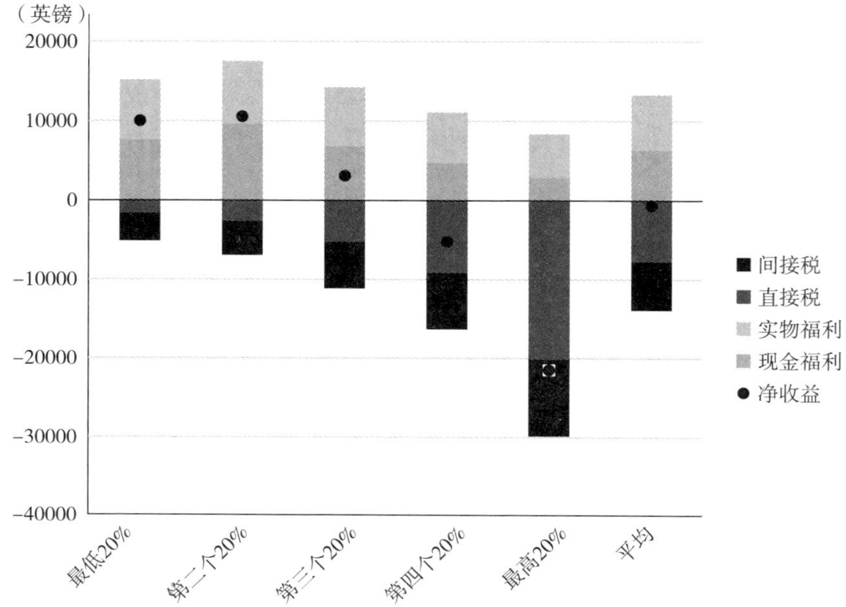

图 9－6　2016 年英国不同收入家庭平均税收与福利额

资料来源：英国国家统计局。

从税收角度看，最高收入阶层所缴纳的税收是最低收入家庭的 5.7 倍，最高收入阶层缴纳的直接税是最低收入阶层的 12.38 倍。因此，与间接税相比，直接税更能缩小收入分配差距。

从福利角度看，最低收入阶层所享受的福利并不是最多的，反而是第二个收入阶层享受的福利最多。由于实物福利在各收入阶层分配差距并不大，此处只讨论现金福利。现金福利包括税收抵免、职业津贴、国家养老金及其抵免等项目，能享受这些项目的收入水平呈倒 U 形，最低收入阶层因为收入低本身所限，所以能享受的现金福利会相对较少，而当现金福利达到某个顶点，收入越高的人反而享受不到越高的现金福利，因此在图9－6中表现为最低收入阶层到第二个收入阶层，现金福利逐渐增加，后三个收入阶层因为收入达到一定水平，所享受的现金福利越来越少。

从净收益角度看，根据图9－6显示，前三个收入阶层的净收益为正，后两个收入阶层净收益为负，说明将税收与福利制度结合起来可以在高低收入阶层进行利益重新分配，将一部分社会财富从高收入阶层转移到低收入阶层，从而缩小贫富差距，促进收入分配公平。并且从整体收入阶层来看，全社会的净收益基本趋向于零，表明政府在调节收入分配的过程中，从高收入阶层取得的社会财富大部分转移给了低收入阶层，并没有造成很大的效率损失。

图9－7显示了在税收和福利制度作用下，不同收入阶层各收入形式的数量变化。前三个收入阶层原始收入加上或减去各种税收和福利，最终收入都有所提升，后两个收入较高的阶层在税收和福利制度的调节下，最终收入都有所下降，这与图中前三个收入阶层净收益为正，后两个收入阶层净收益为负相对应。

从原始收入来看，在政府税收和福利制度作用之前，高收入阶层与低收入阶层收入分配差距较大，最高收入阶层原始收入（84747英镑）与最低收入阶层原始收入（7153英镑）相差近12倍，而在政府税收和福利制度介入之后，最终收入的分配差距因为低收入阶层的提高（17178英镑），高收入阶层的下降（63279英镑）而缩小至3.7倍。因此，税收与福利制度改善了高低收入阶层的收入分配状况，缩小了收入分配差距，有利于实现收入分配公平。

2. 税收和福利对不同年龄段人口收入的调节作用

由于不同年龄段人口的收入有所差别，税收和福利对其影响也

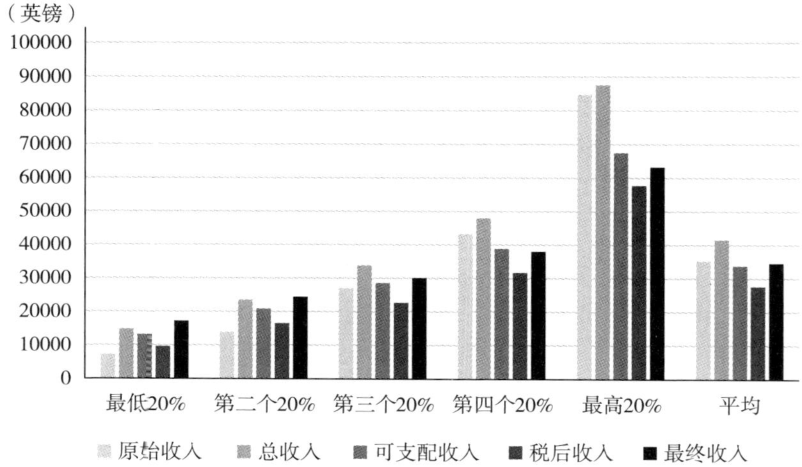

图 9－7　2016 年税收和福利对不同收入阶层的影响

资料来源：英国国家统计局。

不相同。图 9－8 选取了 2016 年英国的税收和福利的相关数据，包括国家养老金和抵免额、其他现金收益、其他实物福利、直接税和间接税、教育、医疗及净收益指标，用于研究其在各年龄段人口收入的调节作用。

如图 9－8 所示，在国家养老金和抵免额以及医疗津贴随年龄的增长而增长；其他现金收益、其他实物福利在 35～39 岁这个年龄段达到顶峰，之后随年龄的增长而减少；直接税和间接税主要在 25～70 岁时缴纳的多，这是因为在这一年龄段的人口收入较高；教育津贴的受益人主要集中在 25～50 岁的年龄段，这是因为在该年龄段拥有受教育的孩子家庭较多。

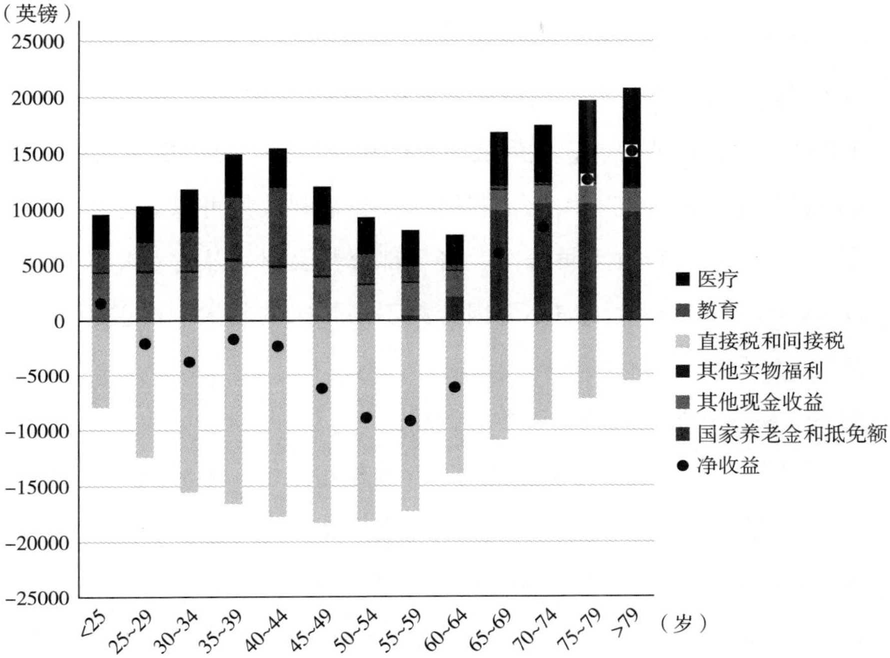

图 9－8　2016 年英国税收和福利对不同年龄段人口收入的影响

资料来源：英国国家统计局。

在以上税收和福利等因素综合作用的结果下，不同年龄段的人口所获得的净收益有所差别。在 25 岁以前到 64 岁这一年龄段的人口所获得的净收益为负，并且随着年龄的增加，净收益越少。其中一个例外是 35～39 年龄段净收益有所回升，这是因为在该年龄段所享受的现金福利和实物福利最多，提高了其净收益。在 64 岁之后的年龄段，净收益呈上升趋势并变为正值。这是因为年龄大的人因为劳动能力退化，收入降低，为了平衡各年龄段的收入分配，政府会直接或间接提供更多的福利，例如，高额的养老金和医疗津贴，并减免更多的税收，提高了老年人口的最终收入。

总之，通过税收和福利政策，在青壮年人口劳动能力强，收入高的时候征收更多的税，减少提供各种福利，此时净收益一般为负；在老龄人口劳动能力弱，收入低的时候减少征税，提供更多的福利，此时净收益一般为正。因此，利用税收和福利政策可以在老年人口与青壮年人口进行收入再分配，将一部分社会财富从青壮年人口转移到老年人口，有效地缩小了因年龄不同带来的收入分配差距，促进收入分配公平，有利于社会稳定。

3. 税收和福利对基尼系数的影响

如图 9－9 所示，在任何税收和福利作用之前，原始收入对应的基尼系数为 49.3%，在税收和福利制度作用后，税后收入所对应的基尼系数降低为 35.4%。具体来看，现金福利和直接税能够调节高低收入者的收入，缩小收入分配差距，因此具有累进性，有利于改善低收入群体的生活水平，在图 9－9 中体现为 2016 年英国现金福利使基尼系数降低了 14.3%，直接税使基尼系数降低了 3.4%，而间接税税收一般是中性税收，具有累退性，低收入群体的间接税税负反而较重，因此间接税会使基尼系数上升。2016 年，英国在间接税的作用下，基尼系数上升了 3.8%，在现金福利、直接税和间接税的综合作用的结果下，基尼系数总共下降了 13.9%，其中，现金福利对其影响是最大的。

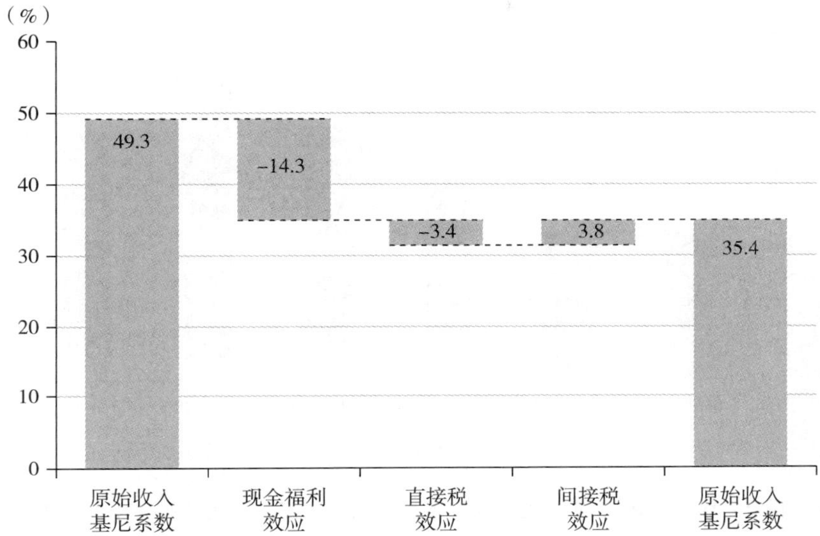

图 9－9　英国 2016 年税收和福利对基尼系数的影响

资料来源：英国国家统计局。

9.4.3　各税种调控作用的具体分析

1. 直接税

英国的直接税主要包括议会税、劳动者与雇主缴纳的国民保险税和个人所得税，对总收入征收后形成家庭的可支配收入。图 9－10 展现了各种直接税在不同收入阶层的家庭平均总收入及所有家庭平均总收入中所占的比重，从而更直观地展示了英国的直接税的征收情况。

如图 9－10 所示，收入越高的家庭所缴纳的直接税比重越高，说明直接税具有累进性。其中国民保险税和个人所得税与总收入呈正相关，收入越高，所缴纳的国民保险税和个人所得税所占的比重越高，具有累进性。而议会税却与总收入呈负相关，收入越高，议会税所占

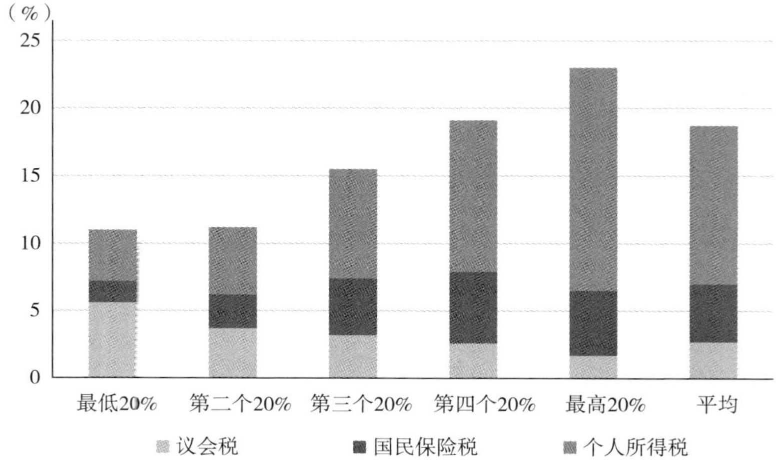

图9－10　2016年英国直接税在不同收入阶层家庭平均总收入中的比重

资料来源：英国国家统计局。

的比重越低，具有累退性。这种现象是由直接税不同税种的性质决定的。议会税是地方政府对占用住宅房地产征收的一种财产税，按照住宅房地产的等级征税。由于住宅房地产财产价值较大，征税额也较大，因此相对于高收入群体，虽然低收入群体所缴纳的议会税总额较小，但占总收入的比重更大。不同于议会税，国民保险税和个人所得税一般对总收入按一定的税率征税，收入越高，税率越高，征税越多。

如图9－11所示，自1977年以来，直接税占总收入的比重约为20%左右，并且基本处于下降趋势，个别年份如1979年、1993年、1997年、2004年略有上升，这可能与经济环境变化、税收制度和政策调整有关。自2008年至今，直接税占总收入比重一直下降，这与目前英国的减税政策息息相关。

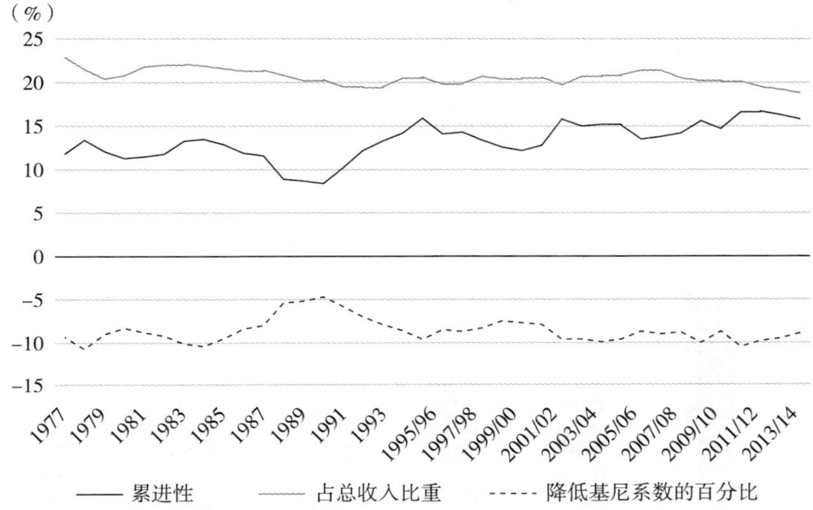

图9－11 1977～2013年英国直接税累进性、占总收入比重、对基尼系数影响的变化趋势

资料来源：英国国家统计局。

对于直接税累进性的曲线变化趋势较大，2002年之前，累进性变化起伏较大，1991年累进性增大尤为明显，说明布莱尔政府通过税制改革调节居民收入分配取得了一定的成效。2002年之后，直接税累进性基本趋于稳定，并且近年来有所上升。

直接税累进性的增加能够降低基尼系数，两者呈负相关。如图9－11所示，直接税累进性曲线与基尼系数曲线基本对称，某一方的增加会带动另一方的减少。但从直接税整体而言，它对基尼系数的影响是有利的，降低基尼系数的百分比基本在5%～10%，有效地调节贫富差距，优化资源配置，缓解贫富分化。

2. 间接税

英国的间接税主要包括燃油税、车辆消费税、烟税、酒税以及对商品或劳务征收的增值税，这些税种一般在可支配收入实现之后，对居民日常生活和消费行为进行征收。图 9－12 统计了 2016 年各种间接税在不同收入阶层的家庭平均可支配收入及所有家庭平均可支配收入中所占的比重，从而更直观地展示了英国的间接税征收情况。

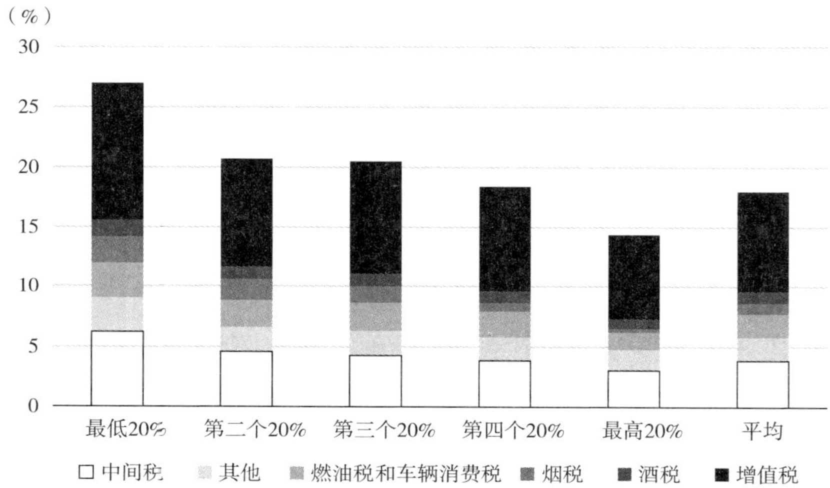

图 9－12　2016 年英国间接税在不同收入阶层家庭平均可支配收入中的比重

资料来源：英国国家统计局。

如图 9－12 所示，收入越高的家庭所缴纳的间接税比重越高，说明直接税具有累退性，会加剧贫富分化。以最常见的增值税为例，最低收入阶层的家庭所承担的增值税比重最高，占可支配收入的 11.4%，而最高收入阶层的家庭所承担的增值税比重反而最低，占可支配收入的 7.1%。其余间接税税种如燃油税、烟税、酒税等所占的比重也随着收入的增加而降低。这是由间接税累退性决定的。一般情况下，间接税主要实行的是比例税率，不管收入高低，统一按同一税率征收，加大了税收分配差距。

如图 9－13 所示，与直接税变化趋势类似，自 1977 年以来，直接税占总收入的比重也约为 20% 左右，且近年来处于下降趋势。2004 年之前，间接税占可支配收入的比重一直稳定在 20%，2004 年之后间接税呈明显的下降趋势，在 2010 年达到最低点，约 15%，2010 年至今，间接税比重略有上升，但仍低于 20%。

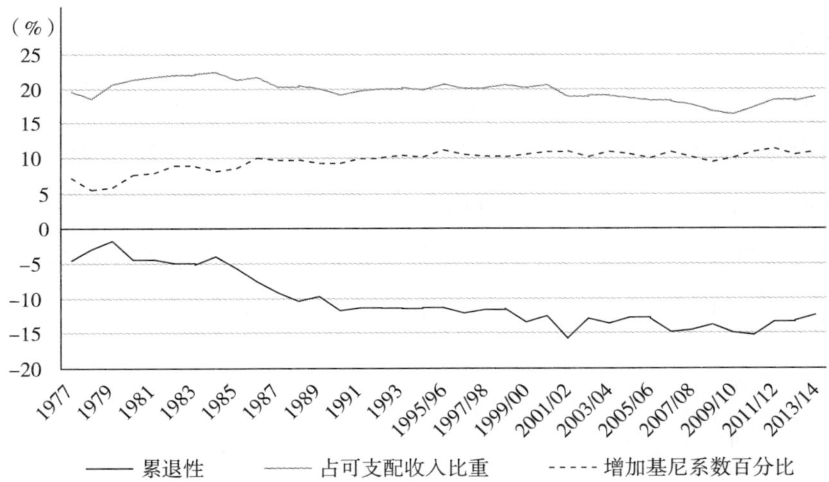

图 9－13　1977～2014 年英国间接税累退性、占可支配收入比重、对基尼系数影响的变化趋势

资料来源：英国国家统计局。

对于间接税累退性的变化曲线，根据图 9－13 显示，从 1985 年至今，间接税的累退性逐渐增大，2004～2014 年基本保持在 15% 的水平。间接税累退性的增加提高了基尼系数，两者呈正相关。累退性越强，基尼系数越大。根据图 9－13 显示，自 1977 年以来，伴随着间接税累退性的增强，基尼系数增加的比率由 5% 增长到 10%。因此，英国的间接税不能缓解收入分配差距，反而增大了贫富分化。

3. 现金福利

英国的现金福利包括儿童津贴、国家养老金、税收抵免、职业津贴、失业者津贴、住房补贴等收入形式，是在原始收入实现的基础上重新分配形成总收入的过程。

图9－14选取了2016年现金福利的相关数据，从图9－14可以直观地看出2016年个人的现金收益规模及各自对应的累进性。从整体来看，主要的现金福利总和占原始收入的比重接近20%，并且都具有累进性。从各种现金福利占原始收入的比重来看，国家养老金占原始收入的比重最大，为8.6%。从累进性来看，尽管主要的现金福利都是累进的，但累进的程度各不相同。国家养老金的规模较大，但其累进程度却大大低于住房补贴的累进率。住房补贴的累进率最高，达123%，儿童津贴的累进率最低，为60.96%。

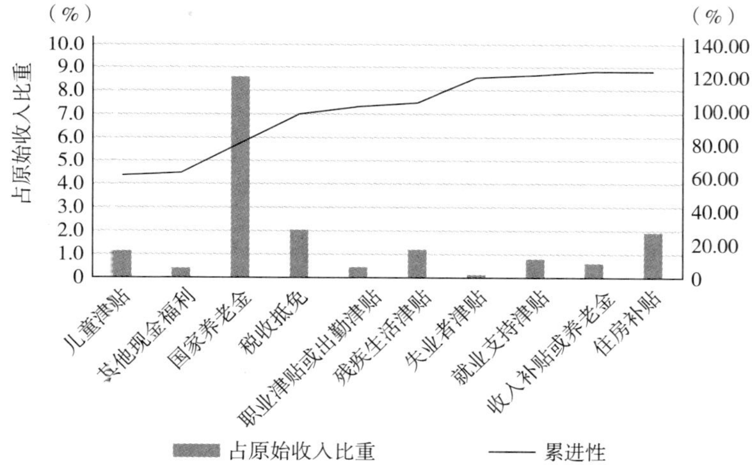

图9－14　2016年英国主要现金福利占原始收入比重及其累进性

资料来源：英国国家统计局。

总的来说，不管是从总的国民收入分配来看，还是从家庭可支配收入，抑或是从不同年龄段人口的收入分配状况来看，其收入分配差距在税收与福利的作用下大大减小，并保持在一个合理的收入分配水平。直接税尤其是个人所得税发挥了较大调节作用，缩小了收入分配差距，而间接税却使收入分配差距增加。相比于税收的调节作用，现金福利收入调节作用更大。因此，英国的税收与福利政策在调节居民收入分配差距上是有效的。

10　税收与环境保护

众所周知，英国是世界上工业化最早的国家。18 世纪 60 年代开始，瓦特蒸汽机的改良和广泛使用使得第一次工业革命如火如荼地在英国开展起来。棉纺织业率先实现机械化，但同时，对环境的污染也是最大的，难以逆转的。随着工业化的加速，城市化的发展趋势不可避免地出现，因而也在英国境内引发了一系列的“城市病”。① 1952 年 12 月在伦敦爆发的“烟雾事件”② 给了英国人一个沉痛的教训，使得英国痛下决心整治环境。因此英国也是较早进行环境保护的国家，环境保护政策相对比较成熟。

20 世纪 90 年代以来，随着税收理论的发展，英国逐渐减少对环保的直接干预，而较多采用税收的方式来解决污染问题。因而从 20 世纪 90 年代起相继开征了燃油税、车辆消费税、航空旅客税、气候变化税、垃圾填埋税和石方税，分别对交通工具、能源、废弃物等进行征税，一方面通过增加税收来减少消费量从而促进环境保护；另一方面将所征收的环境税收入用来治理环境，也有利于促进经济的可持续发展。

---

① 城市病是人口过度向大城市集中而引起的一系列社会问题。包括随着城市规模的日益扩大，现代大中城市普遍存在的人口增多、用水用电紧张、交通拥堵、环境恶化等社会问题。该定义来源于：高德布．英国工业革命时期的“城市病”及其初步治理［J］．学术研究，2001（1）．

② 伦敦烟雾事件发生于 1952 年 12 月 5 日至 9 日，据统计当时因这场大烟雾而死的人多达 4000 人，成为 20 世纪十大环境公害事件之一。http：//news.163.com/09/1129/21/5PALH30C00015V03.html。

本章首先从外部性理论、公共产品理论和税收的受益性原则三个方面来论述环境税征收的合理性，其次对当前英国与环境相关的税种发展现状进行梳理，最后通过数据分析英国各项环境税种的税收调节效果。通过分析可以发现，英国环境税种比较丰富，环境税收入占税收总收入的6%左右，其中燃油税占4%左右，成为环境保护税中的主要税种。

总体上来看，环境税对抑制生态环境的恶化产生了重要的影响。近些年来数据显示，英国碳排放量有了明显下降，主要温室气体排放量同比下降了近6个百分点，化石燃料的使用量降低了52%。[①]这些重大的变化很大程度上得益于环境税的开征。一方面，环境税的开征给居民的生产生活方式带来了积极影响，例如，垃圾填埋税的征收增加了居民倾倒垃圾的成本，使人们更加注重资源利用效率，积极进行资源循环使用，减少垃圾产量。另一方面，环境税的征收增加了高污染、高能耗企业的生产成本，促使其不断更新生产技术，有利于促进经济的可持续发展。同时环境税收入所带来的财政收入的增长也给英国经济的稳步发展提供了一定的支持。此外环境税收入用于生态环境治理，也使英国的生态环境在工业革命后有了明显改善。

然而，英国环境税在保护生态环境促进经济发展的同时也带来了一些负面影响。经过数据分析，英国的环境税所占比重较大，增长速度甚至一度超过GDP增速。较重的税收负担引发了民众和生产者的一些不满，降低了居民的消费水平和工商业者的生产能力，对

① http：//www. cec. org. cn/guojidianli/2017－03－21/166155. html。

经济增长也有一定的阻碍作用。[①] 但即使有一定的负面作用也不能否定环境税在生态环境保护过程中的重要作用，环境税能够有效地避免经济发展走“先污染后治理”的老路，这也是英国经济发展中经历的沉痛教训，在以后的发展过程中应当予以重视。

10.1 环境税收的基本理论分析

20 世纪 90 年代以来，除了行政干预手段之外，税收手段也成为环境治理的一种有效工具，例如对排污行为（排放废水、废气等）征收排污税或者开征碳税等。政府由采用行政手段为主转变为运用税收进行调控为环境保护提供了经济理论支持。进入 21 世纪后，英国的环境保护税种类越来越丰富，利用税收保护环境的力度逐步加大。[②]

在 2012 年，英国财政部对环境税进行了更新定义。新的环境税定义主要有三个方面包括：一是与政府的环境目标相关，二是被设计用来满足一定的环境目的，三是能够鼓励积极的保护环境的行为。目前英国已形成了较为完善的环境税体系，根据英国国家统计局统计数据的分类，英国的环境税收主要分为三大类：一是针对交通工具征收的，主要有车辆消费税（Vehicle Excise Duty）；二是针对能源征收的，主要有对家用燃料征收的增值税（VAT on domestic fuel）、燃油税（Fossil Fuel duty）和气候变化税（Climate Change Levy）；三

① 申亮．英国的环境税收负担及我国借鉴的思考［J］．经济问题探索，2011（11）：182－185.

② 谢颖．英国环境税制的演变及效应评估［J］．生产力研究，2014（9）.

是对一些废弃物、排放物和自然资源征收的，主要有航空旅客税（Air Passenger Duty）、石方税（Aggregates Levy）以及垃圾填埋税（Landfill Tax）。在课征环境税的同时，英国还采取其他一些手段配合进行环境保护，例如，碳排放交易体系（UK Emissions Trading Scheme）、碳基金、可再生资源发展机制等。这种税收与行政手段相配合的环保政策对经济发展、环境改善和能源节约等各方面发挥着重要作用。

10.1.1 外部性理论

外部性理论是开征环境税的重要依据之一，外部性的概念最初由阿尔弗雷德·马歇尔（Alfred Marshall）提出。

1920 年，庇古（Pigou）提出了“外部不经济”的概念，基于社会资源最优配置的角度，建立外部性理论。庇古认为，导致市场配置资源失效的原因是私人成本和社会成本的不一致，在生产和消费过程中，污染者不会考虑其私人行为给社会带来的成本。通过市场的力量难以解决这种市场失灵，政府可以通过对产生环境负外部性的活动征税或收费，使消费者或生产者承担一部分的社会成本，以此来弥补社会成本与私人成本的差额，从而达到帕累托最优，实现资源的有效配置。具有这种纠正负外部性特征的税通常被称作“庇古税”。[①] 因此，环境税也可以称为“庇古税”，理论上来说它的出现能够纠正企业生产者在生产过程中对环境所产生的负外部性，从而引导企业转变生产方式，减少污染物的排放，走可持续发展道路。环境税的外部性理论还体现在“双重红利”假说。第一重红利，主

---

① 王宏．OECD 国家环境税法改革及对我国的启示［D］．西南政法大学硕士学位论文，2013.

要体现在征税增加排污成本，从而抑制环境污染，减少负外部性。第二重红利，主要体现在环境税收入可以用于治理环境污染、改善生态环境，从而实现环境治理的第二重红利，还可以成为经济红利、社会红利，有助于提高全社会的福利水平。

10.1.2 公共产品理论

公共产品理论是现代西方经济学研究的核心之一，也是环境税的重要理论来源。公共产品具有非竞争性和非排他性两大基本特征。

环境资源作为一种准公共产品，在受益方面具有非排他性，对于社会成员来说，一个人在接受环境资源所带来的便利时并不影响其他社会成员；但在消费方面，由于资源的稀缺性以及资源的有限性，随着资源使用者的增多，对资源环境的破坏就会加速，相对的环境资源产生的外部成本就会增加，增加边际人数的环保成本并不为零，因而，环境资源在非竞争性的特征上表现并不充分。

与此同时，环境资源作为公共产品的特性决定了其产权难以界定，每个人都可以自由利用资源而不考虑后果，这会使得资源恶化、环境遭到破坏。因而需要政府进行监管，利用税收的手段来补偿使用成本。

10.1.3 受益性原则

在20世纪中后期，随着全球生态环境的逐渐恶化，环境保护税也成为了西方国家和学者们研究的重点。正如前文所述，环境资源作为一种准公共产品，具有非排他性和不充分的非竞争性，为了解决污染者的环境责任问题，即环境外部成本该由谁来负担，在20世纪60年代末期逐渐形成了“谁污染谁付费”的思想。具体来讲就是由污染者承担因其污染所引起的损失，即污染费用。OECD委员会在 1972 年将"污染者付费原则"作为欧洲环境污染的预防与控制的一个重要原则。这一原则自确定以来，很快得到国际社会的认同，被一些国家确定为环境保护的一项基本原则。①

综上所述，环境税的产生理论主要有外部性、公共产品以及受益性原则，外部性理论和公共产品理论阐明了开征环境税是十分必要的，而受益性原则使环境税的发展更进一步，表明对谁征税促进公平以及产生的经济效应和社会效应。

10.2　与环境相关的税收制度发展现状和趋势

英国的环境税政策的发展可以追溯到 1972 年英国皇家环境污染委员会的环境报告。1989 年的皮尔斯报告把它提上了英国环境部门的议程，这份报告提出，与政府管制相比，环境税是一种能够满足相应环境目标却更为廉价的工具，其中还提出把环境税当作一种内化环境成本的方式，这一观点引起了学术界的讨论和争议。但在 1990 年发布的环境报告白皮书中也支持了这一观点。② 下文就目前英国环境税各税种征收政策演变和具体规定进行基本的介绍。

10.2.1　与环境相关的增值税

在 1993 年之前，家用燃料的增值税率一直是零，这使得家用燃料相对于其他商品的价格较低，扭曲了消费者的消费行为。从 1993

① 张宁．我国开征碳税的必要性与可行性［J］．合作经济与科技，2010（15）：100－101.

② S. Dresner, T. Jackson, N. Gilbert. History and social responses to environmental tax reform in the United Kingdom［J］. Energy Policy, 2006, 34（8）：930－939.

年开始，英国政府决定要对家用燃料征收增值税。家用燃料增值税从1994年4月1日开始征收，最初的税率为8%。政府计划在1995年4月1日将税率提高到17.5%，遭到了来自国内民众的强烈反对，大部分的担忧是税率的提升会导致低收入家庭不得不支付更高的能源费用。由于征税对贫困者尤其是领取抚恤金的人的处境带来不好的影响，随后政府增加了一项补贴，发放一定的财政拨款给低收入家庭用于取暖和管道用气。8%的税率一直维持到1997年9月，随后其税率降低到5%。[①]

对家用燃料征收增值税在一定程度上矫正了消费者的消费行为，利于节能环保目标的实现。但家用燃料增值税存在着一个关键的问题就是，它对所有的家用燃料征收的税率是相同的，而燃料带来的环境影响会因种类、时间、位置等因素有所不同。对此，有人建议借鉴气候变化税的思想，根据不同燃料的碳排放量和能量含量来规定不同的税率。[②]

10.2.2 与环境保护相关的特殊消费税

1. 燃油税（Fuel Duty）

燃油税是英国最重的环境税种之一，也是争议较大的税种。如果说车辆消费税是拥有汽车的一种固定成本，那么燃油税就代表了一种边际成本，开车里程越长税额越大。燃油税最早在1903年征收，随后在1919年被废除，在1928年又重新开始征收。

① 资料来源：https：//www.gov.uk/guidance/rates-of-vat-on-different-goods-and-services#power-utilities-energy-and-energy-saving-heating。

② S. Dresner，T. Jackson，N. Gilbert. History and social responses to environmental tax reform in the United Kingdom［J］. Energy Policy，2006，34（8）：930－939.

燃油税最重要的发展始于1993年的预算案。同年又引入了燃油税的阶梯自动增长机制。这意味着，燃油税自此每年要在剔除通货膨胀的基础上至少增加3%。1995年，每年的增长幅度调整到5%。在1997年，新上任的工党政府将每年自动增长的税率幅度调整为6%。该税种在短短几年的时间里增加了财政收入，但影响力却很小，几乎没有机动车主注意到它的存在，因此，不能对他们的驾驶行为、汽车型号的选择或家庭位置的选择起到较大的影响。直到1999年，原油价格下降，阶梯自动增长机制阻碍了汽油价格的下降。公路货运公司、保守党和一些报纸开始公开声明反对这一机制。在1999年的11月，政府宣布这项阶梯自动增长机制停止执行。[①] 随着2000年原油价格的提高，降低燃油税负的压力逐渐增大。同年11月，政府宣布固定燃油税征收水平。从此以后，对于超低硫汽油（ULSP）和超低硫柴油（ULSD）两种重要燃料的燃油税额的调整比较少。在2006年，这两种燃料的税率为每升47.1便士，2010年提高到58.19便士，2011年1月增加到58.95便士，4月税率在剔除通货膨胀水平上又增加1便士。目前的税率为每升57.95便士。[②]

燃油税是环保税中税收收入最大的税种，其税收收入在20世纪60年代已达到100亿英镑，总体保持增长态势，尤其是在1991年后增长迅速。实际的税收在2000年达到250亿英镑。但自2000年自动阶梯增长机制停止后，税收收入有所下降。[③]

---

① P. Ekins, et al. Two unannounced environmental tax reforms in the UK: The fuel duty escalator and income tax in the 1990s [J]. Ecological Economics, 2010, 69 (7): 1561-1568.

② 资料来源：https://www.gov.uk/topic/business-tax/fuel-duty。

③ S. Potter, M. P. Enoch, M. Fergusson. Fuel taxes and beyond: UK transport and climate change [J]. Wwf & Transport, 2000.

2. 车辆消费税（Vehicle Excise Duty）

车辆消费税是对道路上行驶的车辆每年征收的一种税收。对机动车征收的税收最早可以追溯到1903年，在这一年出台的汽车法案（Motor Car Act）对所有道路行驶的机动车每年征收20先令的税。1920年的道路经济法案（The Roads and Finance Act）有了关于纳税证的介绍，从1921年起每马力需纳税1英镑。从1948年起，这种道路税被每年征收10英镑的定额税所代替。到了1999年6月，定额税的规定又被打破了，按汽车排气量划分为小型车和大型车，小型车每年征收的税额较低，为100英镑每年，大型车每年征收155英镑。[①]

对于在2001年3月1日前注册登记的车辆，这种二分体系仍旧适用，只是税额变更为小型车每年需支付110英镑的税收，大型车每年需支付175英镑。2001年3月1日之后，注册登记的车辆开始基于机动车的二氧化碳排放量及燃料类型征收车辆消费税，之后经历了不断地改革和调整。最为显著的一次是在2006年，符合最低标准排放量的车辆消费税为零，被提高至每年210英镑，这使得车辆消费税更符合环境保护的目标。2010年又引入了首次许可税率，目的是从汽车购买初始就督促其注重环境保护。此外，对进入伦敦市区的高能耗、大排量的汽车还应按次征收额外的机动车环境税。[②] 车辆消费税在2001年进行改革后，我们可以很明显地看出，其对环境保护的作用更为加强了。自2001年以后的改革都是为了拉大高排量和低排量汽车税收负担的差距，增强车辆消费税的环境保护功能。

---

① 数据来源：https：//www. gov. uk/government/collections/vehicles-statistics。

② https：//www. gov. uk/government/organisations/hm-revenue-customs.

3. 航空旅客税（Air Passenger Duty）

航空旅客税从1993年11月开始提出，在1994年11月开始正式征收。关于航空旅客税是否属于环境税有很多争议。最初，并未明确地将其归为一种环境保护手段，英国财政部也未将其视作环境税的一种。但是不可否认的是，航空旅客税弥补航空业对社会和环境带来的一些外部成本，恰好符合环境税收弥补人类经济、社会活动负外部性的特点。因此，如果航空旅客税的确是为弥补航空业对社会带来的负外部性而设计的，那么它的确属于环境税的范畴，我们并不能单纯地从名字上判断它不属于环境税。事实上，英国国家统计局也将其税收收入数据纳入环境税范畴。

航空旅客税由航空公司或票务代理公司在向旅客出售机票时代收的，针对的航线主要是英国国内航班和从英国出发的航班。最初航空旅客税的税率根据航班终点是否在欧盟/欧共体以内，如果在欧盟国家内部，税率为5英镑；否则税率为10英镑。在1997年，税率增加了一倍，分别为10英镑和20英镑。从2001年4月，税率的高低开始取决于行程范围和乘客所选择的舱位两个因素。随后在2007年又将税率调高。从2009年开始，税率的高低开始取决于行程距离（按实际英里数，而并非是否在欧盟范围内）以及乘客所选择的舱位。另外，英国还对飞机重量达到20吨且载客少于19人的情形专门设置了一档高税率，目前行程在2000英里以内的高税率为78英镑，2000英里以上的为438英镑[①]。几次税率的重要变化如表10－1所示。

---

① 资料来源：https：//www. gov. uk/guidance/air-passenger-duty。

表 10－1　　英国航空旅客税税率变化历程　　单位：英镑

实施日期	英里数	经济舱	其他舱位
1994 年 11 月 1 日	欧盟范围以内	5	
	欧盟范围以外	10	
1997 年 11 月 1 日	欧盟范围以内	10	
	欧盟范围以外	20	
2001 年 4 月 1 日	欧盟范围以内	5	10
	欧盟范围以外	20	40
2007 年 2 月 1 日	欧盟范围以内	10	40
	欧盟范围以外	40	80
2009 年 11 月 1 日	0～2000 英里	11	22
	2001～4000 英里	45	90
	4001～6000 英里	50	100
	6000 英里以上	55	110
2014 年 4 月 1 日	0～2000 英里	13	26
	2001～4000 英里	69	138
	4001～6000 英里	85	170
	6000 英里以上	97	194
2016 年 4 月 1 日	0～2000 英里	13	26
	2000 英里以上	73	146

注：在欧盟范围内是指航班的终点站在欧盟范围内的国家。

资料来源：Deloitte，2010，Green taxes in the UK，Environmental Taxes。

尽管对航空旅客税是否属于环境税存在争议，但目前航空旅客税的征收对环境保护的确发挥了积极作用。它提高了旅客的旅行成本，减少了部分边际航班，从而减少了航空业二氧化碳的排放量。据预测，英国到 2030 年航空业的二氧化碳排放量将占总排放量的 30%，英国政府认为，航空旅客税可以有效地减少二氧化碳的排放。①

航空业的碳排放量大小取决于飞机的航行距离和对燃油的利用效率，与飞机上乘客的数量的关系很小，因而航空旅客税的成本在非满员的情况下实际上由航空公司负担。从长期来看，成本的增加必然会促使航空公司投资购买燃油利用率高的飞机。

10.2.3　环境税

1. 气候变化税（Climate Change Levy）

气候变化税是对工商业使用的燃料课征的一种税。1999 年的预算法案中第一次被当作一种政策工具提出，2001 年 4 月 1 日开始正式实施。

开征气候变化税的想法最早由马歇尔在 1998 年的一篇报告中提出，他建议通过经济手段来减少工商业温室气体的排放。报告中指出仅靠许可证制度是不够的，因为它不能覆盖一些中小企业，因而应该设计一个税种来弥补这些疏漏。马歇尔在报告中提出的一些关于税种设计的建议也被采纳。例如，气候变化税面向供应者征收而非使用者，由于供应者相对集中便于管理，面向能源提供方征收也为气候变化税顺利开征提供了前提条件。在气候变化税开征的同时，雇主的国民保险税率降低 0.3%，以此来对企业进行补偿，把施加在能源上的税收负担从劳动成本中进行部分弥补，缓解税收压力，保证气候变化税能够有效实施。②

气候变化税面向特定能源（主要是电力、天然气、液化石油气、液态形式的气态碳氢化合物、煤、褐煤、焦炭、石油焦炭等）的供

① 谢颖．英国环境税制的演变及效应评估［J］．生产力研究，2014（9）．

② 孟维冉．关于环境税及征管问题的研究［D］．首都经济贸易大学，2014.

应者（主要供应给工业、商业及公共部门）一次性征收。根据不同能源的能量含量实行差别税率。由于在发电、运输到输送至用户的过程中电力损耗比较大，所以对电力征收的税率最高。对于天然气、液化石油气和固体燃料的税率则相对较低。此外，气候变化税也有一些优惠措施，例如，由可再生、废弃固体物为原料产生的电力可免除气候变化税；不对国内消费者和慈善团体征收气候变化税。

在气候变化税征收伊始，其占能源费用的比例较大，但随着通货膨胀和能源价格的上升，气候变化税所占的比例逐渐下降。英国财政部于2007年4月1日宣布：气候变化税的征收率随通货膨胀调高。之后，气候变化税率逐年提高，到2010年，电力每千瓦时0.47便士，天然气每千瓦时0.164便士，石油液化气每公斤1.05便士，其他燃料每公斤1.28便士。[①] 最新的税率如表10－2所示。

表10－2　　英国气候变化税税率表

应税商品	从2016年4月1日起	从2017年4月1日起	从2018年4月1日起	从2019年4月1日起
电力（£/KWh）	0.00559	0.00568	0.00583	0.00847
天然气（£/KWh）	0.00195	0.00198	0.00203	0.00339
液化石油气（£/kg）	0.01251	0.01272	0.01304	0.02175
固体燃料（£/kg）	0.01526	0.01551	0.01591	0.02653

资料来源：https：//www.gov.uk。

在2010年4月1日，英国财政部出台了气候变化税的减征制度。企业根据自愿原则，与财政部核定每年的减排目标相比较，凡

① 高世星，张明娥．英国环境税收的经验与借鉴［J］．涉外税务，2011（1）．

是如期完成任务的，可减免80%的气候变化税。对农业生产企业在5年过渡期内减免50%的气候变化税；使用石油产品、热电联产和可再生能源均可减免税收。英国政府还对列入节能设备技术目录的产品实施加速折旧，由节能产品而产生的额外费用可以在1年内计提折旧。同时，还设立了气候变化税的减排基金和针对小企业的碳基金，以此鼓励更多的企业提高能效，减少气体排放。英国财政部面向大企业设立了上亿英镑的减排基金，并针对小企业给予碳信托基金拨款。只要是与英国财政部签订减排协议的企业，都可申请一定数量的无息贷款用于技术改造和设备更新等。目前，与英国财政部签订协议的企业越来越多，许多企业都超额完成了减排任务。①

气候变化税自实施以来有效地降低了能源需求，能源使用的减少必然会降低二氧化碳的排放量。1997年《京都议定书》公布之后，英国承诺在2050年之前将温室气体排放量减少到1996年排放量的40%。② 2002年5月31日英国和欧盟其他成员国正式签署了《京都议定书》，自此开始启动资源排放贸易计划，这一计划促进了英国碳交易体系的建成，成为全球首个在全国范围内建立碳交易市场的国家。③在2008年，英国的碳排放量为6.06亿吨，与1990年的7.78亿吨相比，下降了22%，超额完成了《京都议定书》中的目标。④

① 张芃，段茂盛. 英国控制温室气体排放的主要财税政策评述［J］中国人口·资源与环境，2015，25（8）：100－106.

②③ 王京安，马立钊，高翀. 英国能源产业政策及其启示［J］. 河南社会科学，2010（6）.

④ S. Dresner，T. Jackson，N. Gilbert. History and social responses to environmental tax reform in the United Kingdom［J］. Energy Policy，2006，34（8）：930－939.

2. 垃圾填埋税（Landfill Tax）

垃圾填埋税最早在1994年11月的预算法案中提出，在1996年10月开始征收。[①] 1995年11月的预算法案中将垃圾填埋税定义为一种“通过市场力量减少与废弃物相关的环境破坏”的税收。因而，垃圾填埋税毫无疑问属于环境税的范畴。垃圾填埋造成的可利用土地减少，市场力量会通过提高填埋价格以及促使人们寻找其他替代方式的方法解决。但是如果垃圾填埋存在负外部性，这就需要政府进行干预，通过征收一定的费用如垃圾填埋税的形式来解决。[②]

垃圾填埋税对任何将废弃物填埋到土地中的组织和地方机关征收。理论上税收负担会落在垃圾填埋地所有者身上，但实际上，税额会通过更高的填埋价格的方式转移到使用者身上。最初，垃圾填埋税的税率分为两个等级，一般垃圾的税率为每吨7英镑，对于一些不能直接回收利用，但经过工业处理可以化解的垃圾（即惰性垃圾），适用2英镑每吨的低税率。这种划分反映了惰性垃圾会对环境产生较小的外部性成本这一事实。自垃圾填埋税开征以来，惰性垃圾的低税率一直保持不变，一般垃圾的税率在1999年有了较大的提高。1999年一般垃圾的税率提高到每吨10英镑，至2004年每年提高1英镑。[③]

在2003年，英国政府出台了垃圾填埋的配额交易计划。自2005年起，中央政府根据各地的实际情况分配垃圾填埋的配额，允许各地方管理当局在配额范围内进行垃圾填埋的配额交易。2005年第一

---

① 匡小平，仇晓洁．英国的垃圾掩埋税及其启示［J］．环境与可持续发展，2005（2）：18－20.

② Y. Mizuno. The UK Landfill Tax: Effects of the Landfill Tax on Fly-tipping and Inert Waste Recovery［J］. International Review of Environmental and Resource Economics, 2001.

③ 根据英国国家统计局网站数据整理。

年的垃圾填埋配额的总量为1560万吨，最后一年2020年的配额为520万吨，计划在这期间达到垃圾填埋量降低2/3的目标。由于英国的废物回收率较低，垃圾处理大多依靠填埋，达不到欧盟提倡的在2016年前家庭垃圾的填埋量下降到35%的水平，因此，英国政府从2008年起大幅提高垃圾填埋税率，每年提高税率每吨8英镑。到2013年4月，垃圾填埋税率为一般垃圾每年每吨72英镑，低税率为每吨2.5英镑。2016年4月1日之后英国垃圾填埋税标准税率为一般垃圾每年每吨84.4英镑，低税率为每吨2.65英镑。此外，英国政府2009年还在伦敦开征了垃圾桶税，政府要求各个家庭必须进行垃圾分类，对制造过多垃圾的家庭额外收费、处以罚金，对生活垃圾按类按量征收垃圾桶税。①

英国的垃圾填埋税及相关的配套措施实施以后，英国垃圾填埋量大大地减少，垃圾的循环利用比例也显著提高。与此同时，垃圾填埋税的税收收入也在稳步增加。②

3. 石方税（Aggregates Levy）

石方税最早提出于2000年，财政部的文件中写道开征石方税“可以将石方生产造成的环境破坏反映在价格中，而非仅靠市场管制来控制，鼓励人们更多地使用石方的替代性产品，比如可循环利用的材料”。石方税于2002年4月开始实施。

石方税所指的石方，主要指石头、沙砾、砂子等，像黏土和煤炭就不属于征税范围。该税面向石方的商业开采者征收，采用定额

① 谢颖．英国环境税制的演变及效应评估［J］．生产力研究，2014．（9）59－61．

② A. Leicester. The UK Tax System and the Environment. ［J］ Access & Download Statistics，2006.

税率，最初的税率为每吨 1.6 英镑。石方税并不像垃圾填埋税那样，有减少开采的国际压力，因而其税率自开征以来变化非常少。在 2010 年税率提高到每吨 2 英镑，直至目前没有发生改变。石方税在具体征收时还要看石方最终使用地方，如果开采的石方是被出口到英国以外的地方使用，那么石方税可免除；如果是从外国进口到英国，那么在进行商业开采时就需要征收石方税。该税对于回收的石方和已税的石方不再征税。①

石方税收入占国家税收收入的比例很小，其开征的目的也并不是为了增加税收收入。② 来自英国国家统计局的环境核算数据显示，英国开采的石方总量在 1990 年为 3.4 亿吨，到了 2002 年为 2.71 亿吨，在此期间下降了 20% 左右，年均下降 2% 左右。英国石方协会在 2005 年一份报告中提到，石方税和垃圾填埋税都对石方总量的下降发挥了作用，前者发挥作用是很直接的，后者通过提高垃圾处理成本，鼓励人们对一些废物循环使用，从而代替石方材料用于建筑。③

10.3 英国环境税收制度的政策效应

10.3.1 英国环境税收制度的微观效应

税收制度的效应主要有微观和宏观两个方面，微观效应主要是税收对企业和个人的影响，分为收入效应和替代效应，这两个方面

① E. E. Agency. Effectiveness of environmental taxes and charges for managing sand, gravel and rock extraction in selected EU countries [J]. European Environment Agency, 2008, 1: 173 - 176. https://www gov. uk/guidance/aggregates-levy-rates-and-reliefs。

② 环境税收培训团赴英国考察报告 . http://www. China-reform. org/? content_380. html。

③ 谢颖 . 英国环境税制的演变及效应评估 [J]. 生产力研究, 2014. (9) 59 - 61.

相互依存，共同影响纳税人的生产和消费活动。

税收经济学中收入效应是指课税减少了纳税人可自由支配的所得和改变了纳税人的相对所得状况，当纳税人的相对所得降低时，纳税人会相应地减少对课税商品的购买，从而改变纳税人的消费习惯和支出状况。[①] 税收是资源的再分配过程，在这个过程中，社会生产的一部分资源从市场转移到政府手中，由此产生的收入效应也会所引起的纳税人对劳动、消费、储蓄、投资等方面作出进一步的反应，而这些反应会在一定程度上改变经济的效率性，也就是带来经济的无效率性。对于环境保护税来说，经济的无效率性表明环境税的征收使得从事某项经济行为不具有经济效益，那么纳税人就有可能减少对相应商品的生产或消费，也促进了生产方式的提升。

替代效应是指政府对不同的商品课征不同数量的税收，会影响商品或服务的相对价格和效益，那么人们就会选择另外一种消费或活动来代替该种消费或服务。也就是说，纳税人为了自身利益最大化，在商品效用相同的情况下会选择税负水平较低的商品来代替税负水平较高的商品。[②] 一方面，这种替代效应会造成经济的低效，影响高税负产品的生产和销售，对经济的增长产生不利影响；另一方面，正是由于这种税收产生的经济低效性，会使人们趋向于改变生产方式或生产结构，也是促成技术更新和进步的动力。

以环境保护税为例，环保税在设计之初便会对不同的燃料或者

---

① 资料来源：http：//wiki. mbalib. com/wiki/% E7% A8% 8E% E6% 94% B6% E6% 95% 88% E5% BA% 94。

② 资料来源：http：//wiki. mbalib. com/wiki/% E7% A8% 8E% E6% 94% B6% E6% 95% 88% E5% BA% 94。

消费品适用不同的税率，对环境危害越严重商品或服务的税率越高，相反，对环境破坏较轻的商品或服务，税率相应较低甚至免税。纳税人在生产和消费过程中为追求更高的利润率或者实现个人效益最大化，会以税率较低的生产方式或者商品来代替税率较低高的生产方式或商品，这就是环境税所产生的替代效应。环境税替代效应的作用下，对于传统的工业生产方式就会产生一种低效性，主要原因是主要依赖煤炭、石油等传统的燃料导致生产成本占比较大，影响最终的利润，鉴于这种问题，生产者会引进先进技术，改变生产方式和结构，提升自身竞争力，对新兴产业来说起到了重要的激励作用。

1. 燃油税的税收调节效果

根据前文中关于燃油税的基本介绍中得知，燃油税是与环境有关的税收中主要税种之一，其税收收入占环境税收的总收入比重比较大，对国家收入的影响比较大。英国燃油税对所有车用汽油征税，是控制燃油的消耗量和促进环境保护的一种手段。出于这种目的，政府在设计燃油税时采用了高税率的方式，但同时燃油税的税率也会随着原油市场价格而不断波动。从表 10－3 可以看出，针对不同种类的燃油税率也不尽相同，其中汽油和柴油的税率最高，约为每公斤 0. 58 英镑。从图 10－1 可以看出汽油和柴油的价格也相对较高，并且随着税收收入的变化而相应变化。这一信息可以证明燃油税的主要作月就是控制对汽车燃油的消耗，是拥有汽车的边际成本，行程越远，税费也就越高。

表 10－3　　　　英国燃油税税率表　　　　单位：英镑/每公升

燃油种类	税率
无铅汽油	0.5795
重油（柴油）	0.5796
生物柴油	0.5797
生物乙醇	0.5798
用于私人飞行的航空涡轮燃料	0.5799
轻油（不含铅无铅汽油或航空汽油）	0.6767
航空汽油（Avgas）	0.373
交付给批准人士的轻油用作炉燃料（包括回扣）	0.107
标记瓦斯油（包括回扣）	0.1114
燃料油（包括回扣）	0.107
燃油以外的重油，瓦斯油或煤油用作燃油	0.107
用作发动机燃油的煤油，除了在道路车辆或加热（包括回扣）	0.1114
非道路使用生物柴油（包括回扣）	0.1114
生产柴油与瓦斯油混合用于非道路使用（包括回扣）	0.1114
Aqua 甲醇	0.079
道路燃料天然气－包括沼气 0.247 英镑/每公斤 天然气以外的道路燃料气体 － 例如，液化石油气 0.3161 英镑/每公斤	0.3161
道路燃料天然气，包括沼气	0.247

资料来源：https：//www.gov.uk。

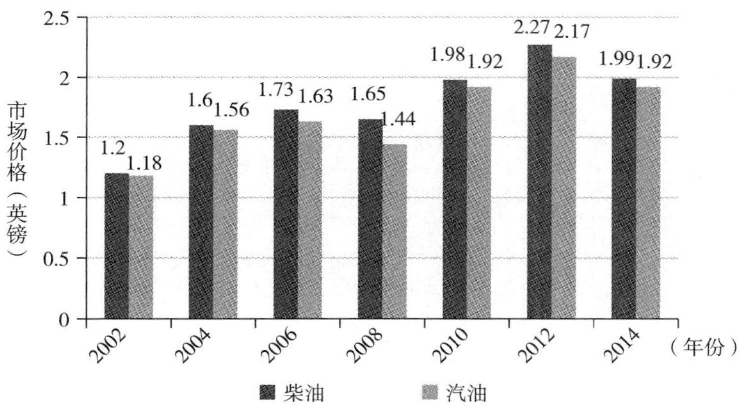

图 10－1　英国汽油和柴油的市场价格

资料来源：https：//www.gov.uk。

除了上述征税的燃油种类之外，还有一部分不需要纳税的燃油种类，例如用于其他特殊用途的生物燃料（如加热燃料或任何其他非机动车用燃料、用来发电等或者是农村的燃油税），此外，从表 10－3 也可以看出，燃油税对一些相对环境破坏力较轻的油类规定了一些折扣，对纳税人来说无疑是减轻了负担。

表 10－4　　　　英国燃油税各年税收情况表

年份	燃油税（亿英镑）	税收总收入（亿英镑）	燃油税占税收总收入的比重（%）
1999	225.15	3669.44	6.14
2000	226.30	3942.51	5.74
2001	219.16	3995.13	5.49
2002	221.47	4055.18	5.46
2003	227.86	4383.90	5.20
2004	233.13	4703.22	4.96
2005	234.38	5044.78	4.65
2006	235.85	5335.76	4.42
2007	249.05	5630.17	4.42
2008	246.15	5484.48	4.49
2009	261.97	5414.70	4.84
2010	272.56	5787.46	4.71
2011	267.98	6002.65	4.46
2012	265.71	6100.69	4.36
2013	268.82	6344.35	4.24
2014	271.56	6575.40	4.13
2015	276.22	6817.45	4.05

资料来源：https：//www.gov.uk。

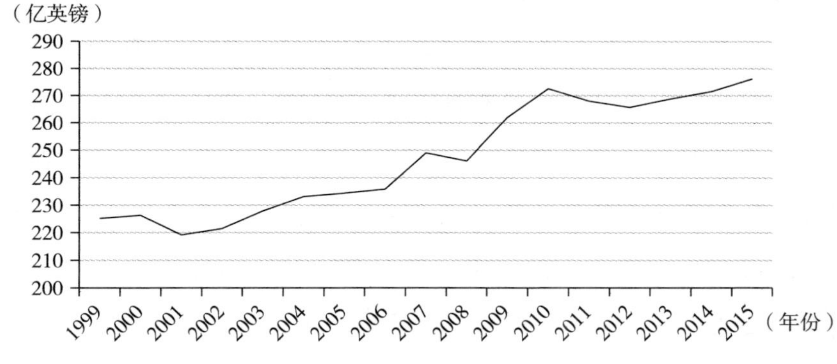

图 10－2 燃油税税收收入变化趋势

资料来源：https：//www. gov. uk。

根据燃油税的税收收入情况（见表 10－4 和图 10－2）可以看出，20 世纪以来，英国燃油税占税收总收入的比重一直居于 4% 以上，比重相当大。根据数据显示，英国 2008 年每千人汽车拥有量为 525 辆，位列世界第 30 位①。而在 2010 年，英国的汽车平均拥有量大约为 1∶1. 7②，也就是每 1. 7 个人就拥有一辆车，相当于每千人汽车拥有量约为 588 辆，在这两年中，汽车拥有量并没有显著地变化，可见燃油税的征收确实在一定程度上抑制了人们对汽车的偏好，每千人汽车拥有量基本持平。燃油税的征收使得纳税人的用车成本增加，减少了一定的汽车销售潜在客户。然而燃油税虽然在一定程度上抑制了燃油的消耗，却也给纳税人带来了沉重的负担，并且随着当前人均汽车拥有量的提高，容易造成社会的潜在不稳定性。

燃油税增加了开车的边际成本，因此，理论上它会减少总体的

① 数据来源：https：//wenku. baidu. com/view/e36f3429482fb4daa58d4b3a. html。

② 数据来源：https：//auto. qq. com/a/20110818/000028. htm。

开车旅程数。一些人会选择其他的交通工具出行，对于一些低收入者来说，燃油税的存在可能会让他们减少出行。燃油价格的提高对于人们出行里程减少程度的影响具体还取决于人们对燃料的需求弹性，这也受到公共交通和汽油替代品价格的影响。伦敦大学交通研究中心的一份研究表明，燃料价格在一年内每上升 10%，能减少 2.5% 的燃料使用和 1% 的交通总量。① 燃油税的征收也使人们更青睐公共交通出行，对于降低温室气体的排放也有促进作用。从长期的效果来讲，燃油税也会激励人们购买更加节约能耗的机动车。不过，这些研究是在假定其他条件不变的情况下，但事实并非如此，新兴产品由于其供求矛盾较为突出，价格也相对较高，人们的购买力相对较低，因而短期内节能机动车的销量不会有大幅度的上升。但是随着人们收入水平的提高，对燃料和机动车的支付能力提高，人们对于节能产品的倾向性就会更强。②

燃油税作为一种环保税，能够向机动车主们传递正确的价格信号，以使社会的交通量达到理想的水平，可以在一定程度上弥补开车产生的社会成本，如尾气的排放，因为尾气排放的多少与开车里程数呈正相关。但其他的一些社会成本，像是交通事故、噪音污染、道路损坏等是无法通过燃油税直接影响到的。③

2. 车辆消费税的税收调节效果

对于车辆拥有者征收的税种除了燃料税之外，还要征收车辆消

---

① 谢颖．英国环境税制的演变及效应评估［J］．生产力研究，2014．（9）59－61．

② S. Potter，M. P. Enoch，M. Fergusson. Fuel taxes and beyond：UK transport and climate change［J］． Wwf & Transport，2000．

③ 刘斌．燃油税政策的国际比较与启示［J］．国际税收，2008（5）：41－45．

费税。根据前文介绍可知，车辆消费税针对的是道路上行驶的车辆。通过对机动车尾气的排放量大小进行分级，设置不同的税率，此外如果进入伦敦市区的车辆有较大的排量和污染比较严重，还要征收额外的税收，每车每天高达25英镑。

在汽车所有者进行汽车注册时，首先要缴纳税款，根据表10－5所示，不同的类型的车税率有所不同，汽油和柴油车税率要比替代燃油车（包括混合动力车、生物乙醇和液化石油气）高10英镑。同时根据二氧化碳的排放量大小，税率从每辆车0到2000英镑不等，排放量一旦超过190克/公里，税率会有明显的上升。最新的数据显示，车辆售价高于40000英镑的情况下，车辆拥有者还需要每年额外支付310英镑。

表10－5　　车辆消费税税率表

二氧化碳排放量（克/公里）	汽油（TC48）和柴油车（TC49）（英镑）	替代燃油车（TC59）（英镑）
0	0	0
1～50	10	0
51～75	25	15
76～90	100	90
91～100	120	110
101～110	140	130
111～130	160	150
131～150	200	190
151～170	500	490
171～190	800	790
191～225	1200	1190
226～255	1700	1690
超过255	2000	1990

资料来源：https：//www. gov. uk/vehicle-tax-rate-tables。

车辆消费税的征收会对经济个体产生很大的影响，车辆消费税从本质上来说类似于累进税率，碳排放量越大的车辆，税率越高，并且对于采用新燃料的车辆又有一定的优惠。对纳税人来说，为了避免承担较高的税负，只能减少对车的需求或者选择税率较低的车辆进行购买，即可以相应选购碳排放量低的汽油或柴油车，也可以在同等排量情况下选择替代燃油车。

根据前文中对英国每千人汽车拥有量的分析，从 2008 年到 2010 年，每千人汽车拥有量从 525 辆上升至 588 辆。随着人们生活方式的改变以及经济的发展，人们对汽车的需求量并没有减少，因此，更好的方法就是选择税率更低的车型，如节能环保的低排量汽车或者选择混合动力汽车，近年来，电动汽车也开始走入人们的生活，人们对电动汽车的偏好性也越来越强。由此也可以反映出车辆消费税对人们消费生活产生了重要的影响。

图 10－3 和图 10－4 显示出英国车辆消费税的收入情况和英国汽车注册和销售量，根据柱状图可以看出英国的车辆消费税收收入大致处于上升的趋势，很有可能是由于车辆的销售量逐渐提升造成的。但是从图 10－4 来看，英国新车销售和注册量并不是一直上升的趋势，相反从 2008 年开始下滑，一直到 2010 年才开始逐渐回升。这一现象主要受 2008 年经济危机的影响，经济形势使得人们的消费水平下降，同时税收负担也使相当多的人望而却步。图 10－4 仅仅反映了新车的销售量，而销售量包括各种类型的汽车，因此，不能完全作为评判车辆消费税效应的全部证据。从图 10－4 可以较为明显地看出税收对个人的影响。当新车的销售量降低的期间，乘用车销量降低的幅度远大

于商用车，这与车辆的消费弹性有着密切的关系。对个人来说，汽车属于非生活必需品，当车辆消费税的税率提高的情况下，一旦购买车辆，纳税人的可支配收入就会大幅降低，因而只能降低自己的需求量。而对于商业用车来说，一般为公司购买用于生产经营，需求量不具有弹性，因此商用车受车辆消费税的影响较小。

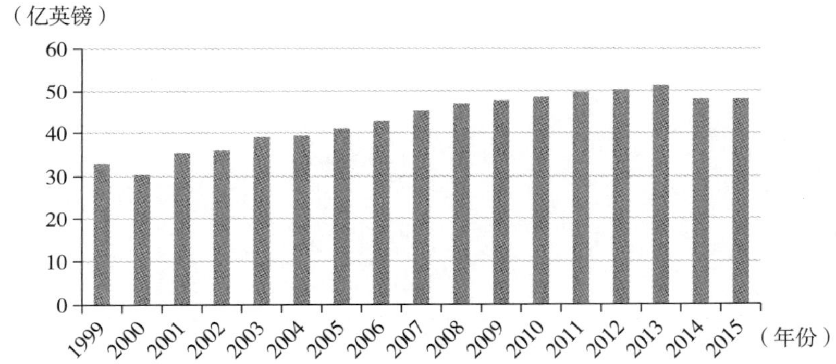

图 10－3　1999～2015 年车辆消费税税收收入情况

资料来源：https：//www. gov. uk。

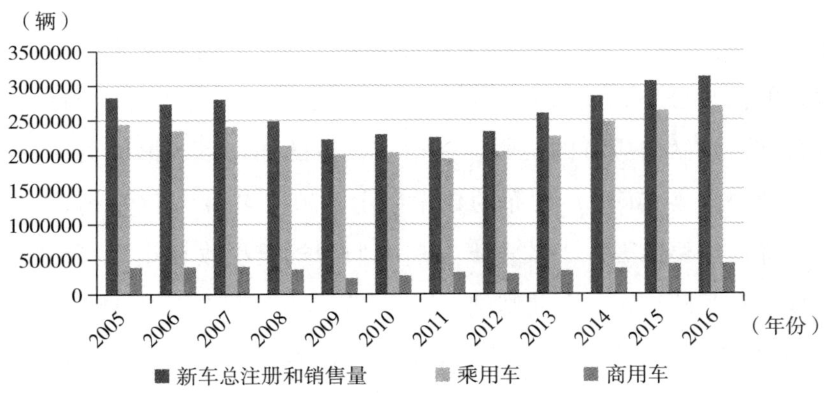

图 10－4　2005～2016 年新车注册和销售量

资料来源：https：//www. gov. uk。

除了影响纳税人的消费行为之外，车辆消费税的开征对于降低二氧化碳排放量也有着重要的促进作用。从图10－5来看，汽车制造商和贸易协会的数据显示英国新车平均碳排放量呈现逐年下降的趋势。①

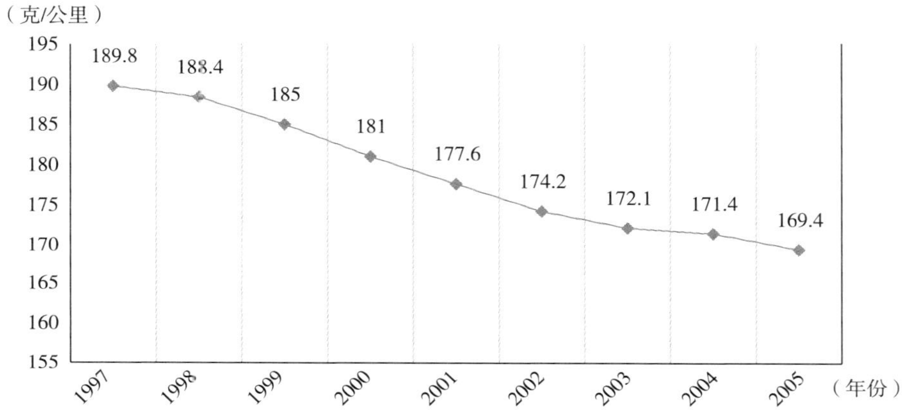

图10－5　1997～2005年英国新车年均碳排放量

资料来源：Society of Motor Manufactures and Traders Ltd，2006。

2017年英国将提高汽车、面包车和摩托车的税率，此次提高税率一方面是维持车辆消费税的收入水平；另一方面也是为了维护纳税人的税收公平，使得驾驶者为公共资源的使用付出合理的代价，为公共财政做出应有的贡献。在这个政策的作用下，根据英国汽车制造商协会（SMMT）发布的数据显示，2017年4月汽车销量有急剧下降。主要原因在于政策下发前人们为规避税收负担而提前购买造成3月基础较大，在此基础上，4月英国汽车销售量为152078辆，跌幅达19.8%。在汽车销售量全面下跌的背景下，私人购买销量下

① https://www.smmt.co.uk/reports/co2-report/.

滑 28.4%，商务购买下滑 21%，而批发购买下滑 12.3%。而新能源车虽然在市场份额上占比 4.1%，比上年同期有所增长，但是需求量却出现了四年来的第一次下滑。[①] 可见，这次提高税率的措施使得车辆消费税税负增加，对市场影响很大，加剧了汽车市场不稳定性。

对于减排目标的实现，本次措施有着极为重要的作用。众议院环境审计委员会的报告表明[②]，到 2020 年，机动车交通方面的二氧化碳排放量将会占全部排放量的 31%，导致这一变化的主要原因是私家车拥有数量的大幅增加。[③] 车辆消费税是汽车拥有者的一种固定的成本，它并没有激励车主减少开车时间的作用，因为车主每年开车历程不论是 1 米还是 1000 米都需要缴纳同样的税额，不过它促使车主们选择更为节约能源的车辆以适用更低的税率，甚至促使有些人选择不购买机动车。事实表明，征收车辆消费税后，部分低收入家庭选择不购买车辆，更多的高收入家庭会选择低排量的车辆。这对减少 CO_2 的排放起了重要作用。车辆消费税比燃油税提供了更为明显的价格信号，使车主们选择低污染排放量的车型，因为税额与排放量直接相关。另外，车辆消费税还激励车主们及时舍弃旧的高污染的车辆，更换新的环保车型，间接促使汽车生产厂商提高技术水平，生产更为环保的车型。高能耗汽车的生产量减少，必然会极大地减低温室气体的排放，推动可持续发展。

3. 航空旅客税的税收调节效果

航空旅客税自 1993 年提出以来，一直备受争议。该税种主要由

---

① 资料来源：http://www.sohu.com/a/139324182_180520。

② https://www.parliament.uk/business/committees/committees-a-z/commons-select/environmental-audit-committee/publications/.

③ 谢颖．英国环境税制的演变及效应评估［J］．生产力研究，2014（9）．

航空公司或票务代理公司向旅客出售机票时代收，并且依据不同的里程数和舱位来确定税率。里程数越少，相应的税率也就越低，为避免使用较高的税率，纳税人就会减少飞机出行，降低出行的次数，必然会减少航班次数，从长远利益来看就有利于降低飞机燃料所产生的温室气体等污染，对保护环境有着重要的作用。

根据2017年英国税务海关总署《税收月度和历年报告》的数据可知，自1994年引入航空旅客税后，每年税收收入占GDP的比重和航空旅客税收收入占GDP的比重变化基本趋于一致。航空旅客税的税收收入有三个急剧上升的阶段，分别为1998～1999年、2007～2008年以及2010～2011年，而在随后的阶段内又有下降的趋势。在经过20世纪末的收入上升后，在21世纪初有所降低并维持相对稳定的状态，但是在2007年以后基本上处于居高不下的状态。在2015～2016年的下降趋势主要与政策的变化有关。

关于航空旅客税占GDP的比重，基本维持在0～0.18%，通过比较可以发现，航空旅客税的税收收入基本上与经济发展保持相同的增长趋势，因此，上述增减变化，很大程度上可能由于经济的增长变动影响了人们的出行方式，从而影响到税收收入，另外，航空旅客税也在一定程度上影响人们的出行方式。

从图10－6和图10－7可以看出，自2000年以来航空和铁路的客运量大小，图中显示，近些年来英国无论是航空客运量还是铁路客运量都处于不断增长的状态，航空客运量在2010年经历了一个下降的过程，而在2010年，英国航空旅客税的税率进行了修改，将税费调高，0～2000公里的航空出行税费增加至12英镑，而6000公里以上更是达到了85英镑。正是这种税费的调高，使得2000公里以内的短途旅行者减少了出行，或者采用其他的出行方式，图10－7

也表明在2001～2010年英国铁路客运量有相对明显的增长，很可能减少的航空旅客中有人采用了铁路出行的方式。航空旅客税所产生的替代效应使得铁路运输重新开始发展起来，一方面减少了航空运输的压力；另一方面对于环境来说，也很大程度上促进了碳排放量的减少。

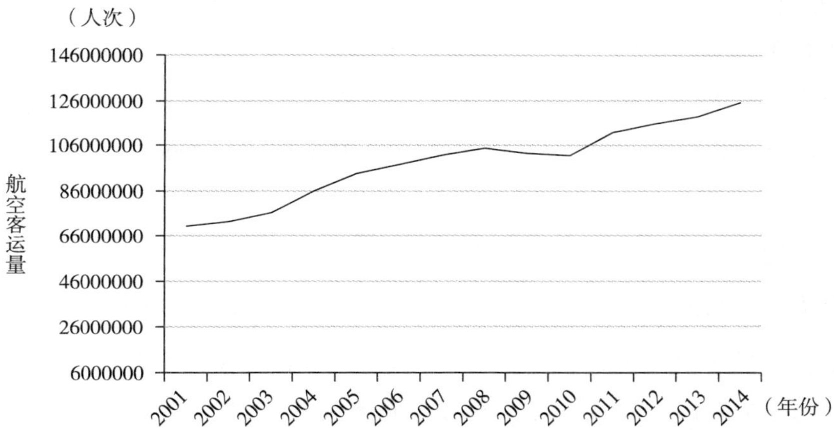

图10－6　2001～2014年英国航空客运量情况

资料来源：https：//www. gov. uk。

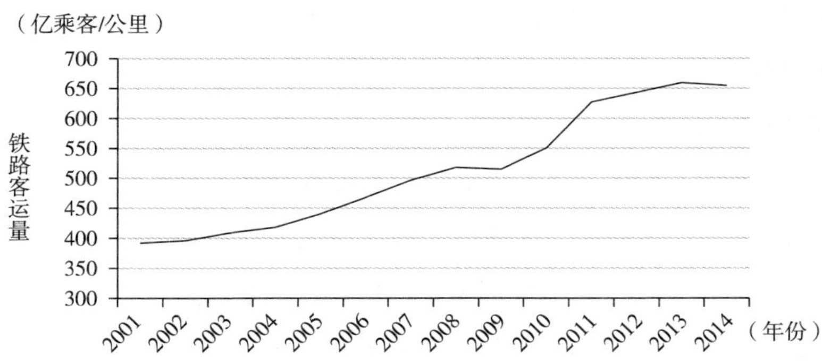

图10－7　2001～2014年英国铁路客运量情况

资料来源：https：//www. gov. uk。

根据2017年英国税收与海关总署《税收月度和历年报告》数据显示，2013～2017年各月航空旅客税税收收入增长比较明显的是在9月和1月，8月和12月选择航空出行的人数较多。同时，2017年4月的收入比上年同期高23.9%。[①]

即使航空旅客税的征收在一定程度上减少了碳排放量，但是它仍然是英国争议性比较大的一个环境税种。航空旅客税会根据里程数和舱位两个标准来适用税率，税率设计较为复杂。对境内境外的航空出行进行征税，增加了家庭出游的成本，使人们减少出行次数，尤其是远程航行，对个人成长和发展来说并不是一件好事。

4. 气候变化税的调节效果

气候变化税是对使用燃料的工商业进行课税的税种，主要目的是为了节约能源、保护环境，这也是当前全球的重要环保议题。在应课税物品的选择上，主要包括电力、由天然气公司提供的天然气、液态石油和烃类气体、煤和褐煤、焦炭和半焦炭或褐煤、石油焦。此外，2013年4月1日起，英国开始实施碳价格底限标准（CPF，Carbon Price Floor），主要针对发电的化石燃料征收，也是气候变化税中的一种。可见，气候变化税设计之初就是通过税收的收入效应来减少社会对易产生温室气体效应的燃料的使用，改变纳税人的生产和消费习惯。

碳排放是对温室气体排放的一个总称或简称。温室气体中最主要的一种气体是二氧化碳，因此用“碳”一词来作为代表。英国也是最早提出“低碳经济”概念的国家。1997年，多数国家签订了《京都议定书》致力于温室气体的排放，随后英国在2001年开征气候变化税。

① 2017年英国税收与海关总署《税收月度和历年报告》。

因此，英国在推动降低二氧化碳排放量方面，做出了一定的努力。

由英国碳排放年变化趋势中可以看出，英国碳排放量总体上处于下降的趋势，前期（20 世纪）碳排放一直处于 550000 千吨以上，尤其是在 20 世纪 70 年代初期，英国的碳排放总量达到了峰值（见图 10－9）。

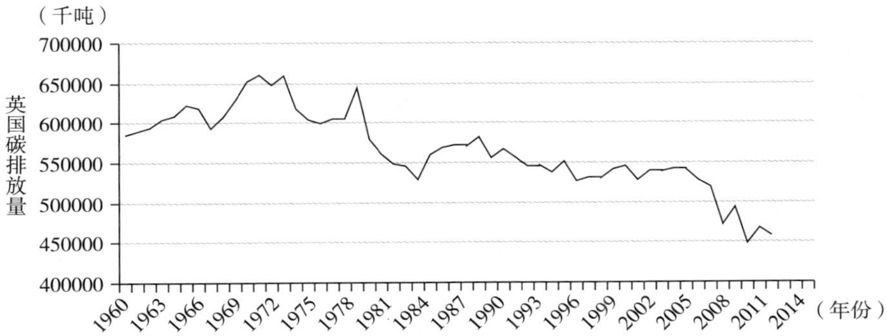

图 10－8　1960～2014 年英国碳排放量年变化趋势

资料来源：https：//www. gov. uk。

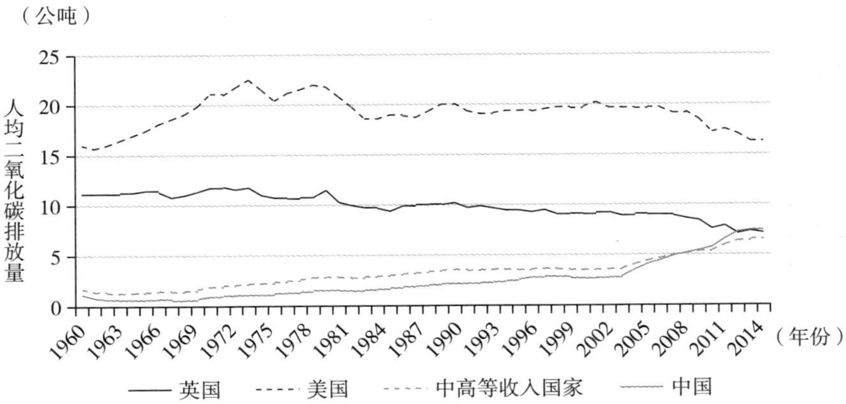

图 10－9　1960～2014 年英国、美国、中国等国家人均二氧化碳排放量

资料来源：https：//www. gov. uk。

1785 年，瓦特改良的蒸汽机投入使用，并得到迅速推广，人类社会开始进入了蒸汽时代，1840 年英国完成工业革命。随后，19 世纪 60 年代后期，先进的资本主义国家世界开始了第二次工业革命，进入了“电气时代”。不论是蒸汽时代还是电气时代，人们最开始依赖的都是煤等燃料进行生产。因此，现在的温室效应早在工业革命时期就已经形成了，并且还在不断生产过程中加重污染。从图 10 – 9 中可以看出，英国在 1970 年以前碳排放量也在不断增长。

近些年虽然有些波动，但是一直保持在 50 万千吨之下，由此可见，气候变化税的征收减少了纳税人的可支配收入，人们也尽可能地避免对征税燃料的使用，这一点从碳排放量的持续走低可以反映出来。2013 年实施碳价格底限标准，适用于发电的化石燃料。碳排放量也随之比 2012 年减少了 10000 千吨。

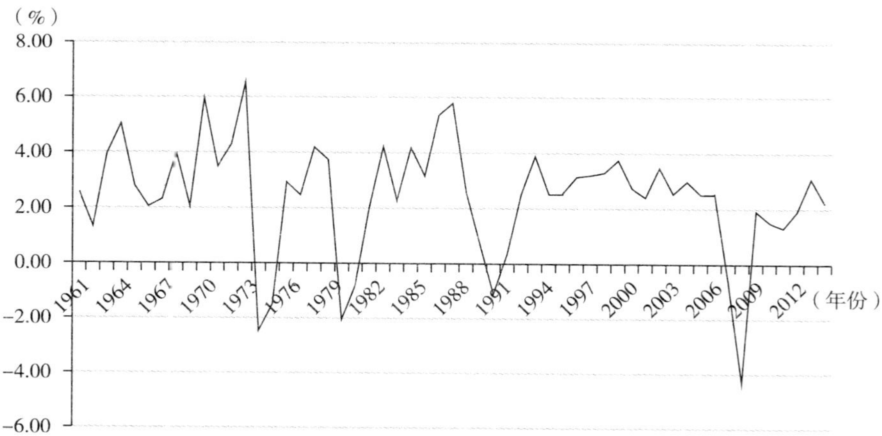

图 10 – 10　1960 ~ 2015 年英国 GDP 年增长率变化趋势

资料来源：https：//www. gov. uk。

结合图10－10关于英国GDP增长率趋势可以发现，经济发展与碳排放量的增减趋势基本相同，表明碳排放主要受工业生产的影响，工业生产所需要的燃料消耗也是温室气体产生的主要原因，这与人类的环保意识有着密切的关系。1973年英国的经济增长极度下滑，达到－2.5%的水平，在此之前增长率为6%，可见当年的经济发展状态不是很好，相对应的碳排放量也有了很大幅度的降低。在经济增长较快的年份，如1972年、1987年等，GDP增长率达到了6%左右，对应年度的碳排放量也在相邻年度区间内达到峰值。但从总体上来看，20世纪90年代以来，经济增长基本维持在2%～3%，但碳排放量却在波动中呈逐年下降的趋势，由此可见，气候变化税的征收确实提高了人们的环保意识，对温室气体的排放起到了一定的遏制作用。这一点从图10－9英国二氧化碳人均排放量可以明显看出，2010年之前，英国的人均碳排放量高于我国和中高等收入国家的平均水平，而在2010年后，英国的人均碳排放量水平就与我国持平，而我国还处于不断上升的趋势。

根据上面关于气候变化税的介绍，气候变化税是面向特定能源的供应者征收的一种税，主要包括电力、天然气、液化石油气和固体燃料，表10－6、图10－11以及表10－7显示出2001～2015年气候变化税中各个项目的税收收入情况。

表10－6　2001～2015年气候变化税和碳价格的收入情况　单位：亿英镑

年份	电力	天然气	固体和其他燃料	总计
2001	4.169	1.071	0.048	5.288
2002	6.230	2.061	0.053	8.344
2003	6.215	1.954	0.047	8.215

续表

年份	电力	天然气	固体和其他燃料	总计
2004	5.708	1.999	0.046	7.753
2005	5.332	1.935	0.066	7.333
2006	5.254	1.871	0.076	7.202
2007	5.139	1.658	0.072	6.870
2008	5.422	1.785	0.068	7.275
2009	5.294	1.691	0.053	7.038
2010	4.847	1.782	0.054	6.684
2011	4.990	1.745	0.065	6.800
2012	4.473	1.876	0.069	6.418
2013	3.097	3.288	4.260	10.645
2014	2.575	4.755	7.617	14.948
2015	3.242	7.006	7.338	17.587

资料来源：https：//www. gov. uk。

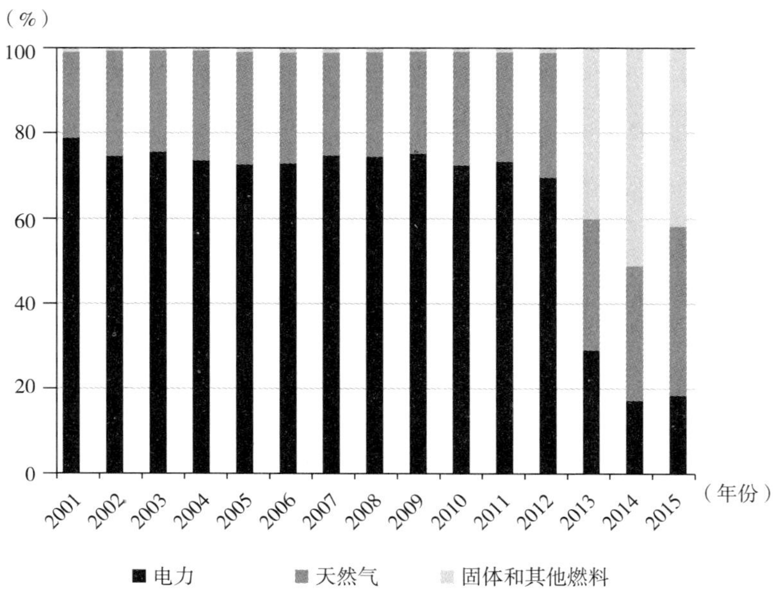

图 10－11　2001～2015 年气候变化税和碳价格不同项目收入的占比

资料来源：https：//www. gov. uk。

表 10－7　　　　英国气候变化税占总税收的比重

年份	气候变化税（亿英镑）	税收总收入（亿英镑）	气候变化税占总税收收入的比重（%）
2001	8.22	3995.13	0.21
2002	8.13	4055.18	0.20
2003	8.16	4383.90	0.19
2004	7.50	4703.22	0.16
2005	7.41	5044.78	0.15
2006	6.96	5335.76	0.13
2007	7.05	5630.17	0.13
2008	7.11	5484.48	0.13
2009	6.87	5414.70	0.13
2010	6.60	5787.46	0.11
2011	6.78	6002.65	0.11
2012	6.63	6100.69	0.11
2013	12.00	6344.35	0.19
2014	16.26	6575.40	0.25
2015	17.97	6817.45	0.26

资料来源：https：//www.gov.uk。

从图 10－11 可以直观看出，在气候变化税的主要构成项目中，电力收入一直占有较大的比重，尤其是在 2013 年之前，主要原因是电力在输送到用户的过程中损耗是十分巨大的，2001 年确定气候变化税的税率时出于这个考虑，对电力所适用的税率也相对较高（见表 10－8）。

表 10－8　　2001 年气候变化税不同征税对象税率情况表

电力	0.43 便士/千瓦时
天然气	0.15 便士/千瓦时
液化石油气	每公斤 0.96 便士（相当于 0.07 便士/千瓦时）
固体燃料	1.17 便士/公斤（相当于 0.15 便士/千瓦时）

资料来源：https：//www.gov.uk。

从图 10－11 可以看出，2013 年前英国的气候变化税中固体和其他燃料占比重非常小，从其税收收入来说，不足天然气的十分之一，但是自 2013 年起，由于引入了 CDF 导致固体和其他燃料的气候变化税收入有了近百倍的提高。2013 年的气候变化税总收入也比 2001 年增加了一倍。根据上述资料显示，在实施“碳价格底限标准”之前，固体和其他燃料只占非常小的比例，通常每季度将达到 150 万～200 万英镑。在 2013 年第二季度之前，固体和其他燃料的税收收入的最高纪录是在 2006 年第一季度的 230 万英镑左右。CPF 推出后，季度收入大幅上涨，2015 年第一季度达到近 2.5 亿英镑。自此以来，普遍大幅下滑，在 2016 年第二季度下降到约 4800 万英镑，主要原因是英国电力生产所需的煤炭大幅下降。[①]

2017 年的评估显示，受煤炭使用量持续下降的影响，英国的碳排放量已经降到了 19 世纪以来的最低点，2016 年，英国发电适用的煤总量降到历史最低，主要温室气体的排放量也同比下降了近 6%。此外化石燃料的使用量降低了 52%，使用煤炭所产生的二氧化碳排放量下降了 50%，由此造成 2016 年碳排放总量在 2015 年的基础上降低了 74%。2016 年，英国关闭了三家燃煤发电站，并且英国政府还承诺在 2025 年前关闭境内所有燃煤发电站，从这些现象可以看出，英国政府致力于降低碳排放的决心。[②]

同时，2016 年英国天然气的价格有所下降，[③] 高污染燃料的碳

① 资料来源：https：//assets. publishing. service. gov. uk/government/uploads/system/uploads/attachment_data/file/293840/TIIN_5128_climate_change_levy_exemptions. pdf。

② 资料来源：http：//www. tanpaifang. com/jienenjianpai/2017/0323/58844. html。

③ 资料来源：http：//www. tanjiaoyi. com/article-20934-1. html。

税有升高的趋势，政府也在大力推广可再生能源的使用。气候变化税的征收使得纳税人在生产和消费过程中更趋向于选择更加经济实惠的燃料，伴随着科技发展而兴起的大量新能源成为人们替代消费的首选。对个人来说，在消费过程中，有意识地选择税负较低的产品，既提高了个人的环保节能意识，又降低个人消费，提高相对可支配收入。而对于国家来说，大幅降低了温室气体的排放，提升英国在国际环境会议中的地位和发言权，同时为发达国家处理温室气体和碳排放问题提供了一个典范。

5. 垃圾填埋税的税收调节效果

垃圾填埋税是对倾倒在地上或地下（垃圾填埋场）的废物垃圾所征收的一种税，是一种典型的环境税。主要为了减少垃圾填埋所引起的对环境的破坏，鼓励人们采用其他方式来处理垃圾，改善居民的生活环境。

由图 10 - 12 可以看出自 1997 年实行垃圾填埋税后英国各类垃圾的排放量。总的排放量从 1998 年达到峰值之后就一直处于逐渐下降的趋势，其中低税率垃圾的排放量基本与总排放量保持同步下降趋势，一般垃圾下降趋势较为平缓，这与一般垃圾适用税率每年都进行更改也有密切的关系。而免税垃圾排放量则经历了先上升后下降的过程。但从总体上看，垃圾填埋税的开征起到了减少垃圾排放量的作用。与 2008 年相比，总排放量下降了 53. 43% ，一般垃圾和低税率垃圾分别下降了 446% 和 80% ，而免税废物垃圾增长了 5. 26% ，由此可见低税率垃圾对总排放量的下降起到了至关重要的作用。

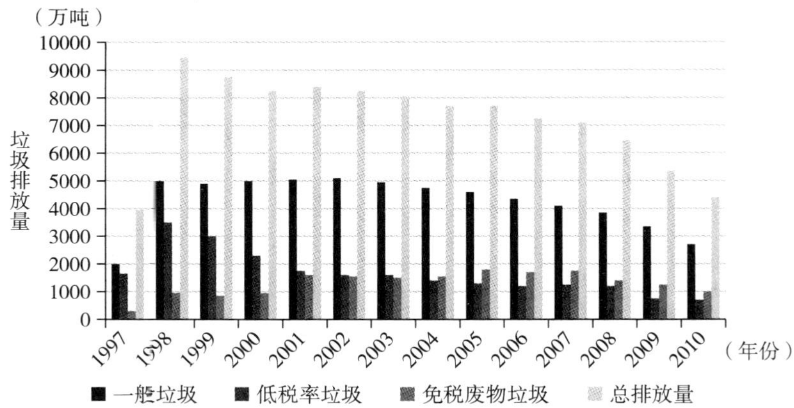

图 10－12　1997～2010 年英国历年各类垃圾的排放量

资料来源：Deloitte：2010 Green taxes in the UK，Environmental Taxes。

一般垃圾的垃圾填埋税从 1997 年的每吨 7 英镑增加到每吨 80 英镑，增加了 10 倍多。但是在 2000～2003 年一般垃圾的排放量却呈现出少量的增加的现象，主要原因可能与税率的设置有关系。一般垃圾在 1997 年和 1998 年都保持每吨 7 英镑的税率，自 1990 年提高至每吨 10 英镑，以后逐年增加 1 英镑，每吨 1 英镑的递增带来的税收效应并不明显，因而在 2004 年后加大了税率提升的力度，倾倒垃圾所产生的成本有了较为显著地提升，由此造成家庭可支配收入显著降低，人们不得不减少倾倒垃圾，充分利用资源或者采用循环利用的方式，降低自己的税收负担。在这种强度下，一般垃圾的排放量开始逐年降低。

低税率垃圾适用税率一直为每吨 2.5 英镑，但是其排放量却有明显的降低。该低税率垃圾主要是指惰性废物，就是不能直接回收利用，但经过工业处理可以化解。由此可见，低税率垃圾对环境的破坏程度较轻，可以采取相应的措施进行分解。而免税废物垃圾的增长是无可厚非的，免税废物垃圾是指可以直接回收利用垃圾。低税率垃圾的可替代性比较强，征收后，使用成本增加，那么人们就会降低对产生低税率垃圾的产品的使用，而转向使用产生免税垃圾的产品，有力地减少了垃圾排放量，保护周围环境。

6. 石方税的税收调节效果

根据前文介绍，石方税主要对利用石方进行商业开采征税，而石方主要是指石头、砂砾和砂子等。税率从2000年开征时的每吨1.6英镑提高至每吨2英镑。矿石开采对环境的影响非常大，如果忽视这一影响，不仅影响市容，其引起的噪音和粉尘对人身体健康也有巨大的损坏。图10－13显示的是石方税收入和总税收收入的情况。

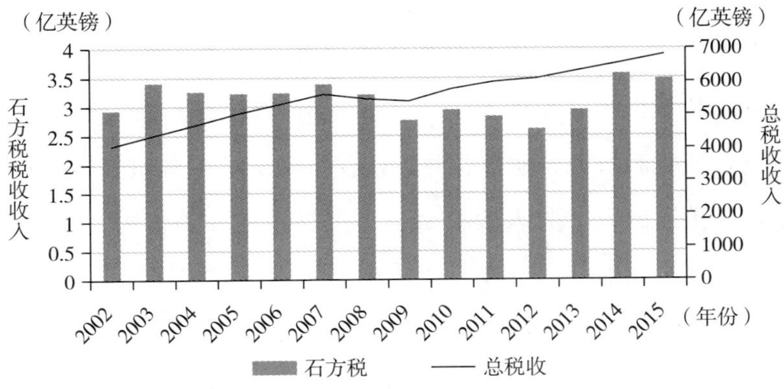

图10－13　2002～2015年石方税收入和总税收收入的情况

资料来源：https：//www. gov. uk。

针对图10－13分析可以发现，石方税收入在2009年达到历史最低点，但是由于2010年税率提高，使得石方税收入增长了6.52%。随后又开始下滑，2012年后又呈现上升趋势。而总收入除了在2009年下降之外都处于增长状态。可能由于2008年的经济危机，经济发展不景气，建筑行业发展较为缓慢，从而影响税收收入。石方税的开征使得开采者的相对成本增加，纳税人只能尽可能减少石方的开采，采用新材料进行代替。

10.3.2 英国环境税收的宏观效应

1. 环境税收促进经济的发展

税收对经济增长的影响主要表现为税收对GDP增长的影响。税收是国家财政收入的重要手段，环境税收也不例外，环境税收首先就具有筹集财政收入的职能。如图10－14所示，英国总环境税收（统计口径主要包括燃油税、车辆消费税、气候变化税、航空旅客税、垃圾填埋税、石方税以及环境税）呈现不断增长的趋势，且数额在250亿英镑以上。因此，可以看出，环境税虽然在设计之初是为了节能减排，保护环境，但是从税收总量上来看依然为英国财政收入的增长做出了重要的贡献。正如英国财政大臣在对征收航空旅客税进行恢复时所说，航空税并不仅仅是为了减少温室气体排放量，对于增加英国的财政收入缓解财政赤字有着重要的作用，通过开征航空旅客税增加的收入可以使得英国经济在全球经济不稳定的状态下保持可持续和长期增长。

从图10－15可以看出，环境税占GDP的比重经历了先下降后上升的过程，在2007年之前，环境税总收入占GDP的比重一直在降低，2007～2010年处于上升趋势，2010年后，环境税总收入占GDP的比重一直处于波动的状态。由此可以得出，2007年之前，环境税对经济增长的影响为负。早期环境税的设置较多地考虑了对环境造成的影响，传统工业能耗大、污染严重，因而环境税的征收直指传

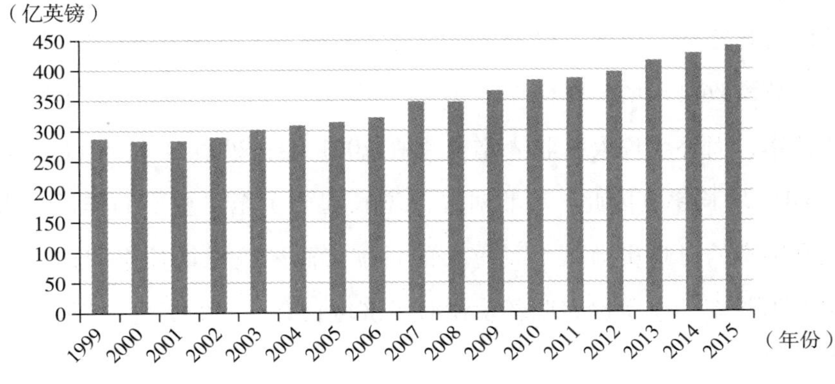

图 10－14　环境税收总收入情况

资料来源：https：//www. gov. uk。

统重工业，使得传统重工业的发展受阻，因而表现出来的对经济增长的作用不明显。2008 年环境税总收入占 GDP 的比重开始是上升，尤其是 2009 年急剧上升。一方面是 2008 年经济危机使得经济大幅下滑，而环境税受经济危机的影响较小，而相对来看，比重上升；另一方面环境税收入相对提高有利于政府维持财政收入水平，从而促进经济增长。

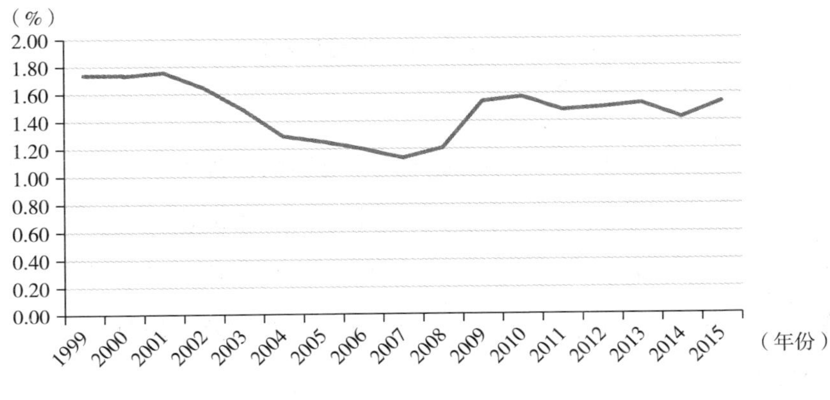

图 10－15　环境税总收入占 GDP 的比重

资料来源：https：//www. gov. uk。

图 10－16 显示的是环境税收增长率、总税收增长率和 GDP 增长率的变化趋势。由图可以看出，税收增长率基本上都高于 GDP 增长率。总税收收入增长率仅在 2001 年和 2002 年以及 2008 年低于 GDP 增长率，而环境税收总收入增长率在 2001 年、2005 年和 2011 年低于 GDP 增长率，因此，税收对经济增长起到了至关重要的作用，为提升国家的财政实力做出了重要的贡献。而环境税增长率同样高于 GDP 增长率的事实也表明环境税对经济增长有一定的促进作用。

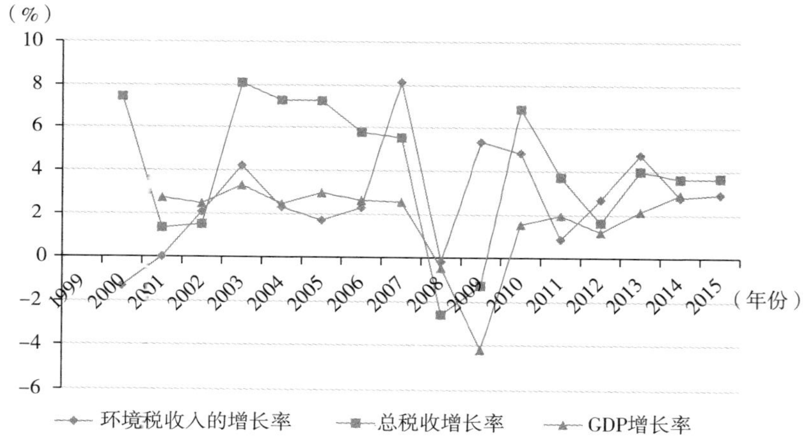

图 10－16　1999～2015 年总环境税收增长率比较

资料来源：https：//www. gov. uk。

图 10－17 至图 10－21 分别表明不同环境税种增长率与税收增长率、GDP 增长率的关系。其中航空旅客税、垃圾填埋税在大部分年度收入增长率都高于总税收增长率和 GDP 增长率，但是除了气候变化税以外，其他几种环境税在后期的增长率均处于较低水平，低于 GDP 增长率。

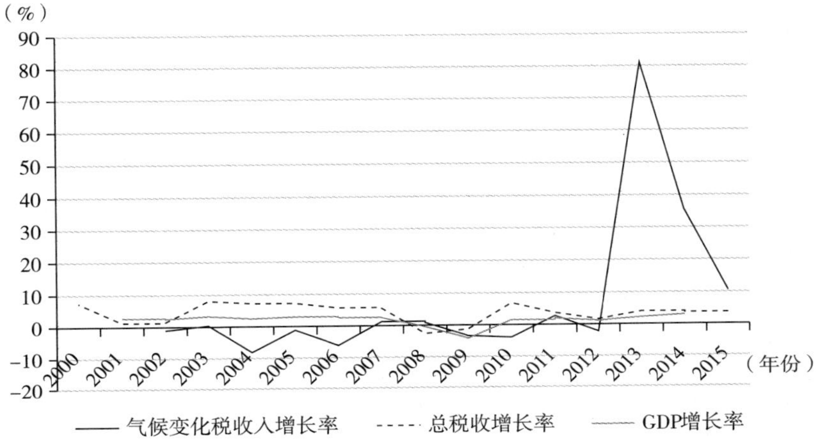

图 10－17　2000～2015 年气候变化税收入增长率比较

资料来源：https：//www. gov. uk。

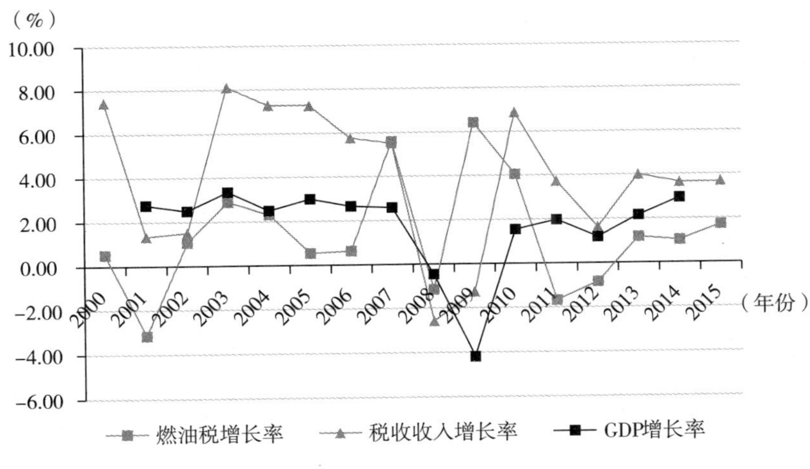

图 10－18　2000～2015 年燃油税增长率比较

资料来源：https：//www. gov. uk。

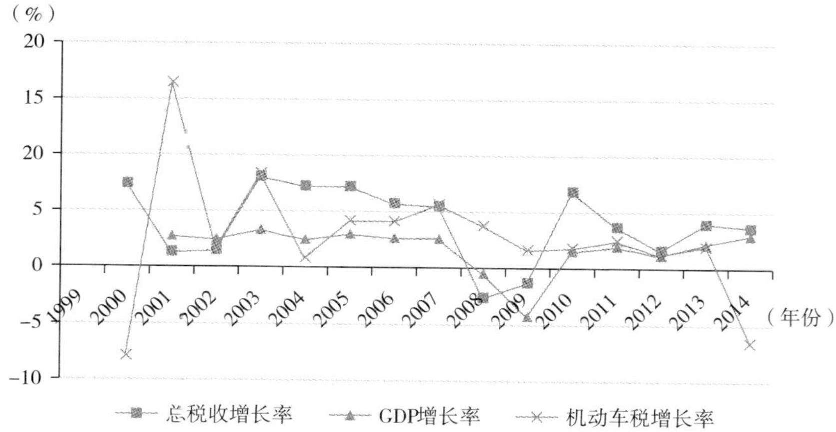

图 10－19　1999～2014 年车辆消费税增长率比较

资料来源：h:tps：//www. gov. uk。

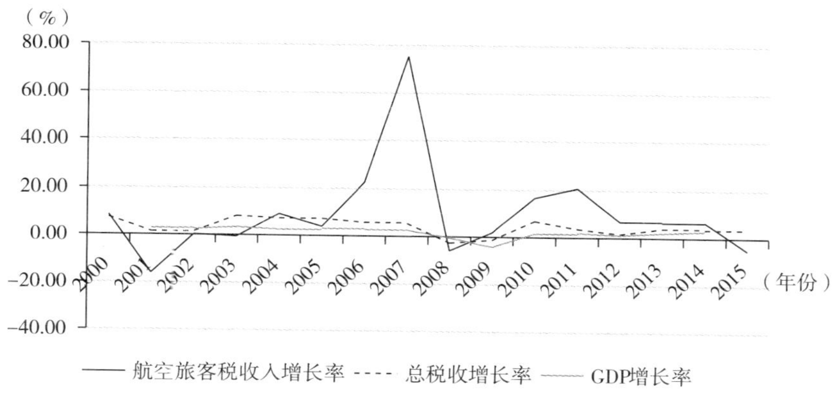

图 10－20　2000～2015 年航空旅客税收入增长率比较

资料来源：https：//www. gov. uk。

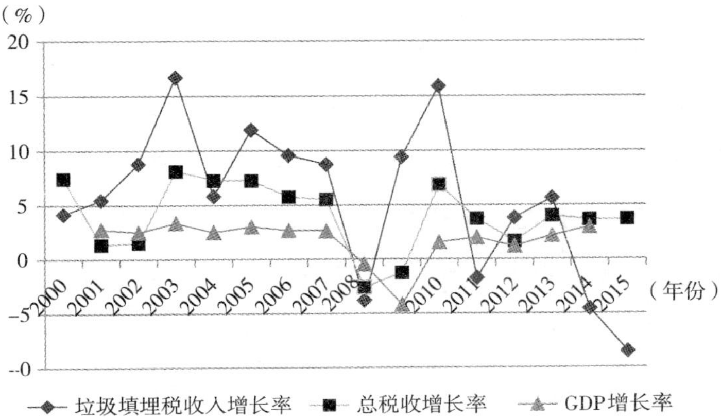

图 10－21 2000～2015 年垃圾填埋税增长率比较

资料来源：https：//www. gov. uk。

通过对上述环境税种的分析，可以发现使用环境税收入用于环保建设，可以发挥公共支出的乘数效应，促进环保事业发展，推动经济绿色循环发展。

此外，在市场经济条件下，经济主体为了追逐自身利益的最大化会不顾其生产经营活动的外部性，假设不存在税收的调节，那么从事高污染、高能耗的生产者能够获取较高的利润，在这种利益的驱使下，市场越来越多的资本涌入高能耗产业，但对于社会环境却是一种灾难。因此，单纯依靠市场就可能造成社会发展的不经济。

如不存在环境税收，那么部分生产者生产经营造成的经济负外部性就会由全体纳税人来承担，这对于其他没有从事该种污染型生产方式的纳税人来说是不公平的。环境税的开征使得资源的使用者和环境破坏者承担相应的税收，促进社会公平，弥补市场失灵，为经济的发展创造一个公平正义的市场环境。

2. 税收负担产生的负面影响

虽然环境税的征收，既能够增加财政收入，促进经济增长，又能够有效地抑制破坏环境的行为，但近年来，越来越多的英国人认为他们负担的环境税收过高，各种环境税的征收严重增加了他们的生活成本。

图 10－22 显示的是英国环境税占税收总收入的比重和 OECD 国家环境税占税收总收入的加权平均数和算术平均数。从图中可以看出英国环境税占税收收入的比重远高于 OECD 国家的加权平均水平。而且图中关于英国环境税总收入的核算并没有包括增值税中与环境相关的税收，足以见得对英国的经济个体来说，环境税收负担确实相对较高。同时，通过图 10－16 也可以看出大多数年份中环境税收入增长率高于 GDP 增长率，表明环境税收增长要高于经济增长，图 10－15 显示除了 2007～2008 年之外，环境税收入占 GDP 比重均达到 1.2% 以上。这充分说明环境税税收负担相对较重。

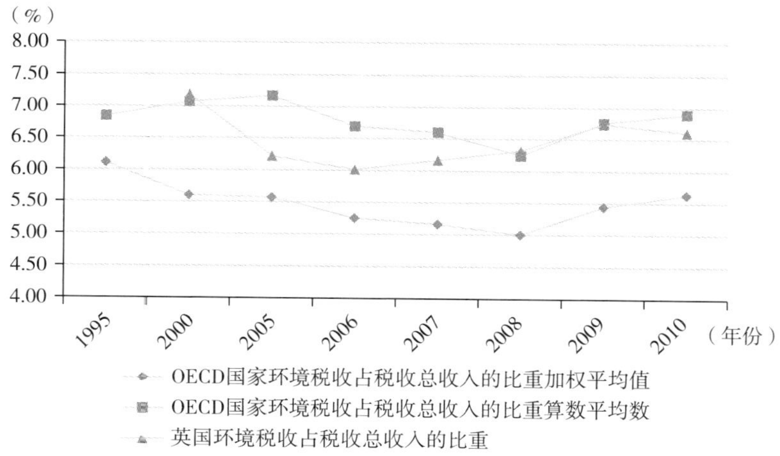

图 10－22　1995～2010 年 OECD 国家和英国环境税收占总税收的比重

资料来源：http：//www. docin. com/p-691680946. html。

环境税负较高一方面可以增加财政收入，降低污染排放量，起到保护环境的作用；另一方面也会降低纳税人的税后收入，不利于扩大再生产，阻碍经济增长，同时也可能引发纳税人的不满。以航空旅客税为例，虽然航空旅客税在一定程度上对政府筹集财政收入做出了一定的贡献，但是它仍然是英国争议最大的一个环境税种。根据里程数和舱位两个标准来适用税率，在这种情况下，距离英国较远大的国家便会受到英国航空旅客税的严重影响，损害旅游行业的利益。因此，国内外越来越多的人开始反对提高甚至要求取消航空旅客税。加共体主席认为航空税对加勒比经济已经产生了有害影响，而且税率结构也不合理。原因是美国和加勒比属同一地理区域，但是从英国到美国的税费却比到加勒比的税费要低。针对这一问题，世界旅行及旅游理事会曾表示，新的研究结果表明，取消航空税可能会给英国带来 91000 个额外的就业岗位，并每年增加 42 亿英镑（65 亿美元）的经济收入。此外，英国国内航空公司也要求暂缓提高航空税，否则将会阻碍英国的经济复苏。①

但是就欧盟统计局的消息显示，2013 年欧盟各国征收环境税总计 3301 亿欧元，占全部税收和社会缴费的比重从 2003 年（2721 亿欧元）的 6.9% 降至 6.3%。环境税占全部税收和社会缴费的比重是“欧洲 2020 战略”评价建设资源节约型欧洲成效的一项指标。根据该战略，到 2020 年，上述指标将至少达到 10%。②

由上述分析可以看出，英国环境税收负担的问题还有待深入研究，英国环境税占总税收收入 6% 的比重基本上与欧盟相一致。同时

---

① 资料来源：http：//www.mofcom.gov.cn/aarticle/i/jyjl/l/201211/20121108444887.html。

② 资料来源：http：//china.huanqiu.com/News/mofcom/2015-11/8046525.html。

也表明环境税收在税收领域中越来越重要，不仅影响经济的发展，也标志着国家环境保护的力度和效果。

10.4 英国其他环境经济政策手段①

10.4.1 碳基金

2001 年，由英国政府投资的“碳基金”成立，这是一个按照企业模式进行运作的独立公司。以气候变化税为主要资金来源，通过投资低碳技术，加强碳管理，提高资源利用效率。每年英国政府拨付 6600 万英镑的气候变化税给碳基金管理使用，这种投资管理方式保证了碳基金的稳定收入，而且通过征收能源使用税的方式也可以采用价格杠杆限制对能源的过分使用，更有利于促进节能减排效果的落实。

英国碳基金主要配合气候变化税的实行，致力于研究与开发、技术商业化、孵化器三个方面的投资与发展。通过这些方面的投资，帮助高污染、高能耗的大企业进行节能减排。此外，为了使公共资金得到合理的使用，碳基金有着严格的管理制度。

首先，从成员组成上来保证基金的有效落实。其公司成员不仅来自政府部门，还包括企业界、工会、学术界及非政府工作人员，一方面保证基金会的专业性；另一方面也使各方力量在碳基金中监督，实现公平有效合理地使用公共资金。而且碳基金制度规定只有企业界的董事占多数时才能召开董事会，有力地维护了企业的利益。

---

① 本部分内容主要参考环境税收培训团赴英国考察报告，http：//www.china-reform.org/？content_380.html。

其次，碳基金虽然可以获取拨款，但是前提是需要提交工作计划及优先领域，同时还要与环境主管部门谈判，达成框架协议。这一制度一方面可以保证获取拨款过程公平透明；另一方面事先了解资金的用途，也可以从源头上确保资金的合理使用。与环境部门达成协议制度可以保证资金的使用符合环境保护的标准。

再次，要求碳基金公司每年做执行报告，每5年做一次全面评估，主要是通过对碳排放标准的合规性进行检查，提升资金的使用效率，有利于碳基金公司充分发挥其作用。

最后，政府不干预碳基金公司的经营管理业务。这一制度的设计使得环境问题的解决转向市场，能够充分发挥市场的高效性，更加有力地促进节能减排。①

总之，基于上述严格的管理制度，英国的碳基金在英国环境税收中的作用越来越重要。与其他国家碳基金相比，英国的碳基金发展势头良好，也具有很强的有效性，为促进环境保护，实现可持续发展做出了重要的贡献。

10.4.2 排放交易体系

英国的排放交易体系（The UK Emissions Trading Scheme，UK ETS）于2002年3月建立，是世界上第一个广泛的温室气体排放交易机制。排放交易体系主要同构两种模式进行运作：配额交易和信用额度交易。配额交易是指在规定一个绝对减量指标的前提下，指定每个企业的排放配额。信用额度模式是指企业根据自己的提升能

① 资料来源：环境税收培训团赴英国考察报告，http：//www. China-reform. org/? content_380. html。

源效率和减量专案计划提出相应减量目标所产生的额外减量。①

企业获得了政府的资金支持并且自愿承诺绝对减排目标或者自愿与政府签订气候变化协议承诺相对减排目标，这两类自愿减排企业也包括在英国排放交易体系之中。针对这两种自愿减排企业，排放交易体系通过比较实际排放量和许可排放量（许可排放量 = 基准线 - 每年自愿承诺排放量，基准线以 1998 ~ 2000 年的平均排放量为准）的大小进行运作。实际排放量超过许可排放量时，企业需要从英国排放交易市场体系购买碳信用，反之就可以出售自己多余的排放量或者留存待日后适用。

英国排放交易体系制度将环境保护的问题引入市场，将排放量作为一种商品，融入企业的生产成本中，促使企业转变经济发展方式降低排放量，减少购买排放量所需要支付的额外费用，同时出售多余的排放量也是收入的一部分，对企业有很强的激励作用。通过市场的作用更好地实现节能减排的目标。

10.4.3 可再生资源发展机制

除了上述两种配合环境税收的手段外，英国还实行了可再生能源发展机制，主要是针对可再生能源的补贴，要包括可再生能源义务机制、上网电价补贴政策、可再生供暖激励政策。

可再生能源机制主要通过可再生能源许可证（ROC）来实现，主要适用于电力行业。企业每生产一单位的可再生能源，就会被授予一单位的可再生能源许可。电力生产者在出售时再转交给供电商，由供电商按照其年度可再生能源电力比例把规定数量的 ROC 上缴电

① 中国碳排放交易网：http：//www.tanpaifang.com/tanjiaoyi/2013/0629/21792.html。

力监管机构，完成 ROC 的循环。上网电价补贴政策是专门扶持小规模低碳发电技术而实行的措施。而可再生供暖激励政策主要通过对利用可再生能源采暖的家庭或机构给予相应的补贴来实现节能减排的目标。①

上述发展机制都是通过财政补贴的方式引导生产者和消费者的行为，是作为税收措施的一个补充手段来发挥作用的，单纯的补贴会造成经济的无效性，会有越来越多的人仅仅依靠补贴来度日。通过这些补贴性的措施，配合环境税收，生产者会更倾向于使用新能源和可再生能源，进一步以制度保障环境税收最大限度地发挥其保护资源和环境的作用。

① 资料来源：环境税收培训团赴英国考察报告，http：//www. china-reform. org/? content_380. html。

11 税制改革特征与趋势

英国是近代西方古典主义经济学派的发源地，无论是威廉·配第提出的赋税三原则还是亚当·斯密提出的税收国家观，都对近现代税收思想产生了深远的影响。再到后来，无论是以巴恩泰布尔为代表的纯经济学派，还是以凯恩斯为代表的凯恩斯学派，都提出了各自富有代表性的治税思想，极大地丰富了近现代财税思想，甚至影响了世界范围内的税制改革运动。在传承的基础上不断发展，是亘古不变的旋律。在面对波谲云诡的世界大势下，英国新一轮的税收制度变革已经步入深水区。

自2008年世界金融危机爆发以来，英国税制改革面临的外部环境愈发错综复杂。与金融危机并发产生的欧洲主权国家债务危机极大地考验着英国执政者税收工具的应用能力。依靠核心的“减税”政策辅之以必要的增税，优化税制结构，从而渡过特殊时期，避免经济持续恶化，是这一时期最鲜明的主题。

而随着时间的推移，脱欧的考验更是成为特蕾莎·梅政府面对的世纪难题。除了如何应对脱欧导致的其他欧盟国家施加的政治压力，当局还必须考虑如何打造更具竞争力的国内税制，去应对“脱欧税”形式的经济下滑和制度管理成本上升带来的效率损失。

特朗普政府提出的以减税为标志的税改方案，使英国面临着极大的资本回流压力。这也迫使英国政府出台了一系列降低税负的措施，突出地表现为削减公司税税率，降低普通劳动群众的税收负担，努力将英国打造成一个更具税收竞争力的国家。

而这些措施带来的直接后果就是税源的减少。同时公共财政支出水平居高不下，这使得英国财政支出面临很大压力。为了应对这种局面，英国积极参与全球的反避税行动，无论是反对税基侵蚀和利润转移计划（BEPS），还是非居民金融账户涉税信息自动交换标准的统一报告标准（CRS），都有英国活跃的身影，这背后体现的是英国坚决捍卫税法权威和加强税收征管的决心。

除了节流之外，英国政府还积极地通过“开源”来应对公共财政支出压力。最明显的是通过参与国际税收协调与合作，加强国际合作，以税收推动经济发展。最具有代表性的是英国积极参与中国倡导的“一带一路”倡议。英国是最先加入亚投行的西方国家，其在金融业、教育、科研等方面的优势，使得英国在“一带一路”倡议中获得了打开更大国际市场的机会，为英国专业服务业参与基础设施项目提供了重要的机遇，从而逐渐促进经济的复苏，为税收的增长打下基础。

11.1　2008 年金融危机对英国经济的影响

当今世界，经济全球化使各国经济紧密联系在一起。经济全球化在加深各国合作、促进经济发展的同时，也增加了各国发生经济危机的风险：一个国家的经济震荡很可能摧毁其他国家甚至世界的经济。2007 年，发端于美国的金融危机，在 2006 年异常繁荣的美国房地产市场中已经埋下伏笔。由于美国是处于世界经济链条顶端的国家。这场由它发端的金融危机很快席卷全球，其中欧盟和日本等主要的金融中心首当其冲。英国作为欧盟的主要成员方，不可避免地受到金融危机的冲击。本书将从以下几个方面分析此次金融危机对英国经济的影响。

11.1.1　GDP 指标（本币）

从表 11－1 可以看出，在金融危机发生的两年间（2008～2009 年），英国 GDP 增速无论是总量还是人均值，均出现了负增长。

表 11－1　　英国 GDP 相关数据

年份	名义 GDP（亿英镑）	名义 GDP 增速（%）	实际 GDP（1952＝100）	实际 GDP 增速（%）	年中人口（千人）	年中人口同比增速（‰）	人均名义 GDP（英镑）	人均实际 GDP（1952＝100）	人均实际 GDP 同比增速（%）
2007	14842.73	5.5	454.14	2.6	60987	6.45	24338	375.69	1.9
2008	15195.97	2.4	452.02	－0.5	61394	6.67	24752	371.45	－1.1
2009	14857.27	－2.2	433.07	－4.2	61792	6.49	24044	353.59	－4.8
2010	15555.48	4.7	439.74	1.5	62271	7.75	24980	356.27	0.8
2011	16194.80	4.1	448.42	2.0	63285	16.28	25590	357.47	0.3
2012	16652.13	2.8	453.70	1.2	63705	6.64	26139	359.30	0.5
2013	17349.49	4.2	463.50	2.2	64106	6.29	27064	364.77	1.5
2014	18172.34	4.7	476.73	2.9	64597	7.66	28132	372.33	2.1
2015	18639.95	2.6	487.44	2.2	65097	7.74	28634	377.52	1.4

资料来源：英国国家统计局。

11.1.2　失业率

金融危机对就业的冲击不言而喻。危机导致英国大量企业倒闭，垂死挣扎的企业大量裁员以维持生计，民众陷入失业的恐慌中。从英国跌入金融危机的泥沼之日始，国内失业率不断攀升，如表 11－2

所示，2011年第三季度失业率甚至达到了8.4%，这是金融危机以来英国失业率最高点。据英国国家统计局统计，英国失业人数在经过了连续10个月上涨后，于2008年11月上升至186万人。金融业在英国经济中处于重要地位，随着英国不断收到金融危机的冲击，金融业也成为失业重灾区。

表11－2　英国失业率　单位：%

年份	第一季度	第二季度	第三季度	第四季度
2007	5.5	5.4	5.3	5.2
2008	5.2	5.4	5.9	6.4
2009	7.1	7.8	7.8	7.8
2010	8.0	7.9	7.8	7.9
2011	7.8	7.9	8.3	8.4
2012	8.2	8.0	7.9	7.8

资料来源：新浪财经。

11.1.3　财政状况

席卷全球的金融危机使得英国的金融业和房地产业得到重创。尽管英国政府多次强调要进行产业转型，振兴制造业，增加出口竞争力并开拓新兴领域，但英国经济并没有因此从金融危机的泥潭中走出来。金融危机使得英国失业人口大幅增加，随之政府财政收入减少。由于英国的福利制度，其福利支出及其他刚性支出巨大，英国深陷财政赤字泥淖。除此之外，财政状况的恶化一定程度上还源于英国政府在危机期间所采取的救市措施。2008年10月是金融危机最严重的时期。英国政府前前后后共投入约4000亿英镑用于救助银行业。[①] 据统计，2010 年联合政府上台时，英国政府的净债务达到了 7590 亿英镑，约占英国当年 GDP 的 52%，达到了 20 世纪 90 年代以来的最高点。[②]

如表 11 - 3 所示，2010 年英国中央政府债务占 GDP 比重达到了 82.83%，政府支出占 GDP 比重也在不断攀升，于 2009 年达到了 46.33%，而在 2007 年则为 39.87%。政府在金融危机初期采取了结构性的增税政策，这可能是导致 2008 年相较于 2007 年税收总额有所增加的原因之一。2009 年，政府采取了一些新的减税政策，这可能一定程度上解释了 2009 年相较 2008 年税收总额下降的原因。

表 11 - 3　　英国政府财政状况

变量	2007 年	2008 年	2009 年	2010 年
税收总额（亿英镑）	3885.29	4148.41	3609.48	3914.02
政府支出占 GDP 比率（%）	39.87	43.22	46.33	45.69
中央政府债务占 GDP 比率（%）	47.17	57.56	73.4	82.83

资料来源：新浪财经。

11.1.4　消费、储蓄与通货膨胀

居民对于未来收入的预期相比于当期的实际收入更能够影响居民消费支出。金融危机严重打击了英国的各行各业，失业率急剧上升。大量失业人员的存在以及经济不景气，英国居民面临较大的经济压力。基于上述原因，如表 11 - 4 所示，家庭最终消费支出在金

① 张劼. 金融危机以来的英国经济［M］//王晨鹏. 英国发展报告（2010 - 2013）. 北京：社会科学文献出版社，2013：26.

② 张劼. 金融危机以来的英国经济［M］//王晨鹏. 英国发展报告（2010 - 2013）. 北京：社会科学文献出版社，2013：27.

融危机期间急剧下降，家庭消费年增长率持续 3 年为负，这种情况在 2010 年才有所好转。国内总储蓄也在金融危机的影响下持续下滑，2009 年达到最低点。

表 11 -4　　　　消费、储蓄与通货膨胀

指标	2007 年	2008 年	2009 年	2010 年	2011 年	2012 年	2013 年	2014 年	2015 年
家庭最终消费支出（万亿美元）	1. 79	1. 68	1. 39	1. 44	1. 57	1. 60	1. 66	1. 89	1. 85
家庭消费年增长率（%）	2. 62	-1. 44	-3. 23	0. 59	-0. 29	0. 79	1. 99	1. 97	3
国内总储蓄（亿美元）	4283. 45	3759. 68	2685. 65	2907. 22	3182. 52	2956. 21	3236. 59	4679. 07	4428. 68
按 CPI 计通胀年增率（%）	2. 32	3. 61	2. 17	3. 29	4. 48	2. 82	2. 55	1. 46	0. 05

资料来源：新浪财经。

11. 2　应对金融危机的税制改革目标与措施

2008 年的金融危机迅速冲击了英国经济。金融危机之所以对英国经济造成比其他国家更为严重的损害，根本而言是因为英国的经济结构——英国金融业产值较高。英国与美国的经济具有较强的同步性，是与世界经济联系最为密切的欧洲国家。2007 年，在金融危机发生前夕，金融业产值占英国国内总产值的 10. 1%；同 2001 年相比，增加了 83. 64%。作为世界金融中心的伦敦，金融业产值更是达到了市总产值的 20%，如果再加上其他各项与金融相关的服务产业，

这个数字可以达到30%以上，已经远远超过了美国纽约。[①] 这场金融危机很快蔓延到英国的实体经济：房地产市场持续低迷、零售业一蹶不振、失业率急剧上升，公共财政状况也持续恶化。

11.2.1 2008～2009年英国的税制改革[②]

在金融危机发生初期，英国在2008年的预算计划报告中提出了规模约200亿英镑的一揽子刺激经济计划，其中多项涉及税收政策。这些税收政策注重结构性减税并辅以增税措施，并且执行期限大都是截至2010年。

措施一：降低增值税税率，拉动消费

从2008年12月1日起至2009年12月31日止，增值税标准税率从17.5%临时降到15%（欧盟规定的增值税标准税率的最低限额），2010年1月1日起再恢复到17.5%。

措施二：增加个税优惠措施，提高中低收入居民可支配收入

个人所得税的基本扣除标准由每人6035英镑提高到每人6475英镑，同时提高了个税的其他项目和抵免项目的扣除标准，并相应提高其累进税率的收入级距。

措施三：提高社会保障税免征额、减征收入额，以降低雇员负担

英国社会保障税对雇主统一征税，对雇员分四种类型征税。2009/2010年度对雇员中的第1类（即普通雇员）和第4类（即自

---

① 田德文．金融危机背景下的英国社会改革［J］．当代世界与社会主义（双月刊），2012（5）．

② 本部分主要参考：龚辉文．国外应对当前金融危机的税收政策比较［J］．税务研究，2009（7）．

雇人员或自由职业者）征收的社会保障税的免征额和减征额上、下限标准都有所提高。

措施四：改革公司所得税，减轻企业税收负担

第一，降低所得税率，推迟提高小公司适用税率。从 2008 年 4 月 1 日起，英国公司所得税率从原来的 30% 降低为 28%，而对年应税利润不超过 30 万英镑的小型公司实行的低税率则从 20% 提高到 21%，并计划自 2009 年 4 月 1 日起再提高到 22%。为帮助小型企业度过金融危机，政府将提高小公司适用税率的日期推迟至 2010 年 4 月 1 日。

第二，延长公司亏损往前结转的期限。英国所得税法原来允许经营亏损无限期后转冲抵以后年度所得，也可以往前结转 1 年冲抵上一年度的所得而申请退税。现对 2008/2009 年度产生的经营亏损允许往前结转 3 年，但结转额最多不能超过 50000 英镑。

第三，防止集团避税。为防止集团总部迁到低税地区进行避税，政府计划在 2009 年财政法案中规定，对公司的境外股息免征公司所得税。

措施五：提高消费税征税标准，增加税收收入

为增加财政收入，倡导环保及正确消费观念，政府提高了酒、烟、燃油消费税税率（税额），并计划调整和提高民航乘客税的征收标准：

（1）酒税。从 2008 年 12 月 1 日起，酒精和含酒精饮料的单位税额提高 4%；其他酒类的单位税额提高 8%。

（2）烟税。从 2008 年 11 月 24 日 18:00 起，对从价定率征收的部分，卷烟税率增加 2 个百分点；其他烟草产品税率提高 4 个百

分点。

(3) 燃油税。英国每年逐步提高燃油消费税，原本规定2008～2009年暂缓提高，但现在规定从2008年12月1日起提高每升2便士。而且2009年4月1日起再提高每升1.8便士；2010年4月1日起，再在当年物价指数基础上提高每升0.05便士。

(4) 民航乘客税。英国现行民航乘客税按航班目的地（欧洲经济区国家和其他国家）的不同分两档征收，每档适用税率分优惠税率和标准税率。欧洲经济区国家的优惠税率为每人10英镑，标准税率为每人20英镑；其他国家则分别为每人40英镑和每人80英镑。现计划从2009年11月1日起改按飞行距离分为四档税率，每档税率又分为优惠税率和标准税率，优惠税率和标准税率分别在每人11英镑至110英镑不等，并在2010～2011年进一步提高单位税额。①

11.2.2 2010～2011年英国的税制改革

金融危机不仅打击了英国经济，对英国社会的影响也是恶劣的。危机发生的短时间内，英国失业率急剧上升、公共财政状况极度恶化、财政赤字大幅增长。为了救市，英国政府大量发行国债，2010年的国债总额占GDP比重已达79.6%。与此同时，英国社会的刚性支出也在不断增加。这严重威胁了英国福利国家制度的良性运行。在此背景下，2010年，英国保守党和自由民主党组成的新政府将“财政紧缩、恢复公共财政平衡”作为首要的政策目标。根据“2010年预算计划”，在未来不影响经济恢复的前提下，政府着手在4年内削减一半的财政赤字。面临“福利国家”的财政困境，英国

① 赵军．经济法视角下的金融危机与税收调控［D］．南京师范大学硕士学位论文，2010.

政府除了降低社会保障标准这一方法外，只能选择增税来满足公共支出的财政需求。①

为了弥补金融危机期间产生的巨额财政赤字并在大选中获胜，英国工党提出：从 2010 年 4 月 6 日起，逐步减少年所得超过 10 万英镑的纳税人的基本扣除标准，收入越高，扣除额越低，直至为 0；对年所得超过 15 万英镑的高收入者，提高其边际税率至 45%。此外，在“2010 预算计划”中，新政府提出要多征 0.5% 的国家保险税，同时上调增值税税率至 17.5%。2011 年 1 月，增值税标准税率上调至 20%。2011 年，英国对银行的特定资产开征 0.156% 的银行税。银行税相当于保险费，政府建立专门的基金，用于应对未来的金融风险。②

11.2.3 税制改革评价

金融危机席卷英国初期，也就是 2008～2009 年，英国进行的一系列税制改革主要是为了帮助企业度过金融危机的困难时期，刺激经济增长，拉动消费。这时，英国采取的是结构性减税政策并适当辅以增税政策。2010～2011 年，英国政府考虑到恶化的公共财政状况以及本国福利制度的延续，出台了一些增税政策，以增加财政收入。总体来看，英国在金融危机期间的税制改革起到了良性作用，加快了英国经济的恢复。主要有以下特征：

优点一：税制改革具有有效性和针对性。

金融危机对英国企业的冲击可谓是毁灭性的，先由金融业、房

---

① 资料来源：http://www.chinatax.gov.cn/2013/n31886/n37074/n37075/c315366/content.html。

② 陈晓光，张文春．英国税制沿革变化及其对我国的借鉴意义［J］．国际税收，2015（9）．

地产业扩散到各行各业。金融危机对经济的影响是一个恶循环：企业倒闭、工人失业、消费投资和储蓄减少、政府财政状况恶化、经济更加低迷。英国政府果断采取了扩张性的财政政策，进行结构性减税。首先降低公司所得税负，帮助企业度过经济危机难关；其次拉动消费，降低增值税率；最后为了救济居民，降低个人所得税负，增加居民可支配收入。与此同时，政府还提高了烟、酒等消费税负，以增加财政收入。烟、酒等消费品并不是居民日常必需品，因而并不至于很大程度上影响居民的日常生活。这一系列税制改革对于刺激消费、拉动经济增长较为有效。2010～2011 年，政府为了解决恶化的财政状况，提出了增税措施，这些措施也确实增加了政府的财政收入。英国政府的税制改革可以说准确及时地反映了英国政府的主张以及国内的经济社会背景，为英国较快地度过金融危机以及日后经济复苏打下了良好的基础。

优点二：减税同时伴以增税，优化税制。

英国政府在金融危机期间采取了有力的减税措施，意在刺激经济，但是也并没有排斥增税措施。增税主要增在消费税方面，在不影响居民日常生活的基础上抑制某些消费品的消费，同时增加财政收入，缓解财政压力。英国政府打出的“减税＋增税”的组合拳，无疑对于英国经济的恢复提供了很大助力。在着眼于缓解金融危机带来的经济压力的同时，这套组合拳还有利于优化税制。英国的税制改革涉及流转税和所得税，有利于税种之间内部调整优化，适当降低所得税负，藏富于民，减轻居民和企业的负担；同时也针对消费税提出增税政策，优化消费税的内部结构，引导合理的生产、消费趋势。

优点三：眼光长远，为金融危机后的经济发展做准备。

2008～2009 年的税制改革虽有对消费税增税的政策，但大多还是减税政策。减税政策一出，无疑会减少政府的财政收入，这对于经济低迷且福利支出巨大的英国来说，是一个噩耗。2010～2011 年，政府颁布了一系列增税政策，主要是考虑到了英国在金融危机后福利制度的可持续性以及挽救恶化的财政，为危机后的经济恢复做准备。同时，政府还致力于提高高收入者的税负，以缩小贫富差距，同时可以增加税收以及提高税收公平和效率。此外，英国政府鉴于 2008 年金融危机的教训，为了抵御金融风险，于 2011 年开征银行税，这也有利于英国金融业未来朝着稳健的方向发展。

11.3　应对欧洲主权债务危机的税制选择

11.3.1　欧洲主权债务危机及其对英国经济的影响

1. 欧债危机产生的根源

2009 年 12 月，全球三大评级公司都下调了希腊的主权债务评级，欧洲各国相继陷入主权债务危机的泥潭，尤以 PIIGS（葡萄牙、意大利、爱尔兰、希腊、西班牙）五国为代表。经济大幅下滑，国家财政债台高筑，同时引发多国罢工大浪潮，整个欧元区面临着成立以来最大的危机考验。欧洲经济还未从金融危机的阴霾中走出，又走进了欧债危机的泥淖。欧债危机是由政府的大量财政赤字引起的，当一国财政不能支撑其举债状况时，便会出现主权违约，债务国不能偿还或者必须延期偿还债务。

金融危机是欧债危机爆发的导火索。金融危机爆发后，欧元区国家为救助金融机构，刺激经济复苏，纷纷颁布了积极的财政政策和宽松的货币政策。也正是这些政策导致政府支出剧增，与此同时，由于经济的低迷，财政收入锐减，导致财政赤字的急剧扩大。

除了金融危机这个外因的短期冲击，欧债危机的根源在于欧元区国家财政政策和货币政策的分化、区域经济发展失衡、经济增长的“非生产性”及自身福利体制的弊端：欧元区国家在统一货币政策下，会大量使用财政政策刺激经济。过度使用财政政策的负面作用就是财政赤字大幅增加；欧元区国家经济发展存在较大的不平衡。希腊是欧元区的欠发达边缘国家，经济增长缺乏动力，长期以来存在贸易逆差和财政赤字，这也是希腊成为欧债危机发源地的原因；一些欧元区国家经济增长长期乏力，加之金融危机的爆发加大了财政压力，使得这些国家入不敷出，从而产生大量财政赤字；高福利政策对于经济低迷的欧元区国家恶化的财政状况来说，无疑雪上加霜。①

2. 欧债危机对英国经济的影响

欧债危机无疑会拖慢欧洲经济复苏的步伐。第一，欧债危机对于欧洲金融体系的打击巨大。截至2011年6月，欧洲五国已经欠债3万亿欧元，其中50%存在违约风险。② 一旦发生违约，这些垃圾债券的持有者将会有很大的损失，欧洲银行业将面临流动性危险甚至发生巨额亏损。第二，欧债危机对于实体经济的打击也是致命的。欧债危机打击了投资者的投资偏好，融资成本上升，间接导致企业的生产成本上升。产生欧债危机的国家本就缺乏经济的有力增长点，

① 高周川．欧元区货币政策与财政政策的冲突与协调［D］．河北大学硕士学位论文，2013.

② 资料来源：证券时报网。

企业生存困难甚至大量倒闭对于这些国家的经济更是一记重锤。第三，欧债危机还会冲击欧元的稳定性，导致欧元贬值。

英国作为欧盟成员方，在欧洲经济遭受重创时必然不能独善其身。2011 年，英国经济增长并未达到预期。英国政府将这一责任归咎于欧债危机。原因在于，英国对国际贸易的依赖性较强，欧洲是英国最重要的贸易市场，其进出口贸易有一半要依赖欧盟国家。英国不是欧元区国家，因而并不是欧债危机的发端国，但由于近年来欧洲经济的一体化发展，其受欧债危机的影响颇大。欧债危机使欧元区国家的经济跌入低谷，自然会极大影响英国对欧盟各国的出口贸易。英国的贸易逆差在不断扩大，2011 年 9 月时已达 98 亿英镑。[①] 欧元区领导人还在欧元区内部倡导贸易保护主义，这对英国的出口贸易来说也相当不利。欧债危机虽然影响到英国的出口贸易，但其对英国金融业的冲击十分有限。英国的苏格兰皇家银行、莱斯银行和北岩银行在金融危机中濒临破产，英国政府对其进行救助，使其成为国有银行，提高了这些银行的资本充足率，降低了风险系数。同时在 2011 年，英国开征银行税，旨在增强金融业的风险抵御能力。这些都使得英国的金融业能有效的抵御欧债危机带来的金融风险。

11.3.2 英国在欧盟主要国家政治博弈中的税制改革策略

1. 英国在欧债危机中扮演的角色

英国是欧盟的重要成员方之一，但它在欧盟中一直处于相对独立的地位。由于历史与地理原因，19 世纪晚期以来，英国一直奉行

---

① 资料来源：经济参考报。

对欧洲大陆事务不干预政策，被称为“光荣的孤立”。英国并非欧元区国家，可以发行自己独立的货币，有利于保持其出口竞争力，拥有自主的财政政策。但这使英国很难真正参与欧洲大陆的事务处理。① 欧债危机爆发以来，英国处于两难地位：自己不是欧债危机的债务国，不想惹祸上身；但又是欧盟成员方，这种角色不允许自己绝对的袖手旁观。英国在欧债危机期间没有积极参与欧盟的救援行动，采取了独立的对欧政策以确保英国的利益不受损害：否决欧盟的财政契约，抵制银行业联盟，甚至提出重新谈判英欧关系。英国不是欧元区国家，因而它坚决反对欧盟全体成员都要参与解决欧债危机；反对只适用欧元区国家的变革。英国担心的是欧元区债务危机会影响到英国经济的发展，更担心的是由债务危机而导致的政治一体化的深化。但无论英国如何反对，都无法阻止欧元区主导的欧盟一体化的进程，同时也无法阻止欧盟体系内的新一轮权利分配。②

英国与欧盟的利益分歧在欧债危机期间更加突出。英国逐渐丧失在欧盟中的地位及主导权。英国在欧债期间对于欧盟若即若离的态度，既是英国对欧盟一贯主张的体现，也是强硬的谋求本国利益最大化的体现。

2. 英国在欧债危机期间的税制改革

（1）2012～2013 年预算案的内容。2013 年的净借款将会降至 980 亿英镑，而在 2012 年这个数字为 1200 亿英镑。

个人所得税方面：从 2012 年 4 月起，个人所得税起征点由现在的年收入 7045 英镑提高到 8105 英镑，2013 年 4 月起再提高到 9205

① 全敏绮．英国脱欧对欧洲经济的影响［J］．科学与财富，2016（22）.

② 杨芳．欧债危机以来英国对欧政策分析［J］．现代国际关系，2013（2）.

英镑，直至2015年达到10000英镑。提高个税起征点将使2400万中低收入者受益。预算案还提出，为减少富人避税现象，对高收入者征收个人所得税的税率也将在2013年起降为45%，相比以前降低了5%。据预测，降低个人所得税率后，政府财政每年对最富裕人群征收的市政税、印花税等其他税款会是现在的5倍。[①]

公司所得税方面：公司税基准税率再降低1%。到2012年4月，公司税将从26%降低到24%，到2013年4月则降到23%，而2014年4月降到22%。

增值税方面：从2012年4月1日起，调整如下，增值税登记的起点从73000英镑提高到77000英镑；撤销登记的起点从71000英镑提高到75000英镑；从其他欧盟成员方进行相关采购的登记和撤销登记的起点，从73000英镑提高到77000英镑。

土地印花税方面：2012年财政预算案规定，某些非自然人购买居住性财产的费用超过200万英镑的，土地印花税税率将为15%。新税率将于2012年3月21日起生效。

税收抵免方面：从2012年4月6日起，企业投资计划对个人的年度投资限额将提高到100万英镑。符合条件的公司，限额为500万英镑。

2012年3月21日，英政府在新财年（从2012年4月1日开始）预算中宣布对价值200万英镑（约合316万美元）以上的个人所购豪华住房征收7%的印花税，对企业所购的此类住房征收15%的印花税。这两项税收政策分别从2012年3月22日和21日起生效。此

---

① 资料来源：央视网。

外，自2013年4月起，在英国拥有价值200万英镑以上住宅类房产的外国企业将需要交纳资本收益税。英国政府还表示将采取措施严格防止购房者进行避税。[①]

2012年1月1日，欧盟推出了航空碳排放税，并于当日起向几乎所有在欧盟境内起飞或降落的飞机征收。欧盟不顾其他国家反对强行征收航空碳排放税，最主要的原因有二：第一，征收航空业碳排放税可获得不少的收入，对于目前深受欧债危机困扰的欧盟各国而言，收入非常可观。据业内人士估计，此项费用一旦开始征收，仅2012年欧盟就可收获12亿美元的资金。第二，此举可以提高欧洲航空业竞争力。让世界各国航空业分摊承担航空业碳排放成本，变相给予欧盟航空公司补贴，降低航空公司的运营成本。[②]

（2）2014年财政预算案的内容。将政府对出口企业的贷款额度提高1倍至3亿英镑，同时贷款利息将降1/3；出台了旨在为制造商降低能源费用的规模达70亿英镑的一揽子计划；政府将冻结对苏格兰威士忌和苹果酒的征税。上述政策旨在拉动英国的出口和制造业的增长。个人所得税的起征点提高至10500英镑；取消针对提取养老金的一切税收。且65岁以上老人有资格购买政府发行的专项养老基金；警察、消防员和救护人员因公殉职的，家属在继承死者遗产时可以免征遗产税。[③]

11.3.3 税制改革评价

英国不是欧元区国家，也不是债务国，因而相比欧洲五国等债务国，受到欧债危机的影响较小。但英国与欧盟其他国家贸易往来

---

① 资料来源：新华网。

②③ 资料来源：国际在线。

密切，占贸易额的一半，因而英国受到欧债危机影响最大的就是出口贸易。欧债危机使得英国的欧洲市场需求低迷，其贸易逆差也随着欧债危机的发酵不断增大。对英国进出口贸易影响较大的税种之一是关税。欧盟成员方之间的进出口贸易不征收关税。欧盟国家之间形成了海关联盟，海关原则已经随着共同关税的推行延伸到贸易政策的所有方面。欧盟国家之间实行统一的对外关税政策，作为成员方之一的英国不能随意修改关税原则，因而就不能通过关税政策来调节进出口贸易。

英国在欧债危机期间的税制改革更多的还是针对于增加财政收入和缩小贫富差距以及刺激经济增长（如促进出口和制造业发展）这几方面，也就是致力于解决金融危机期间带来的恶化的财政问题和低迷的经济发展，以及一直存在的贫富差距悬殊问题。在缩小贫富差距，实现税收公平这方面，政府采用的税收工具还是个人所得税。个税是英国的第一大税种，对个税进行改革，调节力度较大，也较易实现改革目标。但是2012～2013年预算案提出的对高收入者税率降为45%，引起了较多争议：当权者有为富人牟利的嫌疑。但个税税率的降低也会减少富人避税的现象，政府宣称这会增加税收收入。对购买豪华住宅征收的印花税也会增加财政收入以及调节高收入者的收入。

11.4　英国脱欧——税制变革何去何从

北京时间2016年6月24日14点，英国举行的全民“脱欧”公投投票结果正式出炉，公投的最终结果显示英国将会脱离欧盟，其中支持脱欧的票数17410742票，占51.89%，支持留欧的票数16141241票，占48.11%，支持脱欧的票数略多于留欧票数。[①] 这一投票结果，堪称投票史上的黑天鹅事件，因为此前多家权威媒体和统计机构均显示，英国将不会脱离欧盟。当投票结果正式出炉时，整个全球市场措手不及，国际货币、股票、黄金和原油市场均呈现剧烈波动。英国国内无论是精英群体还是普通民众无不担心英国脱欧之后的命运，无论是国家的发展命运还是个人的职业前景，都会面临巨大风险。脱欧对英国会造成全方位的影响，未来英国的经济发展情况、民众就业情况、社会阶层的矛盾冲突等一系列敏感要素，都面临着巨大的不确定性。与此同时，脱欧对整个英国的税收环境也会造成巨大的变革，使其面临着不确定性。

11.4.1 “全民公投脱欧”的背景与意图

从1973年加入欧共体（欧盟前身）算起，英国与欧盟的“婚姻”已经维持43年。而现在两者之间的“婚姻”戛然而止，留给双方许多悬而未决的利益谈判。虽然距离正式脱欧至少还需要2年的过渡期，但是大局已定，欧洲一体化进程毋庸置疑地遭受到严重挫折。

金融危机以后，整个英国社会收入和财富的不平等现象日益加剧，反精英情绪日益高涨，再加上欧盟官僚的负面形象，大量社会阶层尤其是底层民众对欧盟的不满情绪也日渐增长。具体来看，英国和欧盟之间的矛盾集中在以下三点。

第一，欧盟不仅仅是传统意义上的国家联合的国际组织，更在

① 根据人民网相关资料整理：http：//world.people.com.cn/n1/2016/0624/c1002-28476838.html。

于其成员将其主权的主要部分集中在超国家机构中，构成政治一体化。但是内部国家保持着一定的权力平衡，而一直以来，法国和德国才是整合推动欧盟前进的主要动力，伦敦只是扮演传统的参与角色。英国既非申根国家，也非欧元区。而欧元作为欧盟内部政治平衡的货币表现，是许多政策的着眼点，而单独使用英镑的英国面临越来越大的压力，要么加入以德国和法国为主导的欧元区，以便能够影响欧盟更多的决定，要么完全离开欧盟，追求自己的独立。①

第二，英国的政治法治传统是追求主权赋予法治，拥有独立自由的立法权限。英国的法治方式与欧洲大陆法系传统相冲突，尤其是欧盟追寻统一的立法，与英国的大法治传统更是格格不入。以税法为例，英国一直主张坚持自己的公司税收法案，反对欧盟统一企业所得税基的主张。而欧盟一直在致力于推进内部所得税法案的统一，两者对税收立法的权限要求产生了明显分歧。对于英国而言，脱欧意味着英国可以获得更多税收立法和征管的自主权，不再受欧盟统一法律的羁绊。

第三，收入和财富增长的不平衡。在金融危机和欧洲主权债务危机的侵袭下，相较于欧盟内部其他国家，英国经济的自我恢复和自我调节能力更胜一筹，但欧盟政治家赞扬欧洲一体化的好处，大量来自东欧的移民流入英国，对英国底层群众的就业产生巨大冲击，底层劳动力从就业市场中被边缘化，并且伴随着移民的到来社会福利被摊薄。而企业家拥有了更为充分竞争的就业市场可供选择，用工成本降低，实现财富的快速累积增值，整个英国社会贫富差距愈

---

① Miklós Somai and Zsuzsánna Biedermann, Brexit: Reasons and challenges, *Acta Oeconomica*, Vol. 66 (2016), pp. 137 – 156.

演愈烈，财富分配的不平等，导致了广泛的反精英情绪，再加上以税收政策为代表的顶层设计的实现目标不同，如欧盟一直致力于内部统一税制和国家之间的收入公平，反而忽略了各国内部之间的税收调节机制。而这一切矛头都直指欧盟大力鼓吹的一体化和内部要素的自由流动。

除此之外，欧盟内部的官僚问题也愈发严重，对行政指令的条条框框限制得太多。另外，整个欧盟内部的行政负担支出庞大，而且国家间的财富转移也不甚合理，颇有“劫富济贫”的倾向，这些都让英国不堪其扰，各种原因的汇集造就了英国和欧盟的矛盾的集中爆发，脱欧成为了矛盾爆发的火山口。

11.4.2 “脱欧税”的提出与分歧

在英国举行全民公投脱欧的 2 个月前，OECD 秘书长 Angel Gurría 就已经提出了“脱欧税”（brexit tax）的概念，他在英国伦敦政治经济学院发表了题为《脱欧或者留欧：这是一个税收决定》的主旨演讲。Angel Gurría 表示：“英国一旦脱欧，就会像税收那样打击英国公民的幸福和口袋，造成英国民众福利的损失。而且这个税收不是一次性征税，而是要分为很多年，英国人民需要承担多年去支付。”① 然而，与真正的税收不同，“脱欧税”并不会为提供公共服务或缩小财政差距提供资金，它只是纯粹的无谓损失，是没有经济利益的成本。

所以，从严格意义上来说，“脱欧税”并不属于税收范畴，它只是英国选择脱欧以后可能会产生的机会成本或者关联成本。在某些

---

① To Brexit or not to Brexit: A Taxing Decision, Angel Gurría, London, 27 April 2016. http://www.oecd.org/economy/to-brexit-or-not-to-brexit-a-taxing-decision.htm.

方面，英国脱欧会产生巨大的成本，而这些成本的产生或是直接表现为经济的下滑，或是间接表现为其他管理与制度成本的上升，而这些表现形式的最终效果，都将类似税务机关对国内生产总值进行征税，最终都是由英国普通民众负担，造成民众福利的损失。

短期来看，英国经济将受到脱欧以后弱化的信心的打击。而在正式退出欧盟之后，英国与欧盟之间会产生更高的贸易壁垒，劳动力在整个欧盟市场内的自由流动也受到毁灭性打击，资产抛售和风险溢价也急剧上升。到 2020 年，由于贸易、劳务、投资的减少，银行部门的信贷将会减少，私营部门的成本将会增加。OECD 测算英国国内生产总值将比其他（存续的欧盟成员国）的增长速度要低 3% 左右，相当于每户家庭承担 2200 英镑的成本（以今天的价格计算）。[①] 基于目前的情况来看，这些成本仍然具有很大的不确定性。

长期来看，英国脱欧对经济的影响将是全方位的损害，整个经济结构都会面临极大的压力，无论是资本渠道、移民和技术进步潜力的下降，还是劳动生产率将受到外国直接投资下降和技术水平的压制。随着时间的流逝，脱欧负面效应将会进一步显现。OECD 预期到 2030 年，在正常情况下，英国国内生产总值的增速将比其他欧盟国家要低出 5% 以上，而脱欧的成本相当于每户家庭需要承担 3200 英镑（以今天的价格计算）。在更悲观的情况下，这种脱欧税需要承担的数额明显要更大，可能每户家庭会达到 5000 英镑（见

① OECD. The Economic Consequences of Brexit: A Taxing Decision, 28 April 2016. http: //dx. doi. org/10. 1787/888933351163.

图 11－1）。[①]

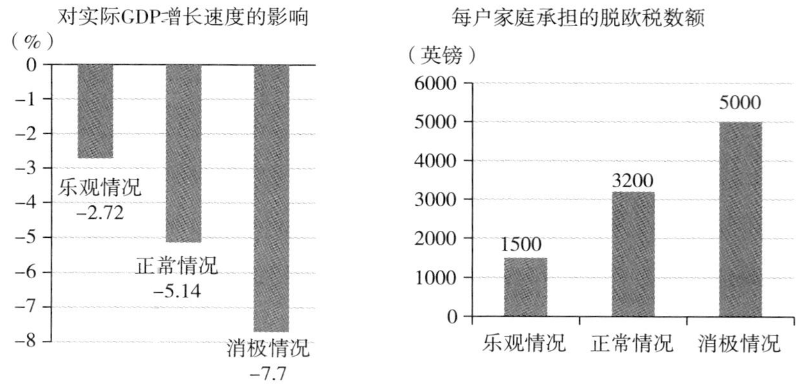

图 11－1　脱欧对于英国 GDP 的长期影响、对于 2030 年 GDP 和承担脱欧税的预测

资料来源：OECD. The Economic Consequences of Brexit：A Taxing Decision，28 April 2016. http：//dx. doi. org/10. 1787/888933351163.

然而，脱欢派却对于“脱欧税”的观点嗤之以鼻。以卡梅伦内阁时期的英国财政大臣奥斯本为代表的反对者在脱欧公投前后就反复强调：英国既要增税节支以稳定公共财政，又要将企业所得税税率从当前的 20% 降到 15% 左右以吸引外来投资。降低税率的目的，是将英国打造成为低税率的“超竞争力经济”，向跨国企业发出信号：即使脱欧，英国依然为跨国企业敞开大门。[②] 在他们看来，英国有能力、有自信应对脱欧之后带来的一系列变数，无论是应对贸易、投资，还是劳务、货币的挑战。所谓的“脱欧税”，只不过是危言耸听。英国将实行独立的税收政策和有远见的货币政策，努力将维持

① OECD. The Economic Consequences of Brexit：A Taxing Decision，28 April 2016. http：//www. oecd-ilibrary. org/economics/the-economic-consequences-of-brexit_5jm0lsvdkf6k-en.

② 梁若莲．脱欧还是留欧的税收纠结［J］．国际税收，2016（9）．

财政稳定和促进经济增长相平衡，提升国际竞争力。这种通过以税治税（脱欧税）的方式，再配以其他措施，最终会抵消脱欧带来的负面效应，重新实现英国的荣光。

11.4.3 “硬脱欧”的自由贸易谈判与税收挑战

2017 年 3 月 29 日，英国已经正式提交脱欧程序；2017 年 6 月 19 日，英国与欧盟正式开启脱欧谈判；2017 年 12 月 8 日，英国与欧盟就脱欧问题谈判取得阶段性成果。双方在“分手费”、爱尔兰边界、双方公民权利这三大核心议题上达成一致，标志着脱欧谈判第一阶段基本结束。[①] 正常情况下，会在两年之内完成脱欧谈判，并且还会有两年左右的过渡期。在下一阶段的谈判重点移民矛盾和贸易政策等更加棘手的问题上，需要谈判各方拿出实用主义原则和谈判的智慧去解决。而关于税收方面的谈判与调整，首先立即需要协商的是双方在自由贸易之中的关税问题，其次才是增值税、所得税和其他税种之间的面临脱欧的协调与调整问题。在全球各经济体中，国家竞争吸引商业投资，通过税收战略实现竞争力是惯用手段。

在关税问题上，英国迫切希望即使在脱欧以后也能实现和欧盟的无关税自由化贸易。英国首相特蕾莎·梅于 2017 年 1 月 17 日在伦敦发表的脱欧方案演说中表态，英国将会积极选择“硬脱欧”的方针，放弃欧盟单一市场准入权，期望与欧盟方面达成“全新的、综合性的、大胆的、充满雄心壮志的自由贸易协定，这项自由贸易协定将允许英国与欧盟成员之间进行最为自由的货物与服务贸易，

---

① 中国网：英国脱欧谈判迈入第二阶段，贸易谈判是硬骨头，2017 年 12 月 18 日。http：//finance. china. com/news/11173316/20171218/31833712. html。

这项协定应当给予英国公司最大的自由，以在欧洲市场进行贸易活动”。[①] 这也意味着英国将会退出欧盟关税同盟。英国既不希望被欧盟共同贸易政策所束缚，也不希望被欧盟共同对外关税框架束缚，关税同盟的条条框框使得英国无法与别国开展贸易协定谈判。而一旦脱欧，英国也将不能再享受欧盟与非欧盟国家的自由贸易协定。所以英国希望能在WTO框架下自由制订关税政策，与欧盟达成关税协定，在退出关税同盟的同时仍然与欧盟进行无关税贸易，同时也要和其他众多非欧盟国家重新谈签自由贸易协定。

但欧盟方面认为双方新的自贸协定和关税协定谈判达成的不确定性正在增加，双边贸易成本将会从新适用的关税和非关税壁垒两方面增加，双方之间的贸易成本将会变得更加昂贵。报关等一系列手续变得复杂，海关行政管理费用将会上升，与原产地规则和合规性评估相关的合规成本也将增加，双方将面临与生产有关的市场准入和效率折损等方面的几项损失。[②] 所以，英国希望重新和欧盟实现无关税贸易，仍然任重而道远。

在增值税方面，脱欧以前，英国和欧盟处于同一个增值税管理系统，内部交易会进行统一审查。而英国一直以来都是将增值税作为和欧盟统一税制相协调的接口，所以增值税基本上和欧盟保持一致。“硬脱欧”较量中，增值税不足以成为谈判的筹码，英国也无意去改变目前有效的增值税体系，至少目前这套增值税体系在应对数

---

① 英国首相特蕾莎·梅于2017年1月17日在伦敦市中心兰卡斯特宫发表了英国具体脱欧方案演讲。http：//www. guancha. cn/europe/2017_01_19_390174. shtml。

② OECD. The Economic Consequences of Brexit：A Taxing Decision，28 April 2016. http：//dx. doi. org/10. 1787/888933351163.

字经济、透明度等方面的挑战还是富有成效。英国增值税税率仍将维持在 20%，另外仍有 5% 的低税率和零税率针对特定商品和特定行为，采用这种简化的低级次税率将提高税制运行的效率和公平性，目前尚未有做出改变税率级次的迹象。可以预见的是，英国会适度扩大增值税零税率和免税商品、劳务或服务的范围。增值税注册标准在 2017 年 4 月 1 日由年营业额 83000 英镑提高到了 85000 英镑，进行了微调，未来可能还会对从欧盟进口的产品在进口环节征收增值税。[①] 总的来说，"硬脱欧"对增值税的影响相对较小，主要还是由于增值税作为中性税种在欧盟内部发展得较为成熟，也符合英国的既有利益，大开大合的改革空间性不大。

在公司税方面，英国政府在财政预算草案中宣布从 2017 年 4 月 1 日起将公司税税率从此前的 20% 降至 19%，计划在 2020 年将公司税率进一步降至 17%。这表明在"硬脱欧"的压力下，政府会追求具有竞争优势和可持续发展基础的税收制度，继续提供稳定的税制环境来支持企业投资，确保英国成为世界上建立和发展业务的最佳场所之一。

另外，欧盟在公司税协调立法方面的几个主要内容：母子公司指令、利息及特许权使用费指令、合并指令等，对脱欧后的英国也将不再奏效。以母子公司指令为例，其规定避免了对同一集团下属的设在不同成员方的子公司双重征税，而如果英国离开欧盟，一家企业集团，母公司和子公司分属于英国和欧盟成员国的情况下，就有可能在利润分配时被双重征税，除非英国和这些国家之间也有类

① HMRC, SPRING BUDGET 2017.

似的防止双重征税安排。这是在“硬脱欧”背景下，英国政府不得不面对的现实问题。[①] 并且一旦脱欧以后，欧盟法庭（ECJ）的对欧盟内部企业跨境所得亏损抵扣的判决也对英国企业不再适用，这引起了部分企业的警惕，高盛就宣布将在英国的业务全部转移到了德国的法兰克福。[②] 这是微观主体对脱欧表现出来的一种刺激性反应。

无论是单方面降低公司税税率，还是独立进行税收协调立法创造有竞争力的税收环境，这种独立税收主权下的税收优惠，却引起了另一部分人的担忧。OECD 税收政策与管理中心主任帕斯卡就指出，英国为抵消脱欧对经济的负面影响，可能会加大税制的优惠力度，将本国变为避税经济体。然而这样做不啻于饮鸩止渴，只会令英国经济增长雪上加霜。与其削减企业所得税率或引入税收优惠裁定，倒不如降低金融服务业的增值税税负，来提高英国税制的竞争力。[③]

采取“硬脱欧”策略，英国重新拥有制订有竞争力税率的自由，英国不会保持统一市场成员国地位，其也不必再遵从欧盟有关“货物、服务、人员流动、资本”这四大要素受缚的法律法规，不必再接受欧洲法庭的裁决，其收回国家直接司法权和立法权，在税收主权上也会更加独立自主。英国的立场是支持国家之间公平的税收竞争，通过鼓励各国建立最大限度减少经济扭曲的均衡税基，推动经济增长和公共部门改革。

---

① 郭红雨．英国脱欧风浪中的税是税非［N］．中国税务报，2016－06－14（B01）．

② 脱欧后前景黯淡，高盛从英国迁往德国法兰克福［EB/OL］．搜狐网，2016－11－10．http：//www. sohu com/a/118582135_119759．

③ 梁若莲．脱欧还是留欧的税收纠结［J］．国际税收，2016（9）．

然而，自由制订税收政策，不意味着可以毫无顾忌，其在对外贸易尤其在日后和欧盟贸易的过程中，对内需要考虑国内便利化贸易和人民福祉的税制公平性和效率性，对外需要警惕欧盟的税收反补贴和反倾销制裁，这对税收政策制订者是一个巨大的挑战。

11.5 BEPS行动计划成果转化与英国的国际反避税实践

为加强全球税收合作，打击国际逃避税，二十国集团（G20）领导人在2013年圣彼得堡峰会上曾委托经济合作与发展组织（OECD）研究税基侵蚀和利润转移（BEPS）问题，34个经合组织成员方、10个非经合组织的G20成员方和17个其他发展中国家共计61个国家参与了这项研究。2015年10月5日OECD发布了这项研究的最终成果，该成果最终以15项行动计划吹响了全球反避税的号角。英国作为G20成员方和OECD成员方，积极参与了这项研究，并且将大量成果应用到国内的反避税实践。

11.5.1 BEPS行动计划在英国的落地成果概述

国际合作是各国应对跨国企业全球避税挑战的唯一途径。BEPS一揽子计划致力于加强国际合作，并将合作的着眼点落实在国际税收规则的一致性、强调经济实质以及提高税收透明度和确定性等几方面。英国为了应对跨国公司的不公平避税和恶意的税收筹划，一直寻求制订有效的国际税收规则，拥护并且致力于推进BEPS项目，维护国家税收权益。在BEPS研究期间，英国政府与德国和法国共向OECD捐助了55万欧元，以确保在BEPS行动计划的研究方面取得进展。在BEPS成果发布以后，英国从国内税法修订、国际税收规则协商、多边法律工具协调等各个方面都开展了富有成效的行动。①

为应对跨国集团利用集团内部利息费用扣除转移利润，根据BEPS第4项行动计划的倡议，英国在国内法上对利息扣除加以限制，引入固定比率规则和集团公司规则，将公司税前可扣除的利息被限制为英国公司息税折旧及摊销扣除前利润（EBITDA）的30%，同时还规定在英国净利息抵扣额不能超过该集团公司在全球向独立第三方负担的净利息费用。②

为应对跨国集团利用各税收管辖区之间的税收制度差异，利用金融工具支付等手段实现收入的双重不征税或者费用的多次扣除等目的，根据BEPS第2项行动计划的倡议，英国明确了混合错配规则和现行的英国境外常设机构规则的关系，阐明了混合错配规则和英国现行的外国常设机构损失扣除规定的关系，明确了时间性差异规定适用于除混合错配和其他错配法条范围以外的情形等。

为应对特许权使用费等无形资产的价值来源与征税的不相匹配等问题，根据BEPS第6项和第8项行动计划的倡议，英国政府改变了对特许权使用费征收预提税的规定，将征收预提所得税的项目扩大到所有为知识产权所支付的特许权使用费，同时引入新的反避税条文，结合主要目的测试规则，规定如果一个英国居民及其关联方以特意享受税收协定为目的而安排的某项特许权使用费支付，将不

---

① HMRC. Tackling aggressive tax planning in the global economy: UK priorities for the G20 – OECD project for countering Base Erosion and Profit Shifting, 19 March 2014.

② Bill Dodwell et al., United Kingdom Budget 2016 announced, Deloitte UK, March 2016. http://max.book118.com/html/2017/0405/98814295.shtm.

得适用税收协定的优惠预提税。①

此外，英国还修改“专利盒”制度打击避税漏洞，旨在提高透明度和有效打击有害税收实践；积极修改转让定价指南，签订《转让定价国别报告多边主管当局间协议》；对在线数字经济中的增值税规定方面，遵循了“利润要在经济活动发生地和价值创造地征税”，要求海外公司需要在英国进行注册等，加强灵活隐蔽的网络经济管理。

11.5.2 “专利盒”制度打击有害税收实践

英国一直致力于消除企业的投资壁垒，为企业创造优质的投资环境，从而实现经济的可持续增长。而税收制度便是实现上述目标的有力抓手，为打造有竞争力的税制环境，英国政府一方面不断降低了公司税的税率，从2010年的28%税率下降到目前的19%；另一方面则是积极推出专利盒制度，专利盒制度促进了伦敦科技城的投资，并推动GSK公司（葛兰素史克）40年来首次在英国建立研发中心，创造了1000个就业岗位。②

英国专利盒制度是基于知识经济与互联网经济时代的融合背景下，对创新型的高科技公司予以支持，对专利或者同等形式的知识产权所产生的利润，适用优惠的10%的公司税率。通过这种差异化的税收待遇，一方面能刺激高科技企业的投资，创造高附加值工作岗位；另一方面能提高英国开发知识产权类专利的水平，并确保现

① HMRC. Tackling aggressive tax planning in the global economy: UK priorities for the G20 - OECD project for countering Base Erosion and Profit Shifting, 19 March 2014.

② 中华人民共和国商务部. 英国“专利盒”政策引发欧委会质疑，英国财政部表示力保. http://www.mofcom.gov.cn/article/i/jyjl/m/201310/20131000361239.shtml.

有的专利在英国进一步发展和商业化，从而推动英国的经济增长。

但是存在许多跨国企业集团，将进行的专利产权成果放在英国国内享受“专利盒”税收优惠，其研发活动并不在英国进行，专利的应用也并不在英国，也就是说其专利成果的产生与英国并没有实质性的联系，并不具备经济实质，这样子做的后果是一方面扰乱了英国正常的税收公平竞争环境，不利于研发活动的长期进行；另一方面其他国家尤其是临近英国的欧盟的国家可能会“以脚投票”，将专利收益转移至英国享受税收优惠，造成了英国与其他国家之间恶性的税收竞争。此类优惠的适用，也违反了英国政府的立法本意。

所以为了有效遏制该行为，英国引入了 BEPS 行动计划中的第 5 项“考虑透明度与实质性因素更有效打击有害税收实践”去修改专利盒制度的运作，有效应对上述问题。

根据 BEPS 的建议，英国在专利法案中首先强调了实质性原则，强调高新技术企业为了享受专利知识产权等税收优惠政策，企业必须要在本国进行实质性的活动，确保应税利润不再被人为地从价值创造地转移至别的地方，确保实质性经济活动是获取所有知识产权优惠制度的先决条件，这是一个基本的指导原则。

确定基本原则之后，在如何去判断企业的专利活动是否该享受英国的专利盒优惠税收制度以及寻求享受的边界上，英国根据 BEPS 计划的倡议，采用了联结法。该方法要求将知识产权利润要分配提供给从事研发活动开发该知识产权的一方，利润与研发活动要进行联结。根据这种方法，企业首先将知识产权资产（如专利）类产品的营业额和费用归结到企业的利润上去，设置一个关联分数去衡量包括在知识产权制度中的来自知识产权的利润比例，如果存在关联方的情况，对于关联方产生的研发费用并不是全额考虑，而是设置了30%的上限。具体的公式为：

$$N = \frac{D + S + U}{D + S + A + R}$$

其中，N代表关联系数，U的取值是一个变量，取（$A + R$）与30% ×（$D + S$）两者之中较小数额；D代表内部研发的直接支出；S代表支付给第三方的研发支出；A代表收购知识产权的支出；R代表关联方的研发支出。

当然，其中还涉及很多支出调整的问题。总的来说，只有当根据上述数据计算出来$N < 1$的时候，企业有资格去享受10%优惠税率。①

目前的这种专利盒修改制度其实只是一个短期的过渡政策，因为迫于欧洲其他国家的压力，根据2015年有害税收实践论坛（FHTP）报告第4章要求，英国目前的专利盒制度最迟会在2021年6月30日之前完全撤销。所以目前修改专利盒的行为只是一个权宜之计，给那些享受优惠税制的企业一个缓冲期，以便留出足够的时间进行调整。

总体来说，适用专利盒优惠制度的公司虽然面临着复杂的研发支出核算工作，需要遵守额外的收入和支出监控规则，但是其仍然可以享受到优惠，促进了英国的投资与研发。并且通过专利盒制度的修改，英国政府又有效打击了企业不正当的避税行为，既维护了本国企业的平等享受优惠制度的权利，又展现了维护国际税收秩序

① HMRC. Patent Box: substantial activities, 22 October 2015. P. 9. https://www.gov.uk/government/consultations/patent-box-substantial-activities.

公平竞争的决心。

11.5.3 混合错配指引草案成果

混合错配是指跨国企业集团利用两个或者两个以上的税收管辖区对同一实体、金融工具或交易等载体所规定的税收制度差异，从而巧妙地实现了双重不征税的目的，获得了不当的税收利益。为应对该项税基侵蚀策略，英国政府于 2014 年 10 月 5 日宣布拟订国内立法，积极采取措施落实 BEPS 第 2 项行动计划《消除混合错配安排的影响》的提议，并在 2014 年秋季报告上公布了一份咨询文件。随后，在 2016 年政府正式公布了混合错配指引草案，同时决定于 2017 年 1 月 1 日开始正式实施英国混合错配成果。

从 2015 年到 2016 年，这 2 年的时间给了跨国企业一个政策缓冲期，以评估这些规则的影响，并在这个过程中可能考虑现实的影响和规则的变化，以期实行一个更加公平合理的税收政策。

根据 BEPS 的研究成果，混合错配主要有三种类型：(1)产生一方扣除，另一方不计收入（D/NI）结果的支付；(2)产生双重扣除结果（DD）的支付；(3)产生间接一方扣除，另一方不计收入结果的支付。① 这些错配产生主要的载体是与金融工具有关的付款或准付款、混合转移、混合实体、双重居民公司等要素，这些要素在交易或研发等行为中产生了错配。

英国混合错配法案中着重解决的是前两种混合错配安排。英国政府将 2016 年财政法案（FA2016）中的第 66/附表 10 关于混合错配的建议纳入了《2010 年度税收（国际和其他规定）法》第 6A 部

① BEPS 第 2 项行动计划《消除混合错配安排的影响》。

分，自 2017 年 1 月 1 日起施行。第 6A 部分总共包含 14 个章节，其中，第 1 章、第 2 章和第 14 章包含了整个关键术语的定义，第 3～10章分别针对特定类型或其他类型的混合错配，第 13 章包含了与混合错配相关的反避税规定，剩余的 2 章是一些相关的补充信息。①

立法针对特定类型的错配，列出了满足每一种错配所适用的类型，以及针对该种错配在所得税的范畴上做出何种调整来抵消其影响，这些反制措施包括不允许跨国公司的扣除，或在英国征收税款，税款的金额代表错配所产生的不当利益金额等。

另外，根据第 2 项行动计划的建议，英国在对混合错配规则制定时，也采取了有个先后顺序的反应和防御性规则。针对第一种类型的混合错配（D/NI），首先的反应是拒绝支付方扣除，其次防御性规则是计入一般性收入；针对第二种类型的混合错配（DD），首先的反应是拒绝母公司和税收居民扣除，其次防御性规则是拒绝支付方扣除，这两者还是存在一定区别。

立法还包括处理涉及常设机构的混合错配安排的规则。因为公司常设机构通常被用作税收筹划安排中混合实体的替代方案，提供了类似的错配机会。法案主要阐明混合错配规则和英国现行的外国常设机构损失扣除规定的关系。对于境外常设机构的超额扣除，只要这些亏损不用于抵减第三方企业的利润，都允许在英国境内扣除

---

① HMRC. Hybrid and Other Mismatches-draft guidance, March 2017, p. 9. https://www.gov.uk/government/consultations/hybrid-and-other-mismatches-draft-guidance.

该企业的其他类型的利润。[①] 当然这部分的错配解决机制，还需要联系 BEPS 第 7 项行动计划关于常设机构判断的要素等去综合解决。

所以总的来说，混合错配规则的引入是英国积极落实 BEPS 成果的体现，确保跨国实体不再从错配安排中获得税收优惠，包括混合型实体或混合型金融工具产生的税收优惠，维护了英国税制的公平与权威，值得其他国家去借鉴。

11.5.4 转移利润税简介

转移利润税（diverted profit tax），旨在打击跨国公司通过人为设计的交易将利润转移出英国，从而侵蚀英国税基的行为。由于谷歌公司采用的“爱尔兰三明治”避税模式也在该税种打击范围内，因此媒体又形象地将该税种称为“谷歌税”。但是，“谷歌税”并非仅是针对谷歌公司或网络公司征收的税种，所有通过人为交易将利润转移出英国的跨国公司都可能被征收“谷歌税”。[②]

从 2014 年 12 月提出转移利润税草案，到 2015 年 4 月 1 日该税种正式生效，中间不过寥寥数月，也间接反映出英国政府对强烈打击避税行为的迫切程度。目前转移利润税的最新发展动态是英国皇家税务和海关总署于 2015 年 11 月公布了《转移利润税—指南》，替代了之前施行的临时法案，并增加了一些新的规定。

具体来看，转移利润税适用于对 2015 年 4 月 1 日以后产生的利润进行征税，主要解决以下几种情况：

（i）跨国公司在英国开展营利活动，却通过不当安排使自己避

---

① 易明翔 何振华．落实 BEPS 计划：G20 国家在行动［N/OL］．中国税务报，2016－10－11（B01）．

② 张滢．对英国开征“谷歌税”的述评与思考［J］．国际税收，2015（5）．

免在英国构成常设机构，从而规避英国公司税；

（ii）虽然在第（i）项上已经构成常设机构，但是跨国公司通过使用代理人安排或者利用缺乏经济实质的交易安排与实体，通过支出或集团内的收入转移来达到税收的混合错配效应，实现不在英国征税。①

在上述几种情况下，跨国公司虽然可能在英国实现利润或者产生的利润与英国发生实际联系，但是却可能导致该笔利润在英国避免缴纳税款。所以英国税务机关会加强从严监管与征管。在操作上，转移利润税有自己单独的一套体系，包括通报制度、评估制度和税款支付制度。在时间上，跨国公司需要在本年会计年度结束之日起的3个月内通知英国税务机关，说明本企业在该会计年度内可能符合的税务机关要求的针对转移利润税的条件。如果公司没有履行告知的义务，将会面临税收处罚。截至2016年3月31日或之前的会计期间，通知期延长至6个月。

在税率设置上，转移利润税的基本税率是25%，而英国公司税的正常税率却只有19%，应缴纳的转移利润税额公式为：

应纳税额 = 应税利润 ×25% + 该笔应税利润的校准利息②；

另外，如果跨国公司转移的利润是专用于石油、天然气这类特定行业产生的，即前文所述的“篱笆圈利润”，那么对该类利润需要征收转移利润税的特定税率便高达55%。由此可见，转移利润税并

---

① HMRC. Diverted Profits Tax：Guidance，30 November 2015，p.4. https：//www.gov.uk/government/publications/diverted-profits-tax-guidance.

② 根据英国2015年财政法案，校准利息是指应税利润从应税会计年度结束6个月后起，至征税公告发布时所产生的利息。

不是一个常规的税种，其带有一种惩罚性和震慑性的意味，可以说是对公司税的一种救济措施。

转移利润税虽然是英国国内单方面开征的税种，但是从 BEPS 行动计划的角度看，它是英国政府为避免大型跨国企业集团通过转移英国国内的利润而侵蚀英国税基所采取的积极行动，其处理的手段多是借鉴 BEPS 行动计划里的提议，且是多项提议的融合，所以转移利润税是英国政府落实 BEPS 行动计划的生动写照，是将国内税制环境需求和国际税制规范典型相结合的一个创新。

11.5.5 英国统一报告标准（CRS）的落地

国际税收管理在很大程度上受制于跨境涉税信息的获取。因此，税收情报交换，尤其是本国居民在海外的金融账户涉税信息的交换，对于各个国家打击本国纳税人利用海外金融账户跨境逃、避税行为至关重要。

当前世界范围内实施的金融账户涉税信息交换主要有两种模式，一种是美国单方面推出的《海外账户税收遵从法案》，又称 FATCA 法案，是美国与其他国家的双边信息交换，该法案旨在帮助美国政府打击美国富人的海外逃避税行为。

另一种便是由 OECD 主导完成并向全球推广的金融账户涉税信息自动交换标准，该标准是受二十国集团（G20）委托，并于 2014 年 7 月发布。其主体内容是主管当局协议范本（Competent Authority Agreement），包括正文和附件两个部分，附件则包括了统一申报标准（Common Reporting Standard）和尽职调查标准，由于这两个标准是金融账户涉税信息自动交换标准的核心[①]，因此也用 CRS 去代表 OECD 的金融账户涉税信息交换。截至 2017 年 11 月 17 日，已有 102 个国家和地区承诺于 2017 年和 2018 年实施金融账户涉税信息交换。[②]

英国一直是致力于实现税收信息自动交换的国际先行者，CRS 是英国政府打击海外逃避税的大战略中的重要组成部分。对于英国而言，CRS 只是其参与全球金融涉税信息互换的一部分。英国基于 FATCA 法案与美国进行信息互换，英国与其皇家属地、海外属地间有单独的信息交换协议（CDOT 协议），同时英国也按照 DAC 指令——欧盟国间行政合作指令来适用 CRS（英国脱欧以后如何对待 DAC 态度尚未明朗）。[③] 因此，国际税收信息自动交换（AEOI）对英国而言是个大概念，包括 CRS，以及上述提及的 FATCA、CDOT 和 DAC。

英国的 CRS 于 2016 年正式生效，并且根据约定，英国税务机关将会在 2017 年 9 月与相关国家进行首次金融账户涉税信息交换。在具体操作上，通过颁布《国际税收遵从条例》，英国税务机关对 CRS 的相关事项和相关条款作出了定义，包括“金融机构”和“报告账户”等，确定了金融机构应该将相关信息报送税务机关的义务，还提出了包括尽职调查和报告的具体要求以及金融机构违反这些义务

---

① 杨志清，何杨．国际税收理论与实务［M］．北京：中国税务出版社，2016：241.

② 还有部分国家或地区虽然不在这 102 个国家之列，但是也已经承诺在 2019 年或者 2020 年进行首次信息交换，根据 OECD 官网的最新显示，阿尔巴尼亚（2020 年）、马尔代夫（2020 年）、尼日利亚（2019 年）、秘鲁（2019 年）承诺在相应年限会首次交换金融账户涉税信息。OECD. The 2017 Global forum plenary meeting：statement of outcomes.

③ 刘天永．全球 CRS 实施近况之：英国（篇），2017 年 4 月 11 日发表于个人搜狐博客 http：//www. sohu. com/a/133206381_665862。

时面临的处罚等。此外，税务机关还特意列出了免予接受调查的账户及相关适用的条件。

值得一提的是，英国在 CRS 规定当中并没有对高净值个人的资产判定标准作出一个固定的范围限定，而是根据每年的财政预算情况对资产数额标准进行调整。在 2016 税务年度中，凡是净资产数额超过 2000 万英镑的个人即属于高净值个人，全国有 6500 人划为高净值人士，占到全国纳税人数量的 0.02%。2017/2018 纳税年度，这一门槛将会降低至 1000 万英镑，这就意味着更多的人将会被纳入高净值人群中来①，从中也可以表明英国政府对打击全球逃避税的强力态度。

正如前文所说，英国 CRS 在税收情报交换中与 FATCA、CDOT、DAC 等相互配合，互通有无，加强全球税收合作提高税收透明度，编织了一张天罗地网，打击利用海外账户跨国逃税和不合理避税的行为。CRS 和 BEPS 两者看起来相互独立，但是却密不可分。BPES 主要打击跨国集团通过非法逃税和激进的税收筹划进行避税等侵蚀本国税基的行动，而打击这些活动信息的获取可以认为是核心的内容，所以 CRS 可作为 BEPS 行动计划的辅助手段之一，即提高税制运行透明度，而这与 BEPS 第 5 项行动计划（考虑透明度）和第 13 项（转让定价文档和国别报告）是不谋而合的。预计未来，英国政府 CRS 信息交换的深入开展，对于 BEPS 行动计划的打击效果会如虎添翼。

① 《1/3 的高净值个人已被反避税调查，CRS 开始在英国发力》，见自媒体微信公众号：科林的税言碎语。

11.6 新型国际协调与合作：英国全球税收治理的前行方向

11.6.1 杭州 G20 峰会与英国税收发展趋势

1. G20 峰会税收相关内容

2016 年 9 月 5 日，G20 峰会在杭州圆满落幕。大会通过了《二十国集团领导人杭州峰会公报》，并达成了创纪录的 29 项协议，对于世界的发展具有里程碑意义。其中大会在加强国际税收治理，构建全球税收新秩序等方面进行的探讨和达成的共识，引领了未来国际税收的发展走向，成为全球国际税收治理纲领的指引性文件。

现将《二十国集团领导人杭州峰会公报》（第 19 段国际税收部分内容）摘抄如下：

我们将继续支持国际税收合作以建立一个全球公平和现代化的国际税收体系并促进增长，包括推进正开展的税基侵蚀和利润转移合作、税收情报交换、发展中国家税收能力建设和税收政策等，以促进增长，提高税收确定性。

我们欢迎建立二十国集团/经合组织税基侵蚀和利润转移包容性框架，以及在日本京都召开的第一次会议，支持及时、持续、广泛落实税基侵蚀和利润转移一揽子项目，并呼吁所有感兴趣但尚未就税基侵蚀和利润转移项目作出承诺的国家和税收辖区作出承诺，并平等参与该框架。

我们鼓励各国和国际组织帮助发展中国家进行税收能力建设，并对国际货币基金组织、经合组织、联合国和世界银行共同成立的新的税收合作平台表示认可。

经合组织与二十国集团成员共同提出的关于识别在税收透明度方面不合作辖区的客观标准建议。我们要求在2017年6月前向我们报告各辖区在税收透明度上取得的进展，以及税收透明度与情报交换全球论坛将如何管理国别审议进程，应对各国提出的补充审议要求，以便经合组织在2017年7月二十国集团领导人峰会前准备一份尚未在落实国际税收透明度标准上取得满意进展的辖区名单。对列入名单的辖区将考虑制定防御性措施。

我们支持亚的斯税收倡议的原则。我们认识到非法资金流动对各国经济都会产生巨大负面影响，并将继续推进二十国集团在这方面的工作。

G20峰会关于税收方面的成果主要有三个：第一达成构建全球税收新秩序的广泛共识；第二打击跨国逃避税，建立BEPS包容性框架引领国际税改；第三提高税收透明度，加强税收能力建设。

2. 英国税收大事件及税收发展趋势

我们从英国政府近几年来颁布的税收政策来看，英国政府较为重视削减财政赤字，推进预算平衡，这也被政府看作是恢复英国经济的关键。近几年，英国在国内税收政策改革方面主要针对个人所得税、公司所得税和增值税等。政府不断提高个人所得税的起征点，除了考虑到影响个人所得税起征点的因素在不断变化以外，还重点考虑到降低个人税负、增加个人可支配收入有助于促进消费。在公司所得税改革方面则主要考虑到降低税率会有助于促进经济发展，增加投资。从根本上来看，这些税收政策并不仅仅是为了解决英国目前遇到的经济问题，更是为了英国经济的长期良性发展。

（1）英国税收大事件。2015年4月1日，英国将开始征收“谷歌税”——转移利润税。转移利润税的税率为25%，但是只适用年度总收入超过3.76亿美元的企业。“谷歌税”针对以下两种行为：第一种是跨国公司通过各种筹划安排避免在英国构成应税实体，具体是指英国非居民企业在英国存在大量的销售活动，但却人为规避其在英国构成常设机构的情况。第二种是跨国公司在英国的子公司或常设机构，利用缺乏经济实质的交易或安排将利润转移到英国之外的情况。在判断交易和安排是否缺乏经济实质时，采用第一种情形中提到的“实际税收错配”标准。①

2015年12月9日，英国在公司所得税法新政中将专利盒的有关条款按照经合组织关于“有害税收实践”的最低要求做了重大修改，并进行了说明。英国的专利盒政策开始实施于2013年4月，该政策是英国政府经济增长计划的组成部分，意在激励英国企业专利商用化而做出的税收减免政策。② 因为英国专利盒政策的实行，引发了欧盟国家之间的税收竞争，对德国威胁最大。在国际压力下，英国政府才决定于2021年6月废止专利盒政策，并于2015年修改了专利盒政策。

英国已经于2015年9月30日依照FATCA完成了与美国的第一轮自主信息交换。英国在落实CRS方面一直处于领先地位。2012年9月12日，英美签署FATCA法案下信息交换的协议，与美国进行信息交换。根据财政法案（2013）第222条，英国财政部可以按照与美国签署的协议为落实FATCA制定行政法规，也可以按照与其他国家签署的类似于因FATCA与美国签署的协议来制定行政法规。尽管

① 张滢．对英国开征“谷歌税”的评述与思考［J］．国际税收，2015（5）．

② 赵书博．中国与欧洲各国“专利盒（Patent Box）”制度比较研究［J］．会计之友，2015（5）．

CRS出台于2015年7月15日，英国预见性的立法已经为英国在其境内仿照FATCA落实CRS打下了良好的法律基础。同时，该法授权英国税收海关总署，其有权要求相关金融机构在特定时间、以特定形式向其提供信息；同时授权其制定实施行政处罚的条款。2015年3月24日，在英国进行首次英美信息交换之前，英国税收与海关总署出台了行政法规《国际税收合规法规》。该法规效力涵盖CRS与多边主管当局协定，对CRS于2016年1月1日生效。①

2015年12月14日瑞士联邦议会批准从2018年开始实施银行税务信息自动交换。届时，凡在瑞士拥有银行账户的人员，其相关信息都将列入自动交换信息系统。同时，瑞士议会批准经合组织制定的自动信息交换新标准以及税收征管互助公约。②

英国政府在2016年新财年计划中提出：个人所得税起征点将从今年4月的11000英镑调整到明年4月起的11500英镑，而40%较高税率的起征点也由2016年4月起的42385英镑提升至2017年4月的45000英镑。等到2020年起征点或将调整至12500英镑。近期，英国首相梅公开承诺，2020年英国公司税率将会下调到17%，甚至是全球二十大经济体中最低的15%。③

2016年11月24日，经合组织公布了《落实租税协定相关措施避免税基侵蚀与利润转移》（以下简称多边公约）。至此，BEPS行动计划的全部内容全部推行完毕。可以预见，二十国集团（G20）将在2017年7月德国汉堡峰会上，继续促进BEPS行动计划最终成

① 刘天永．全球CRS实施近况之：英国（篇）[EB/OL]．搜狐网，2017-04-11.

② 资料来源：http://www.ctax.org.cn/xmt/zzswx/201601/t20160127_1032963.shtml。

③ 资料来源：http://www.juwai.com/news/169198_1.htm。

果的转换。[①]

2017 年 4 月 25 日，英国政府公布了《2017 年国际税收遵从条例（修订）》，并于 2017 年 5 月 17 日正式生效。条例增加和修订了有关全球金融账户涉税信息交换的规定，其中给予税务海关总署权利下达纸质通知来要求金融机构和其他代理机构在特定期限内提交信息，明细处罚措施和罚金计算方法，精化了反规避条款的措辞，并在附表中增加了数个定义。

（2）英国的国际税收趋势。

趋势一：应对国际税收新挑战，加强国际间税收合作

当前国际经济瞬息万变，许多新技术、交易方式、避税手段的兴起对于避免双重不征税，塑造公平的国际税收新秩序提出了严峻的挑战。如何加强国际间的税收合作，避免税基被侵蚀也已经成为英国的当务之急。近年来，英国一直在积极地探索和实践 BEPS 行动计划，并推进 CRS 实施。这些积极的税收实践都在维护国家税收权益，防止税收流失方面取得了一定成效。以英国修改“专利盒”来看，英国为加强国际间的税收合作也做出一定的妥协和利益让步。但是 G20 国家在税收领域的国际协调与合作仍有很大空间。推动当前国际税收规则的主导权逐渐由传统的国际组织（如联合国、经合组织和世界银行）向更具有政治高度的国际机制（如 G20、APEC）转移，是英国等国际大国的重要责任。

趋势二：增加税收透明度

金融信息是税收信息的最重要的组成部分，交换纳税人的金融信

---

① 资料来源：中国税务报。

息对于破除税收信息保密、穿透税收透明，打击避税根基等具有重要意义。瑞士公布2018年开始实施银行税务信息自动交换，各国相应加入税收信息自动加换系统，这意味着税务信息保密时代一去不复返。推动税收情报为基础的信息交换，从国际税收大动向以及英国积极推动CRS落实来看，英国会在穿透国际税收透明度的道路上勇往直前。

趋势三：持续提高国际税收竞争力

目前，国际税源竞争日趋激烈。从2014年12月10日发布法律草案供公众评价，到2015年4月1日起正式实施，英国在如此短时间内力排众议单方面推出“谷歌税”，体现了英国“打击国际逃避税”的逼人态势和坚定信心。近几年来，为了缓解金融危机对英国经济的影响，英国一方面通过降低企业所得税率（已从2008年的28%降低至目前的20%）和推行“专利盒子”等优惠政策来刺激经济、鼓励投资；另一方面为缓解降低企业所得税率带来的财政压力，英国加大了对国际税源的争夺力度。继2016年4月颁布“一般反避税”法案后，2017年4月又推出打击目标更为具体的“谷歌税”，并成为世界上首个宣布将使用BEPS第13项行动计划中的“分国别报告”的国家。这充分说明了英国清楚地意识到，在此轮由“打击国际逃避税”所引发的新一轮国际税源竞争中，必须先下手为强。①

11.6.2 “一带一路”倡议与国际税收协调

1. “一带一路”倡议对英国的重要意义

“一带一路”贯穿亚欧非大陆，一头是活跃的东亚经济圈，一头是发达的欧洲经济圈。丝绸之路经济带重点畅通中国经中亚、俄罗

① 张滢. 对英国开征“谷歌税”的评述与思考［J］. 国际税收，2015（5）.

斯至欧洲（波罗的海）；中国经中亚、西亚至波斯湾、地中海；中国至东南亚、南亚、印度洋。21 世纪海上丝绸之路重点方向是从中国沿海港口过南海到印度洋，延伸至欧洲；从中国沿海港口过南海到南太平洋。英国作为欧洲经济圈的重要一环，随着“一带一路”倡议的深入实施，英国经济必然能够在这个新的丝绸之路上焕发新生。[①]

英国与中国的贸易往来可以追溯到 17 世纪，中国向英国大量出口茶叶、香料和丝绸等产品。1953 年，英国的“48 家集团”冲破西方仇华的阻碍，与新中国签署了第一个贸易协议。中国是英国的重要贸易合作伙伴。双边货物贸易额在中国同欧盟国家双边贸易中位居第 2 位，仅次于德国。中国是英国在欧盟外第二大贸易伙伴、第二大进口来源国和第四大出口目的国（见表 11 –5）。[②]

表 11 –5　　2010 ~2015 年中英货物贸易

年份	贸易总额（亿美元）	增速（%）	中国出口（亿美元）	增速（%）	中国进口（亿美元）	增速（%）
2010	501	27.81	388	23.96	113	43.04
2011	587	17.17	441	13.66	146	29.20
2012	631	7.50	463	4.99	168	15.07
2013	700	10.94	509	9.94	191	13.69
2014	809	15.57	571	12.18	237	24.08
2015	785	–2.9	596	4.3	189	–20.2

资料来源：中国海关。

① 资料来源：中国新闻网。

② 中英经贸合作现状，http：//www.mofcom.gov.cn/article/i/ck/201606/20160601334880.shtml?from = singlemessage.

根据中国商务部统计，截至2014年底，英国实际在华投资197美元，在欧盟成员中略少于德国排第2位；2015年当年中国对英国直接投资流量4.03亿美元，中国对英国直接投资存量132.08亿美元，中资企业在英国完成收购兼并（含参股）金额超过400亿美元（不完全统计）。中英贸易合作多样化，已经涵盖基础设施、金融服务、节能环保、汽车航空等多个方面。据悉，2000~2014年，已有逾500家中国企业落户英国，在英国直接投资量达122亿欧元，领先第2名德国69亿欧元、第3名法国59亿欧元，为英国创造约6000个就业岗位。据估计，英国将在未来十年引入超过1500亿美元的中国投资。英国财政大臣奥斯本提出，希望中国在十年内成为英国的第二大出口市场。①

2016年是中英关系“黄金时代”的开启之年。英国与中国的贸易深入合作以及取得的显著成果，已经成为中英“一带一路”合作的经济基础。英国作为“一带一路”倡议的重要参与者，其在金融业、教育、科研等方面的优势，使得英国在“一带一路”倡议中获得了打开更大国际市场的机会。“一带一路”在欧亚地区贯穿了众多国家，这为英国专业服务业参与基础设施项目提供了重要的机遇。英国本国市场极其有限，许多商品依赖出口。英国脱欧以后，出口贸易形式将会更加严峻。中欧班列则会成为促进英国与世界各国贸易往来的窗口。

2. 英国的国际税收协调——基于“一带一路”倡议

中英两国一个是社会主义国家，一个是资本主义国家，其社会

① 石玲雯．数字来解读：中英关系“压舱石”有多牢固！［J/OL］．央广网，2015-10-21.

制度和意识形态不同，两国的经济发展也不均衡，导致两国的税收制度存在很大差异。基于"一带一路"倡议的两国之间的合作必然会涉及许多税收问题。以下是英国基于"一带一路"倡议应该考虑的国际税收协调。

第一，减税趋势下的国际所得税利益分配协调。20 世纪末，世界各国竞相掀起减税浪潮，以应对严峻的国际税收竞争，保护本国的税收利益。进入 21 世纪后，国际金融危机、欧洲主权债务危机等国际性危机给各国造成了不小的经济压力，各国纷纷开始减税以吸收投资，促进经济恢复。近年来，英国的公司所得税税率一直在不断下调，有望在 2020 年降为 17%，甚至是 15%，这在世界各国中处于低税率水平。而我国对于居民企业征收的企业所得税率为 25%，只有高新技术企业和小微企业享受低税率，分别为 15%、20% 和 10%。低税率国家与高税率国家之间的税收利益分配，可以通过签订的双边税收协定得以明确。但是这种所得税的利益分配，是否会影响到"一带一路"倡议的实施，是英国这个所得税低税率国家需要考虑的。

第二，电子商务背景下的国际增值税征管协调。随着全球电子商务的普及，在"一带一路"倡议的合作发展进程中，国际增值税的协调问题凸显。尽管关于增值税的跨境协调原则已经明确，但是无形资产和跨境劳务所涉及的国际增值税协调还存在现实征管问题。①

第三，基于 BEPS 行动计划的"一带一路"国际税收协调。

① 王文静，赖泓宇．"一带一路"战略的国际税收协调［J］．国际税收，2016（4）．

2016年11月24日，BEPS的15项行动计划全部推行完毕。BEPS行动计划基于全球税收治理大背景，对于如何遏制跨国企业避税、侵蚀各国税基以及国家间的税收协调做出了具体的行动指导。英国近年来一直在国际税收方面积极践行BEPS行动计划，对跨国企业恶意避税采取零容忍态度，积极推动税收透明和税收情报自动交换。BEPS行动计划的完整出台，为英国参与"一带一路"倡议，合理处理与贸易往来国家的国际税收协调和合作等问题提出了指导性的意见，能够使英国在全球化深入发展的贸易合作当中，巩固本国税基，防止税基侵蚀。英国的经济发展水平和征管水平都较高，能够较好地打击国际逃避税问题。但各国之间的征管手段不同，征管水平残次不齐，这使得英国在促进境外贸易投资与国际税收协调方面较难做出均衡。

11.7 新一轮全球减税浪潮与英国税改选择

11.7.1 美国联邦税改方案对全球税收秩序的挑战与英国的应对

2017年12月，美国《减税与就业法案》正式签署通过。此次减税改革，通常被称为特朗普税改，包括个人所得税、企业所得税、遗产与赠与税、全球所得征税等方面的改革措施。① 最为令人关注的就是美国联邦企业所得税税率由35%降至21%。美国颁发的以减税为核心内容的税改方案，在整个世界范围内掀起了阵阵波澜。世界各国对此的反映不一，欧盟各国一方面对美国单方面的减税方案嗤

① 关于美国特朗普税改的最新进展和具体内容，详见本系列丛书《美国税制研究》。

之以鼻；另一方面却义无反顾地跟从美国的步伐，在本国大力推进减税方案。如法国新任总统马克龙就计划从降低国内企业所得税的税负着手进行自己的税改施政方案，声称要在5年内减税200亿欧元；英国首相特蕾莎·梅更是大刀阔斧，在英国春季财政预算当中出台了一系列的降低税负的具体措施，努力将英国打造成一个具有税收竞争力的国家。美国的税改方案，犹如推翻了第一块多米诺骨牌，引起了连锁反应，打破了整个世界范围内维持多年的税收平衡，这也间接表明金融危机爆发以来，以量化宽松货币政策作为推动经济复苏主要动力的货币政策在某种程度上的破产。

就英国而言，其对美国减税方案的一系列应对措施，其实只不过是一种外部动力的推动。换句话说，英国此时确定的减税方针只不过是应对英国当期所面临的内政外交窘境的一种必然手段。从外部条件来看，英国脱欧以后，其与欧盟之间的税收竞争，必须要有一个具有强大竞争力的税制去支持，减税只不过是发挥先锋作用，制造一个税收磁力的作用，后续需要构造整个税制的高效化科学化去配合；况且，脱欧以后，在自由贸易方面，英国寻求与欧盟重新签订自由贸易协定，目前欧盟态度并不明朗，但是美国特朗普政府却率先向英国抛来橄榄枝，将英国置于美国贸易合作伙伴的优先地位。所以，从贸易合作方面考虑，美国的减税方案是对英国实现脱欧后打造自由贸易竞争力的一个外在压力，迫使英国政府也采取减税措施去积极应对。从内部情况来看，英国国内由于中东欧移民等因素的影响，国内民众面临的就业压力巨大，劳动力市场呈现不稳定与不均衡化，低素质劳动力输入过多，再加上美国减税促成的资本回流，对英国国内的高素质科技创新型的劳动力吸引力剧增，面临着高素质劳动力流出的压力，需要用税收优惠政策去把高素质人才留住；另外，英国一系列减税方针，尤其是个人所得税，较大程度地向低收入者倾斜，着力提高个体经营者和普通雇员的福利，缓解贫富差距日益扩大的现实压力。

亚当·斯密在200年前就曾经说过，资本不是任何国家的国民。[①] 资本具有逐利性，通过税收政策对资本利润的流向进行吸引是各个国家的正当权益，但是要避免产生恶性的税收竞争。英国近来的一系列动作，包括公投脱欧，单方减税吸引资本流入，是对过去国际经济一体化的步伐迈得过快的一种矫正，至于矫正的结果如何，留待历史的检验，毕竟减税会造成财政巨大的压力，居民可能会承担较重的债务压力或者面临福利降低的损失。

11.7.2　英国春季预算草案的税收趋势

2017年3月8日，英国财政部公布了2017年度的春季预算法案。根据预算法案显示，2016年英国全年经济增长超过预期，GDP增长速度为1.8%，在欧洲主要发达经济体中仅次于德国。由于2016年第四季度经济增长高于预期，英国预算责任办公室（OBR）将2017年GDP增长预测上调了0.6个百分点，调至2.0%。但是预计此后由于脱欧等效应开始显现，经济复苏可能较为缓慢，OBR分别将2018年经济增长速度下调至1.6%，2019年下调至1.7%，此后缓慢回升，2020年经济增长速度预测为1.9%，2021年预测为2.0%。[②]

为了配合中短期的经济发展目标，春季草案里还颁布了一系列

---

① 朱青．国际税收（第七版）[M]．北京．中国人民大学出版社，2016：16．

② HM Treasure，SPRING BUDGET 2017．

的税收实体法规和合规性条例，从中也可以看出英国政府未来的税收发展战略，在全世界新一轮减税浪潮下，英国的税收战略主题也是减税，但是与此同时，英国也针对自己的本国国情设计出特色的税收发展路径，具体来说有以下五点。

第一，降低普通劳动群众的税收负担。英国在计算劳动者个人所得税前扣除的时候会以年度的通货膨胀率为参照，根据通货膨胀程度及时调整扣除额度，此做法考虑了普通群众的购买力水平，能保障普通居民基本生活水平，为民众带来更高的福利。在本年度春季预算案中，英国政府将连续第 7 年以超过通货膨胀的方式增加个人免税额，将其再提高 500 英镑，由此个人免税额达到了 11500 英镑。这种扣除方式考虑了物价的增长，将扣除标准与物价指数挂钩，不失灵活性，惠及了更多的普通劳动者，发挥个人所得税调节收入差距的同时还能保障低收入者的权益，值得其他国家借鉴。

第二，提高从事消极性投资活动的群体的税收负担。总体的减税策略，并不意味着对各个群体都是减税，而是结构性的有增有减。英国政府在降低普通劳动者的税收负担外，还针对通过股息等消极所得获利的个体经营投资者提高了税负。在春季预算案中，规定从 2018 年 4 月起，免税股息限额从 5000 英镑降低至 2000 英镑①，旨在减少个体经营者和普通雇员之间的税收差距，这将确保对普通投资者的税收支持更加有针对性，在继续给予其税收优惠的同时也不至于产生较大的税收差距，避免造成税收带来的扭曲。

第三，打造有竞争力的税制环境，用税收带动投资。英国宣布

① 有关预算草案的具体内容，详见 HM Treasure，SPRING BUDGET 2017。

脱欧以后，英国政府一直在强调打造优惠的税收环境，吸引外国投资，保持竞争力。英国致力于在二十国集团内拥有最低的公司税税率。在春季预算案中，政府将从 2017 年 4 月起将公司税税率降至 19%，并且计划在 2020 年将公司税率进一步降至 17%；除了税率做出优惠以外，为进一步支持投资，英国政府将对企业研发支出税收返还进行程序上的行政变革，以提高税收补贴在该范围内的确定性和简便性，并将采取措施提高中小企业研发税收抵免的意识，保持英国在研发方面的竞争力；在利息预提税上，为了鼓励企业在英国投资，并使其更容易融资，英国政府计划对多边贸易融资交易的债务利息免除预提税，清理英国债务市场发展的障碍，并着手简化其他利息预提税的申请流程，减少企业纳税成本。

第四，重视发挥税收政策的调节指引作用。这种调节作用最主要表现在两方面：一是对环境的调节，二是对居民消费行为的调节。

在环境方面，通过近年来的税收法案可以看出，英国越来越重视构建绿色税制，税制设计更加关注可再生、非可再生能源资源等资源问题，以及全球变暖、大气污染等环境问题。在春季预算案中，政府提出要继续坚持通过碳价支持税帮助能源部门逐渐降低对产生大量碳的能源的依赖。从 2021 年开始，政府将设定碳排放总量，并在以后设定具体的税率，让企业更清楚地了解他们将支付的总价格，降低合规成本。

在居民个人消费方面，政府越来越注重对居民特定消费品目的税收矫正。在春季预算案中，为限制居民酗酒和大量抽烟行为，从 2017 年 3 月 8 日起，政府将会根据零售物价指数的变动，对烟酒的税率作出变动，烟草制品的税率将比零售物价指数基础上的通货膨胀率上涨2%，啤酒、苹果酒、葡萄酒和烈酒的税率也将因此而提高。为应对国民整体日益肥胖的境况，在春季预算案和财政法案当中都具体明确了要对含糖的酒精饮料征收软饮料行业税、应税软饮料等。其中，春季预算中规定每100毫升含糖量为5克及以上的成品饮料的征收率将确定为每升18便士，每100毫升含糖量8克及以上的饮料征收率将设定为24每升便士。[①] 由此也可以看出，英国的税收调节指引作用渗透到社会生活的各个方面，注重全方位的调节。

第五，愈加重视打击逃避税活动，维护税法的权威。正如前文所说，在减税的方针下，为了维护财政的稳定，需要政府一方面开辟新的税源；另一方面则需要从征管入手，从严征管，提高征管技术水平，严厉打击国际逃避税活动。在春季预算案中，英国政府已经宣布将会通过立法手段施行超过35项措施来应对避税、逃税和恶意的税收筹划，并会继续对英国的税收制度进行重大改革。自2010年以来，英国税务海关总署通过应对避税、逃税和不遵从行为，获得了约1400亿英镑的额外税收收入。在全球深入推进BPES合作和税收协调的大背景下，英国政府会积极投身反避税事业，确保在英国产生的利润被更有效地征税。

英国政府将会继续追求具有竞争优势和可持续发展基础的税收制度，同时在减税的大环境下考虑公共财政的支撑力度，确保英国脱欧以后也会成为世界上建立和发展业务的最佳场所之一，尽可能降低英国未来发展的不确定性，致力于将英国打造成更加开放自由具有竞争力的经济体。

---

① 有关预算草案的具体内容，详见HM Treasure，SPRING BUDGET 2017.

附录1：英国2017年财政法案译文（部分节选）[①]

财政法案 2017

第十章

内容

第1部分

直接税和间接税

所得税征收和税率

1　2017～2018 纳税年度征收的所得税

2　2017～2018 纳税年度所得税的主要税率

3　2017～2018 纳税年度所得税的默认税率和储蓄性所得税率

4　2017～2018 纳税年度储蓄性所得的起始税率级距值限额

公司税征收

5　2018 财政年度征收的公司税

所得税：概述

6　工人服务通过中介提供给公共部门

7　可选薪酬安排

8　应税福利：无需转让就可供使用的资产

9　海外养老金

---

① 财政法案原文资料来源：http：//www. legislation. gov. uk/ukpga/2017/10/pdfs/ukpga_20170010_en. pdf.

10 养老金：离岸转账

11 所得税在源头上的扣除

员工股东股份

12 员工股东股份：视为收益

13 员工股东股份：CGT免除的废除

14 员工股东股份：由公司购买

变相报酬

15 通过第三方提供的就业收入

间接税

16 VAT：改装机动车辆等的零税率

17 保险费税：标准税率

18 保险费税：反预防条款

19 航空旅客税：从2017年4月1日起的税率

20 车辆消费税：税率

21 酒税：税率

22 烟税：税率

23 烟税：最低消费税

避税

24 避税计划的推动人：门槛条件等

第2部分

软饮料行业税

引言

25 软饮料行业税

26 “软饮料”和“包装”

27 “准备好的饮料”的意义

应税软饮料

28 “应税软饮料”的含义

29 含糖条件

30 免税软饮料

应税软饮料行业税

31 征收软饮料行业税

32 征税范围：在英国包装的软饮料

33 应税范围：进口到英国的软饮料

34 二级仓储规定

35 纳税义务

36 税率

免税

37 小生产者免税

38 “小生产者”的含义

39 税收抵免

注册

40 注册

41 注册责任：包装商

42 注册责任：生产者

43 注册责任：进口应税软饮料

44 责任人和注册

45 自愿注册：小生产者

46 根据第41，42或43条取消注册

第 2 部分 – ITEPA 2003 第 2 部分的第 10 章最新版

第 3 部分 – 相应修正

第 4 部分 – 生效

附表 2 – 可选薪酬安排

附表 3 – 海外养老金

第 1 部分 – 在英国境外设立的注册养老金计划

第 2 部分 – 养老金收入所得税

第 3 部分 – 有来自外国养老金的英国居民的一次性总付款

附表 4 – 养老金：离岸转移

第 1 部分 – 养老金海外付款收费

第 2 部分 – 养老金转移所得税：境外转移费

附表 5 – 所得税的来源扣除

第 1 部分 – 投资信托或授权投资基金的利息分配

第 2 部分 – 对等贷款的利息

第 3 部分 – 进一步修改和生效

附表 6 – 通过第三方提供的就业收入

附表 7 – 增值税：适用机动车辆零税率

附表 8 – 软饮料行业税征收：返还和超额支付款项

第 1 部分 – 返还

第 2 部分 – 超额支付款项

第 3 部分 – 进一步规定

附表 9 – 软饮料行业税：要求保存记录等：处罚

第 1 部分 – 罚则

第 2 部分 – 评估

附表 10 – 软饮料行业税：上诉和评价

第 1 部分 – 上诉决定

第 2 部分 – 评价

第 3 部分 – 上诉

附表 11 – 软饮料行业征税：补充修正案

财政法案 2017

2017 第 10 章

这项法案是为了赋予某些职责，改变其他职责，修正与国债和公共财政收入有关的法律，并对金融做进一步规定。

［2017 年 4 月 27 日］

最亲切的陛下

我们，陛下最忠实和忠诚的臣民，在英国国会下议院聚集，以提高必要的供给来支付陛下的公共开支，并增加财政收入，自由并自愿决定给予陛下以下提到的几个职务；也因此谦逊地恳求最尊贵的女王陛下在本届议会可以颁布，而且也经过上议院神职议员、世俗议员和下议院的建议和同意，也包括当权者，如下：

第一部分

直接税和间接税

所得税征收和税率

1　2017 ~ 2018 纳税年度征收的所得税

2017 ~ 2018 纳税年度征收所得税

2　2017 ~ 2018 纳税年度所得税的主要税率

2017 ~ 2018 纳税年度所得税的主要税率如下：

（a）基本税率是 20%；

（b）高税率是 40%；

（c）附加税率是 45%.

3　2017 ~ 2018 纳税年度所得税的默认税率和储蓄性所得税率

（1）2017 ~ 2018 纳税年度的所得税默认税率如下：

（a）默认基本税率为20%；

（b）默认高税率为40%；

（c）默认附加税率为45%。

（2）2017～2018纳税年度的所得税储蓄性所得税率如下：

（a）储蓄性所得的基本税率为20%；

（b）储蓄性所得的高税率为40%；

（c）储蓄性所得的附加税率为45%。

4　2017～2018纳税年度储蓄性所得的起始税率级距值限额

（1）ITA 2007第12（3）节规定的金额（储蓄性所得的起始税率）被替代为"£5000"。

（2）第（1）条作出的修订对2017～2018年度及其后的纳税年度有效。

（3）ITA 2007（指数化）关于储蓄性所得的起始税率限额的规定不适用2017～2018纳税年度（但本节不适用于后续纳税年度）。

公司税征收

5　2018财政年度征收的公司税

2018财政年度征收公司税

所得税：概述

6　工人服务通过中介提供给公共部门

附表1规定了通过中介向公共部门提供的工人服务。

7　可选薪酬安排

附表2规定了可选的薪酬安排。

8 应税福利：无需转让就可供使用的资产

（1）ITEPA 2003 修改如下。

（2）在第 205 节（按照剩余费用计算的应纳税所得额：无转让资产）

（a）在第（1）条中，（a）段被替代为

“（a）福利包括可供私人使用的资产，且”，

（b）在第（1）条之后插入

“（1A）在本节及第 205A 节中，‘私人使用’是指雇员或该雇员家庭住宅的成员的私人使用。

（1B）就第（1）条和第 205A 及 205B 节来说，在该纳税年度内可供雇员或该雇员的家庭住宅成员使用的资产，须在全年内被视为可供私人使用除非

（a）在该雇员或该雇员的家庭 住宅成员可使用的年份内的任何时间，使其可供使用所依据的条款禁止私人使用，以及

（b）该年度对其并无私人使用。

（1C）应税福利的成本为

（a）根据第（2）条确定的福利的年度费用，

（b）第 205A 节规定扣除的款项（不属于私人使用资产期间的扣除）。

（1D）在某些情况下，按照第 205B 节（在资产分享的情况下的应税福利成本的减少），根据本条计算应税福利的成本。”

（c）在第（2）条中，（a）段之前的词语，将“可征税的

成本”被替代为“年度成本”。

（3）在205节后插入

“205A 资产不可私人使用期间的扣除

（1）如在有关纳税年度内任何一天，第205（1）节所述的资产不适用私人使用，将根据第205（1C）（b）节作出扣除。

（2）就本节而言，资产在任何一天不可供私人使用，如果

（a）该天在该资产首次提供给该雇员的日期之前，

（b）当天该资产最后一天可供雇员使用的日期之后，

（c）当天超过12小时，资产

（i）不在适合使用的情况，

（ii）正在进行维修或保养，

（iii）不合法使用，

（iv）由具有留置权的人管有，该人不是雇主，也不是与雇主有关的人，不是雇员，不是雇员的家庭成员，不是雇员的住宅成员，或者

（v）使用方式既不是由该雇员或该雇员的家庭住宅成员使用，也不得基于该雇员或该雇员的家庭住宅成员指示使用，或

（d）在那天雇员

（i）履行职业职责情形下使用资产

（ii）除履行职务职责外，不使用资产。

（3）扣除金额通过下面公式给出：

$$\frac{U}{Y} \times A$$

其中：

U 是在纳税年度有关资产无法私人使用的天数，

Y 是当年的天数，

A 是根据第 205（2）节确定的资产福利的年度成本。

（4）第（2）（a）条提述资产首次可供雇员使用的时间是资产可供使用的最早时间，由于雇佣并且财产没有任何转让，供私人使用。

（5）第（2）（b）条提述该资产最后一次可供雇员使用的时间是指该资产可供使用的最后时间，雇佣并且财产没有任何转让，供私人使用。

205B 资产可共享情况下应税福利成本的减少

（1）本节适用于当雇佣相关福利（“应税福利”）的成本是根据第 205 节确定。

（2）对于相关纳税年度的全部或部分，如果同一资产同时可用于多个雇员的私人使用，则其中每一位雇员的应税福利的成本总额应限于根据第 205（2）节确定的资产福利的年度成本。

（3）每名雇员的应税福利成本由第 205（1C）节给予的金额确定，然后以公正合理的方式减少该金额。

（4）就本节而言，如资产可供该雇员或该雇员的家庭住宅成员私人使用，该资产可供雇员私人使用。

（4）在第 365 节（与提供的雇佣有关的福利的扣除）：

（a）在第（1）条中：

（i）删除在（a）段末尾的“and”，并且

（ii）在该段后插入：

“（aa）福利的成本是根据第204或206节确定的，并且”

（b）在第（3）条中，“第204至206节”被替代为“第204或206节”，及

（c）在标题中，“雇佣相关福利”被替代为“某些雇佣相关福利”。

（5）本节修正案对2017～2018年度及其后的纳税年度有效。

9　海外养老金

附表3规定

（a）在英国以外设立的注册养老金计划，

（b）有关海外养老金待遇的付款。

10　养老金：离岸转账

附表4载列有关收取所得税的规定

（a）在海外养老金方面付款

（b）转入符合条件的认可海外养老金计划。

11　所得税在源头上的扣除

附表5规定了所得税在源头上的扣除。

员工股东股份

12　员工股东股份：视为收益

（1）在ITEPA 2003第226A节（金额视为收益）

（a）在第（2）条中，“按照第（3）条计算”被替代为

"等于股份的市值";

(b) 删除第(3)条;

(c) 在第(6)条中,删除"及第226B至226D节";

(d) 在第(7)条中,在"第(1)条"之后插入"(但不是第(2)条)"。

(2) 删除ITEPA 2003第226B至226D节(视为付款)。

(3) 由于第(2)条的规定,在ITEPA 2003中删除以下:

(a) 第479(3A)节;

(b) 第531(3A)节;

(c) 第532(4A)节。

(4) 由于第(2)款的规定,在CTA 2009中删除以下:

(a) 在第1005节中,"员工股东股份"的定义;

(b) 第1009(6)节;

(c) 在第1010(1)节中,"及,就员工股东股份来说,第1038B节";

(d) 在第1011(4)(b)节中,"(但亦见本法案第1038B节)";

(e) 在第1018(1)及1019(1)节中,"及,就员工股东股份而言,第1038B节";

(f) 第1022(5),1026(5),1027(5),1033(5)及1034(5)节;

(g) 第1038B节;

(h) 第1292(6ZA)及1293(5A)节;

(i) 在附表4中,有关"员工股东股份"的条目。

（5）本节所作修订对于由于在相关当日或之后订立的员工股东协议而获得的股份具有效力。

（6）相关当日为2016年12月1日，遵守第（7）条规定。

（7）凡订立员工股东协议之个人收到1996年雇佣权利法案第205A（6）（a）节的通知：

（a）在2016年11月23日，但

（b）在当日下午1时30分前，

相关当日为2016年12月2日。

13 员工股东股份：CGT 免除的废除

（1）TCGA 1992 修订如下。

（2）在第58节（配偶及民事合伙人）

（a）在第（2）条中

（i）在（a）段末尾插入“或”；

（ii）删除（c）段和上述“或”；

（b）删除第（3）至（5）条。

（3）在第149AA节（有限制和可转换的与雇佣有关的证券及员工股东股份）中，第（6A）条被替代为：

（6A）就本节而言：

股份被一个员工获得如果该员工有权使用它们（并且股份在员工获得授权时获得）；

“员工股东股份”是指根据员工股东协议取得的股份，由员工持有；

“员工股东协议”是指员工为员工股东的协议（见“1996年雇佣权力方案”第205A（1）（a）至（d）

节）；

“员工”和“雇主公司”，就员工股东协议而言，指与该协议有关的个人和公司。

（4）删除第236B至236F节（对于员工股东股份的免除）。

（5）在第236G节（放弃雇佣权并非处置资产）第（1）条中，“员工股东协议”被替代为“个人为员工股东的协议”（见1996年雇佣权力法案第205A（1）（a）至（d）节）。

（6）本节所作修订对于由于在相关当日或之后订立的员工股东协议而获得的股份具有效力。

（7）相关当日为2016年12月1日，遵守第（8）条规定。

（8）凡订立员工股东协议之个人收到“1996年雇佣权利法案”第205A（6）（a）节所提述的通知：

（a）在2016年11月23日，但

（b）在当日下午1时30分前，

相关当日为2016年12月2日。

14 员工股东股份：由公司购买

（1）在ITTOIA 2005中，删除第385A节（由公司购买的员工股东股份免征所得税）。

（2）本节修正案对于由于在相关当日或之后签订的员工股东协议取得的个人股份购买有效。

（3）相关当日为2016年12月1日，遵守第（4）条规定。

（4）凡订立员工股东协议之个人收到“1996年雇佣权利法案”第205A（6）（a）节所提述的通知—

（a）在2016年11月23日，但

（b）在当日下午 1 时 30 分前，

相关当日为 2016 年 12 月 2 日。

变相报酬

15　通过第三方提供的就业收入

附表 6 就通过第三方提供的就业收入作出规定。

间接税

16　VAT：改装机动车辆等的零税率

附表 7 载有 VATA 1994 附表 8 的修正案（零税率）。

17　保险费税：标准税率

（1）在 FA 1994（保险费税标准税率）的第 51（2）（b）节中，“10%”被替代为“12%”。

（2）除第（3）条另有规定外，第（1）条所作的修订，对于根据 FA 1994 第 3 部分规定，来源于由保险人在 2017 年 6 月 1 日及以后签订的可征税的保险合同的保费有效。

（3）该修订对第（4）条所指的费用没有效力，除非是根据 FA 1994 第 3 部分规定，来源于由保险人在 2018 年 6 月 1 日及以后签订的可征税的保险合同的保费。

（4）如有关风险的期间于 2017 年 6 月 1 日前开始，保费属于本条内。

（5）在就本节所规定的保险费税额有所增加的情况下适用 FA 1994 年第 66A 和 66B 节（反预防条款）时，有关增幅的公告将于 2017 年 3 月 8 日作出（且“变更日期”将被视为 2017 年 6 月 1 日）。

（6）本节将与 FA 1994 第 66C 节（涉及多个期间的保费）一并

阅读。

18　保险费税：反预防条款

（1）FA 1994 修订如下

（2）在 第66 节后插入：

“66A 税率增加：视为收取某些保费的日期

（1）本节适用于内阁阁员宣布对于保费征税税率的增加的情形，其中保费是在宣告指明的日期（“变更日期”）当日或之后由承保人收到的。

（2）本节适用于公告是否包括增加以外的建议的公告的情形（例如，关于在更改日期之前开始的风险期间的保费）。

（3）第（4）条适用于：

（a）保险合约下的保费由承保人在公布日期当日或之后及更改日期之前收到，

（b）风险期间在变更日期当日或之后开始。

（4）就本部分而言，保费将在更改日期收取。

（5）第（6）条适用于：

（a）保险合约下的保费由保险人在公告当日或之后以及变更日期前收到，

（b）风险承担期限

（i）在更改日期前开始，

（ii）在更改日期第一周年纪念日（“第一周年”）当天或之后结束，以及

（c）保费或其任何部分可归因于在一周年当期或之后

的保险期限。

（6）就本部分而言：

（a）保险期间在第一周年或之后的大部分保费被视为在更改日期当天收到，及

（b）大部分被视为单独的保费。

（7）在决定第（3）（a）或（5）（a）条的条件是否符合时，可适用第68（3）或（7）条的规定，除本节另有规定外。

（8）但第（4）或（6）款适用：

（a）尽管第68节有任何规定或该节下的条款，该条具有效力

（b）根据第68节作出的任何规例具有效力，犹如保险人在更改日期作出的表示保费的保险人的账目的条目一样。

（9）在变更日期收到的按第（6）条处理的保费不得视为因公告所宣布的增加所引起的任何例外情况，应为保险期间的风险在更改日期前开始。

（10）根据本节作出的任何归属须以公正合理的方式作出。

（11）在本节中：

“增加”，在税率方面，包括通过增加对应纳税保险合同的描述来征收税额；

“内阁阁员”的含义与1975年皇室大臣法案相同。

66B第66A节：例外和分配

（1）如该保险费相关的风险属于一类风险，第66A（3）

及（4）条并不适用于保险费，其中就某一等级的风险而言，保险人或保险人代表人在保险开始之日前收到保费。

（2）如该保险费相关的风险属于一类保险，第66A（5）及（6）条不适用于该保费，其中就某一等级的风险而言，保险期间在十二个月以上。

（3）如合约涉及多于一项风险，则在使用第66A（3）及（4）或66A（5）及（6）节时：

（a）第66A（3）（b）或（5）（b）节中风险的参考，须作为任何风险的参考，

（b）就第66A（3）及（4）或66A（5）和（6）节而言，就任何给定风险而可能承担的保费将被视为与风险相关的单独的保费，以及

（c）那些条款然后单独适用每个给定的风险和与之相关的单独保险费，以及

（d）第66A（5）及（6）条所规定的进一步归属须据此作出，

第（1）及（2）及第66A（9）条从而适用。

（4）根据本条作出的任何归属须以公正合理的方式作出。

66 C 税率变动：与一个以上的期间相关的保费

（1）如果法案满足以下条件，本节适用：

（a）修订第51（2）（a）或（b）节，更改较高的税率或标准税率（“有关的税率”），

（b）规定修订条文生效，就本部分而言，就保险人在

特定日期当日或之后（“更改日期”）在可税保险合同下收取的保费具有效力，及

（c）作出规定，除了该修正案外，保险费在保险期间的风险在更改日期前开始。

（2）第（3）条适用，如果可以相关税率征税，就本部分而言保险人在变更日期当日或之后根据可税保险合同收取的保费是：

（a）保险期的部分风险在更改日期之前开始，以及

（b）保险期的部分风险在该日期或之后开始。

（3）就本部及第（1）（c）条而言，保期在更改日期当日或之后开始，由于风险的大部分保费将被视为单独保费。

（4）凡保费是有关税率和无关税率的事项

（a）就第（1）（c）条所述的条文，如果归因于相关税率事项的部分保费是关于某一风险，该保费就被视为与该风险相关，其中保期在更改日期前开始，而且

（b）第（2）条中提述的以相关税率征税的保险费，应作为参考有关税率事项所引致的保费（并且第（3）条是相应地阅读）。

（5）如任何种类的保费不包括在第（1）（c）条所述的例外，则第（2）至（4）条中的任何条文均不适用于该款的保费。

（6）第（4）条并不适用于例外保费（由第69A节所指的

意思）。

（7）根据本节作出的任何归属须以公正合理的方式作出。

（8）在本条中，“有关的税率事项”是指

（a）有关税率为标准税率，为第69（12）（c）节界定的标准税率事项；

（b）有关税率是较高的税率，为第69（12）（d）节所界定的较高的税率事项。

（9）在第（1）条中，任何法案的参考包括根据1968年临时征税法令的具有法定效力的决议案。

（3）删除

（a）第67节（过渡条款），及

（b）第67A to 67C节（由第（2）条插入的第66A及66B节代替）.

（4）第（2）及（3）（b）条作出的修订在2017年3月8日及之后有效。

（5）尽管FA 1994第67A和67C节第（3）条被废除，但这些条款仍然适用于2016年11月23日或之后和2017年3月8日之前收到的保险费。

19　航空旅客税：从2017年4月1日起的税率

（1）在FA 1994的第30节（航空旅客税：税率）中，在第（4A）条（长途运输的税率）

（a）在（a）段中，“£ 73”被替代为“£ 75”；

（b）在（b）段中，“£ 146”被替代为“£ 150”。

（2）本节所作的修订，对于从2017年4月1日或之后开始的乘客的运输是有效的。

20　车辆消费税：税率

（1）1994 年 VERA 1994 附表 1（年度税率）修订如下。

（2）第 1 段（一般税率）

（a）在第（2）小段中（车辆未涵盖附表中发动机油缸容量超过 1，549cc 的车辆），“235 英镑”被替代为“245 英镑”，以及

（b）在第（2A）小段中（车辆未涵盖附表中发动机汽缸容量不超过 1，549cc 的车辆），“£ 145”被替代为“£ 150”。

（3）在第 1B 段（轻型客车的超额累进率）

（a）在（a）段之前的文字中，“多表”被替代为“表”，

（b）在（a）段中，最后插入“及”，

（c）在（b）段中，最后删除“及”，

（d）删除（c）段，

（e）表 1 和表 2 被替代为

CO_2 排放量		税率	
（1）	（2）	（3）	（4）
超过	不超过	降低税率	标准税率
g/km	g/km	£	£
100	110	10	20
110	120	20	30
120	130	105	115
130	140	125	135
140	150	140	150

CO_2 排放量 e		税率	
(1)	(2)	(3)	(4)
超过	不超过	降低税率	标准税率
g/km	g/km	£	£
150	165	180	190
165	175	210	220
175	185	230	240
185	200	270	280
200	225	295	305
225	255	510	520
255	—	525	535，及

（f）紧接着表 2 -

（i）在开始处，“表 2” 被替代为 “表”，和

（ii）（a）及（b）段被替代为

（a）在第（3）列中，在最后两行中，“295” 被替代为 “510” 和，并且

（b）在第（4）列中，在最后两行中，“305” 被替代为 “520” 和 “535”。

（4）在第 1J 段（轻型货车的车辆消费税率），第（a）段中，“230 英镑” 代替 “240 英镑”。

（5）第 2（1）段（摩托车的车辆消费税率）

（a）在（a）段中，“17 英镑” 被替代为 “18 英镑”，

（b）在（b）段中，“39 英镑” 被替代为 “41 英镑”，

（c）在（c）段中，“60 英镑” 被替代为 “62 英镑”，以及

（d）在（d）段中，“82英镑”被替代为“85英镑”。

（6）本节所作的修订，对于2017年4月1日或之后获得的牌照而言，具有效力。

21　酒税：税率

（1）ALDA 1979修订如下。

（2）在第5节（白酒税率），“27.66英镑”被替代为“28.74英镑”。

（3）在第36（1AA）节（普通啤酒税率）

（a）在（za）段（低度数啤酒的税率），“8.10英镑”被替代为“8.42英镑”，以及

（b）在（a）段（啤酒的标准税率）中，“18.37英镑”被替代为“19.08英镑”。

（4）在第37（4）节（高度数啤酒税率）中，“5.48英镑”被替代为“5.69英镑”。

（5）在第62（1A）节中（苹果酒的税率）

（a）在（a）段中（“超过5.5%浓度的起泡苹果酒每百升税率”），“268.99英镑”被替代为“279.46英镑”，

（b）在（b）段中（“非起泡超过7.5%浓度的苹果酒的税率”），“58.75英镑”被替代为“61.04英镑”，及

（c）（c）段（任何其他情况下每百升税率），“38.87英镑”被替代为“40.38英镑”。

（6）附表1的表格被替代为

葡萄酒和类葡萄酒的税率表

第一部分

浓度不超过22%的葡萄酒或类葡萄酒

葡萄酒或类葡萄酒的描述	每百升税额£
浓度不超过4%的葡萄酒或类葡萄酒	88.93
浓度超过4%但是不超过5.5%的 葡萄酒或类葡萄酒	122.30
浓度超过5.5%但是不超过15%的葡萄酒或类葡萄酒	288.65
浓度超过5.5%但是少于8.5%的起泡葡萄酒或起泡类葡萄酒	279.46
浓度为8.5%或考超过8.5%但是不超过15%的起泡葡萄酒或起泡类葡萄酒	369.72
浓度超过15%但是不超过22% 的葡萄酒或类葡萄酒	384.82

第二部分

浓度超过22%的葡萄酒或类葡萄酒

葡萄酒或类葡萄酒的描述	葡萄酒或葡萄酒中每公升酒精的税额£
浓度超过22%的葡萄酒或类葡萄酒	28.74.

（7）本节正案已于2017年3月13日生效。

22　烟税：税率

（1）TPDA 1979修订如下。

（2）附表1中的被替代为

1. 香烟	相当于零售价格的16.5%，加上每千支香烟207.99英镑。
2. 雪茄	每公斤£ 259.44
3. 手卷烟草	每公斤£ 209.77
4. 其他吸烟烟草和咀嚼烟草	每公斤£ 114.06.

（3）本节修正案于2017年3月8日下午6时生效。

23　烟税：最低消费税

（1）TPDA 1979 修订如下

（2）在第6（5）（a）节（修订税率）中，“数额”被替代为“每个数额”。

（3）附表1表格第一行（由第22节代替）被替代为

1. 香烟	一个数额等于高于下列－（a）零售价格的16.5%加上每千支香烟207.99英镑，或（b）每千支香烟268.63英镑。

（4）本节修正案于2017年5月20日生效。

避税

24　避税计划的推动人：门槛条件等

（1）在FA 2014附表34第2部分（达到门槛条件：法人团体和合伙）中，第13A段（解释）中，第（6）至（8）小段被替代为

（6）两名或两人以上的人共同控制法人团体，如果他们共同有权确保法人团体的事务是按照第（5）（a）至（C）小段规定的方式进行。

（7）一个人控制合伙企业，如果该人是合伙的成员并且

（a）有权占该合伙企业的一半以上的资产，或超过一半的收入，或

（b）指示或在日常中控制合伙企业经营的管理。

（8）两人或两人以上的人共同控制合伙企业，如果他们是合伙企业的成员并且共同

(a) 有权拥有该合伙企业的一半以上的资产，或超过一半的收入，或

(b) 指示或在日常中控制合伙企业经营的管理。

(9) 附表36第19(2)至(5)段(关连人士等)适用于第(7)或(8)小段所提及的人，“P”所指即为该人。

(10) 某人对法人团体或合伙企业有重大影响，如果

(a) 不控制法人团体或合伙企业，但是

(b) 能够或实际上对其产生重大影响(无论是否由于合法权利产生)。

(11) 两人或两人以上共同对法人团体或合伙企业有重大影响，如果这些人共同

(a) 不控制法人团体或合伙企业，但是

(b) 能够或实际上对其施加重大影响(不论是否由于合法权利产生)。

(12) 提及某个人作为推动人，是指作为推动人进行业务的人。

(2) 在FA 2014附表34第2部分，第13B to 13D段被替代为

被其他人控制的相关机构被视为达到门槛条件

13B (1) 如果满足条件A至C中的任何条件，相关机构在相关时间被视为满足门槛条件。

(2) 条件A是

(a) 一个人在该人是推动者的时候达到了门槛条件，而且

（b）该人在相关时间控制或者对相关机构有重大影响。

（3）条件B是

（a）某人在控制或者对相关机构有重大影响时符合门槛条件，

（b）相关机构当时是一名推动者，

（c）该人在相关时间对相关机构进行控制或具有重大影响。

（4）条件C是

（a）两人或两人以上的人在其中一人达到门槛条件时，一起对有关机构控制或有较大影响，

（b）相关机构当时是一名推动者，

（c）这些人在相关时间一起控制或对相关机构产生重大影响。

（5）如果第（2）（a）或（3）（a）或（4）（a）小段所指的符合门槛条件的人为个人，则第（1）小段仅适用于门槛条件是相关的门槛条件。

（6）就第（2）小段而言，相关机构是否存在在第（2）（a）小段所提述的时间无关紧要。

控制相关机构的人员视为达到门槛条件

13C（1）如果某人对相关机构进行控制或影响重大

（a）相关机构达到门槛条件，

（b）该人控制的或者有重大影响的相关机构或另一个机构是一个推动者，

该人在相关时间被视为符合门槛条件。

（2）在相关时间内是否存在第（1）小段的有关机构无关紧要。

受同一人控制的相关机构视为达到门槛条件

13D（1）如果

（a）在相关机构符合门槛条件的时候，一个人控制或对其产生重大影响，以及

（b）在当时该人控制的或者有重大影响的相关机构或另一个机构是一个推动者

该人员在有关时间内控制或具有重大影响的相关机构视为在相关时间达到门槛条件。

（2）如果

（a）在相关机构符合门槛条件的时候，两人或两人以上的人共同控制或对其产生重大影响，以及

（b）在当时那些人控制的或者有重大影响的相关机构或另一个机构是一个推动者

那些人员共同在有关时间内控制或具有重大影响的任何相关机构视为在相关时间达到门槛条件。

（3）以下情况无论是否发生，无关紧要

（a）第（1）（a）或（b）或（2）（a）或（b）小段所提述的有关机构于有关时间存在，或

（b）在有关时间存在的有关机构在第（1）（a）或（2）（a）小段所提及的时间存在。

（3）在FA 2014附表34A的第4部分（满足第237A节的条件：法人团体和合伙公司）中，第20至22段被替代为

被其他人控制的相关机构被视为满足第237A节的条件

20（1）如果满足条件A至C中的任何条件，相关机构在237A（2）节的相关时间被视为满足第237A节的条件。

（2）条件A是

（a）一个人在该人是推动者的时候达到了第237A节条件，而且

（b）该人在第237A（2）节相关时间控制或者对相关机构有重大影响。

（3）条件B是

（a）某人在控制或者对相关机构有重大影响时符合第237A节条件，

（b）相关机构当时是一名推动者，

（c）该人在第237A（2）节相关时间对相关机构进行控制或具有重大影响。

（4）条件C是

（a）两人或两人以上的人在其中一人达到第237A节条件时，一起对有关机构控制或有较大影响，

（b）相关机构当时是一名推动者，

（c）这些人在第237A（2）节相关时间一起控制或对相关机构产生重大影响。

（5）如果第（2）（a）或（3）（a）或（4）（a）小段所指的符合第237A节条件的人为个人，则第（1）小段不适用。

（5）就第（2）小段而言，相关机构是否存在在第（2）（a）小段所提述的时间无关紧要。

控制一个相关机构的人员视为满足第237A节条件

21（1）如果某人对相关机构进行控制或影响重大

（a）相关机构满足第237A节条件，

（b）该人控制的或者有重大影响的相关机构或另一个机构是一个推动者，

该人在第237A（2）节相关时间被视为满足第237A节条件。

（2）在第237A（2）节相关时间内是否存在第（1）小段的有关机构无关紧要。

受同一人控制的相关机构视为满足第237A节条件

22（1）如果

（a）在相关机构满足第237A节条件的时候，一个人控制或对其产生重大影响，以及

（b）在当时该人控制的或者有重大影响的相关机构或另一个机构是一个推动者

该人员在第237A（2）节有关时间内控制或具有重大影响的相关机构视为在第237A（2）节相关时间满足第237A节条件

（2）如果

（a）在相关机构满足第237A节条件的时候，两人或两人以上的人共同控制或对其产生重大影响，以及

（b）在当时那些人共同控制的或者有重大影响的相关机构或另一个机构是一个推动者

那些人员在第237A（2）节有关时间内共同控制或具有重大影响的相关机构视为在第237A（2）节相关时间满足第237A节条件

（3）以下情况无论是否发生，无关紧要

（a）第（1）（a）或（b）或（2）（a）或（b）小段所提述的有关机构于第237A（2）节有关时间存在，或

（b）在第237A（2）节有关时间存在的有关机构在第（1）（a）或（2）（a）小段所提及的时间存在。

（4）在FA 2014附表34A的第4部分，第23段（解释）中

（a）在第（1）小段中，“控制”的定义被替代为

“控制”和“重大影响”的定义相同，正如在附表34第4部分（见第13A（5）至（11）段）；

提及某个人作为推动人，是指作为推动人进行业务的人；

（b）在第（2）小段中，“20（1）（a），21（1）（a）及22（1）（a）”被替代为“20至22”。

（5）第（1）及（2）条所作的修订在确定某人是否在三年期间达到门槛条件时生效，其中三年期间的结束点在2017年3月8日或之后。

（6）第（3）及（4）条所作的修订在确定某人是否在三年期间满足第 237A 节条件时生效，其中三年期间的结束点在 2017 年 3 月 8 日或之后的条件。

第 2 部分

软饮料行业税

引言

25 软饮料行业税

（1）软饮料行业税根据本条例征收的。

（2）委员会对征收和管理软饮料行业税负责。

26 “软饮料”和“包装”

（1）“软饮料”指

（a）酒精强度不超过 1.2% 的饮品；

（b）以特定方式配制的液体，液体符合（a）的要求。

（2）液体是以特定的方式制备的，需满足如下要求

（a）用水稀释，

（b）与碎冰结合，或加工成碎冰，

（c）与二氧化碳结合，或

（d）通过一个过程，涉及任何组合（a）段（c）所提述的过程。

（3）在进行罐装、瓶装或以其他方式包装软饮料时

（a）若符合（1）（a）款所写的软饮料条件，则不需要进一步的包装，

（b）若符合（1）（b）款所写的软饮料条件，则该饮料需要进一步进行包装（无需其他准备）。

27 “准备好的饮料”的意义

（1）本部分所述的“准备好的饮料”是指

（a）软饮料符合第26（1）（a）款饮料的条件；

（b）在制造符合（1）（b）条件的饮料而产生的饮料

（i）以特定的方式（见第26（2）条）及

（ii）符合有关稀释比率。

（2）“有关稀释比率”指

（a）按参考资料计算的稀释比率；

（b）在第（3）或（4）款适用的情况下，稀释比率由委员会决定。

（3）本款适用于软饮料包装既不符合稀释比或参考计算的稀释比。

（4）本款适用于

（a）稀释比率，或参考计算稀释比例的信息直接在软饮料的包装上注明，并且

（b）可以合理假定特定的稀释比率或提供的相关计算信息的主要目的或主要目的之一为了避免或减少软饮料行业负担。

（5）委员会可根据规例做出有关条文标准

（a）确定第（2）（b）款的稀释比率；

（b）判断主要目的或主要目的之一是否为避免或减少软饮料行业负担。

应税软饮料

28 “应税软饮料”的含义

“应税软饮料”是指包装饮料

（a）符合糖含量条件（见第29条），及

（b）并非豁免饮品（见第30条）。

29 含糖条件

（1）包装软饮料若含有糖，则符合

（a）加糖，

（b）每100毫升的成品饮料至少含5克糖（不论是否含有添加糖原料）。

（2）在生产的任何阶段如果含有以下成分，则软饮料包装上需有“加糖成分”字样

（a）单糖或二糖；

（b）单糖或二糖的替代品。

（3）如果饮料含果汁、蔬菜汁或牛奶则不需要有“加糖成分”字样。

（4）委员可以根据规定来决定根据其目的是否应被视为果汁，蔬菜汁或牛奶。

（5）凡根据第（4）款订立的规例，包括对欧盟的文书或任何条款的引用，本规例可决定该解释的作用以及是否应被修订。

30 免税软饮料

（1）以下是“免税软饮料”

（a）牛奶饮料，

（b）牛奶替代饮料，

（c）酒精替代饮料，以及

（d）指定用途的软饮料，用于药用或其他指定用途。

（2）“牛奶饮料”是指每100毫升准备饮料至少含有75毫升的牛奶。

（3）“牛奶替代饮料”是指一种软饮料，

（a）至少含有规定量的钙，并且

（b）符合指定的其他条件。

（4）“酒精替代饮料”是指一种软饮料，

（a）类似于特定类型的酒精饮料，

（b）符合指定的其他条件。

（5）“酒精饮料”是指具有酒精度的饮料超过1.2%。

（6）委员会可根据规定进一步确定是否应被视为免税软饮料。

（7）凡根据本款订立的规例，包括对欧盟的文书或任何条款的引用，本规例可决定该解释的作用以及是否应被修订。

应税软饮料税

31　征收软饮料行业税

（1）对软饮料行业征税是针对发生在2018年4月6日之后的应税行为。

（2）第（1）款受第37条（小生产者免税）的约束。

32　征税范围：在英国包装的软饮料

（1）本条适用于在英国境内包装的软饮料（“包装场所”）。

（2）应税行为发生在将软饮料从包装场所移走。

（3）但是

（a）如果从包装场所移走，二次仓储条件满足征税软饮料条件，在二次仓储时应进行征税（情况不再适用第（2）款提及的情况）；

（b）若软饮料可供出售或免费使用发生在根据第（2）款或（a）段规定的应税行为之前，那么在该饮料符合出售条件时征税（而不是根据第（2）款或（a）段的规定）。

（4）本节和第33节的二级仓储条件是指在任何时候，就有关软饮料征税而言，当

（a）在合规仓库中存放，或

（b）运送

（i）从包装场所到合规仓库，或

（ii）兼容仓库，符合第34条规定的相关条件和要求。

（5）本节和第33节中提及的“合规仓库”是指

（a）用于或将要用于储存应税的软饮料，及

（b）有关条件及规定符合第34（a）条的规定。

33　征税范围：进口到英国的软饮料

（1）本节适用于进口到英国的软饮料

（2）就应税的软饮料而言，有应税事宜发生在有关人士接收到软饮料（“第一收件人”）。

（3）但第（7）至（9）款不遵从第（2）款的规定。

（4）进口应税软饮料的首次收货是指这些软饮料首次运送到英国有关人士的营业地点（包括应税饮料是从相关人士英国以外的地方运送到英国境内的另一营业地点）。

（5）“有关人员”是指经营销售应税软饮料的人。

（6）第（5）款中提到的销售包括

（a）批发销售，

（b）零售销售，

（c）在该处所内或附近的处所内销售饮料出售。

（7）第（8）款适用于在首次收取进口应税软饮料，软饮料的交付地点是合规的仓库。

（8）除第（9）款另有规定外，在与进口相关的二级仓储条件不存在（而不是第（2）款的规定）。

（9）若软饮料可供出售或免费使用发生在根据第（2）款或（8）款规定的应税行为之前，那么在该饮料符合出售条件时征税（而不是根据第（2）款或（8）款的规定）。

34　二级仓储规定

委员会可根据规定作出具体规定，针对第32及33条

（a）指明有关场所的具体条件，该场所可以在应税行为发生之前储存应税饮料（见第32（5b）条）；

（b）规定存放的其他条件和要求，即应税的软饮料用于二次仓储条件（见第32（4）条）；

（c）规定运输的条件和要求及应税软饮料用于二次仓储的条件；

（d）规定指定人员提供信息的义务，这与应税软饮料的储存或运输有关。

35 纳税义务

（1）如果软饮料行业的应税行为符合第32（2）或（3）的规定，那么，包装软饮料的人为纳税义务人。

（2）如果软饮料行业的应税行为符合第33（2）或（3）的规定，那么，首次收到软饮料的人为纳税义务人。

（3）如果软饮料行业的应税行为符合第33（9）的规定，那么，首次销售软饮料的人为纳税义务人。

36 税率

（1）软饮料行业税征收

（a）符合较高糖度的应税软饮料的税率为每公升准备好的饮料0.24英镑；

（b）如果不符合较高糖的应税软饮料阈值，每公升准备好的饮料征收0.18英镑。

（2）高糖度是指，应税软饮料每100毫升准备的饮料中至少含有8克糖（无论是否含有添加糖的成分）。

免税

37 小生产者免税

（1）不征收软饮料行业税

（a）第32条规定的应税行为由当日具有资格的小生产者发生

（b）第33条所述的应税事宜，应税的软饮料在相关日子是由小生产者生产的。

（2）若应税的软饮料是由一个人（通过或代表这个人）“生产”的，在

（a）该人的姓名或名称，或

（b）根据授予的许可使用的另一个人。

（3）本条及第38条提到的“有关日期”指就应税而言是指软饮料纳税义务发生日。

征收可收取的软饮料（除本节外）会产生。

（4）“小生产者”定义在第38条给出。

（5）如果该人是小生产者，则该人符合下面的条件才为“合格的小生产者”

（a）根据第45条注册（自愿注册：小生产者），

（b）由于不符合第45（2）（c）条的规定，所以该人不符合该条的注册资格

（自愿注册资格条件：生产者以外的人员包装）。

38　“小生产者”的含义

（1）生产应税软饮料的人如果符合条件A和B则在相关的日期为“小生产者”。

（2）条件A符合

（a）在12个月内生产的应税软饮料数量在26（1）（a）规定之内，

（b）生产者所产生准备饮料的数量在12个月内不超过26（1）（a）的规定数量

（3）如有合理理由相信如下条件，则符合条件B

（a）生产者生产的26（1）（a）规定的应税软饮料的数额将在30天生产，

（b）生产者所生产第26（1）（b）条规定的准备饮料量将

在 30 天内生产，将不会超过小生产者的范围

（4）相关事件是指将饮料从生产地运出。

（5）但是

（a）如果应税软饮料从生产地转移到二次储存地，则相关事件是指转移到符合应税条件的二次储存地；

（b）若符合（4）或（a）规定，应税软饮料在销售或免费使用之前可以使用，相关事件指其达到可使用状态时；

（6）第（2）及（3）款中—“有关 30 天期间”从相关事件起 30 天。

（7）“小生产者门槛”为 100 万升。

（8）本节中提及“生产者的应税饮料”指应税软饮料。

39 税收抵免

（1）委员可依照规定作出相关具体规定。在软饮料行业征税后，

（a）软饮料从英国出口；

（b）软饮料丢失或毁坏。

（2）可作出的条文是

（a）纳税义务人有权享有出口、丢失或损坏软饮料的税收抵免

（b）在该人身上纳税的抵免额应在规定的会计期间。

（3）本条规例可包括

（a）任何享有税收抵免的权利须以生产软饮料为条件，由责任人索赔，并在规定的期限内，可以提出索赔的方式；

（b）任何有权将税收抵免考虑在内的情况，需要符合相关规定的要求；

（c）在特定的情况或特定的决定期限，责任人无权获得税收抵免的期限；

（d）要求提供税收抵免的索赔，以证明和量化的记录和其他文件；

（e）有权要求享有税收抵免的人保留规定的期限和规定的形式的记录和文件以

（f）如有任何要求，撤回税收抵免；

（g）关于软饮料行业征税责任的调整与享有税收抵免权利的拥有或撤回；

（h）关于责任人停止进行软饮料包装 或销售的业务相关的税收抵免的处理

（4）第（1）款（a）款规定的条例可包括在客运上出售或提供应税的软饮料，在英国以外的地方与英国之间经营从而被视为“从英国出口”为目的。

（5）第（1）款（b）款规定的条例可包括应征收的软饮料被视为丢失的情况或为了该段规定的目的被销毁。

（6）在本条中

“责任人”是指根据第35条承担责任的人承担第（1）款所提述的软饮料行业费用。

注册

40　注册

（1）这部分要求委员会需建立和维护登记册。

（2）在本部中，“登记册”是指根据第（1）款所指的登记册，提及注册是在其注册。

（3）登记册可载有委员认为为了收集和管理软饮料业征税而需要的资料。

41　注册责任：包装商

（1）下面的人附有注册责任

（a）在任何月份结束时，该人包装32条规定的应税软饮料；

（b）在任何一天，如果有合理理由相信，从当天开始的30天期间，该人发生32条规定的包装软饮料的活动；

（2）但第（1）款不适用于该人

（a）该人即包装又生产应税软饮料，

（b）该人不负有第42条规定的注册责任。

42　注册责任：生产者

（1）生产应税软饮料的人（“生产者”）负责注册

（a）在任何月份结束时，如果生产者的生产的根据32条规定的的应税软饮料，在12个月内超过小生产者门槛；

（b）任何一天如有合理理由相信生产者生产的根据32条规定的应税软饮料在30天内将超过小生产者门槛。

（2）有关软饮料的“合格金额”是

（a）第26（1）（a）条所指的软饮料的应税行为发生，

（b）第26（1）（a）条所指的准备饮料的应税行为发生。

（3）第（1）款不适用于已经注册的人。

（4）本节中提及“生产者的应税软饮料”指的是应税软饮料由

生产者或与生产者相关的人生产。

43　注册责任：进口应税软饮料

（1）下列人应附有注册责任

（a）在任何月份，在该月内第33条规定的应税行为发生

（i）第一次收到或可供出售的软饮料的负责人，或

（ii）二级仓储条件不再符合规定，该人为应税软饮料的第一个接收者；

（b）在任何一天，如果有合理理由相信，从当天开始的30天期间，第33条规定的应税事件发生，

（i）第一次收到或可供出售的软饮料的负责人，或

（ii）二级仓储条件不再符合规定，该人为应税软饮料的第一个接收者；

（2）第（1）款不适用于已经注册的人。

44　责任人和注册

（1）根据第41，42或43条有可能注册的人必须在通知期结束前通知委员会。

（2）“通知期”为从纳税义务开始的30天内。

（3）委员会发现某人有注册责任的情况（不论该人是否具有据第（1）款责任），委员会必须自该日起登记该人。

45　自愿注册：小生产者

（1）委员须注册该人，若

（a）符合自愿注册资格条件，

（b）根据本条向委员提出注册。

（2）若满足下列条件，可自愿注册

（a）该人生产可收费的软饮料，

（b）该人未根据第 42 条注册，

（c）由该人生产的部分或全部应税软饮料不在英国境内，或由他人包装，

（3）根据第 41 或 43 条注册的人，亦可登记在册。

46　根据第 41，42 或 43 条取消注册

（1）根据第 41，42 或 43 条做出的注册的取消只能按照这一节规定。

（2）就本条而言，某人在特定时间符合相关的“责任条件”，

（a）在上个月底，第 41（1）（a），第 42（1）（a）或 43（1）（a）的条件满足或

（b）在当时符合第 41（1）（b），42（1）（b）或 43（1）（b）条的条件。

（3）委员会须根据第 41，42 或 42 条规定取消个人的注册。如果软饮业行业税

（a）该人请求取消，以及

（b）该责任人在向委员会的申请时间，满足责任条件。

（4）根据第（3）款做出的取消的生效日期为

（a）提出要求的日期，或

（b）委员与本人同意的较后的日期。

（5）委员可根据第 41，42 或 43 条取消某人的注册，如果他们觉得该人不符合责任条件。

（6）根据第（5）款作出的取消，由

（a）该人不再履行责任条件的日期，或

（b）委员与本人同意的较后日期

（7）但委员不得根据第（3）或（5）款取消注册

（5）任何时候生效，除非

（a）该人不再履行责任条件的日期，或

（b）委员与本人同意的较后日期人。

（7）委员会不得根据第（3）或（5）款取消注册，除非

（a）他们确信该人此时不符合责任条件和

（b）在12个月内，根据第41（1）（a）或43（1）

（a），有理由相信该人不会符合相关条件。

（8）委员会可根据第41，42或43条取消某人的注册，如果他们确信该人在登记日期不符合上述责任条件，并且在随后的时间也不会符合责任条件。

（9）根据第（8）款作出的取消，须从注册当日起生效。

47　自愿注册取消

（1）如果委员认为该人不符合自愿注册资格，则可以根据第45条取消个人的注册条件（见该条第（2）款）。

（2）该人不再符合自愿注册资格条件而根据第（1）款作出的取消，须由当日起生效。

（3）若有人主动申请取消，根据第45条，委员会必须取消该人的注册。

（4）根据第（3）款作出的取消，由

（a）提出要求的日期，或

（b）委员与本人同意的较后日期人。

48　注册更正

（1）专员可根据规定纠正相关的记录信息。

（2）委员会根据第（1）款可作出与注册相关的规定。

49　适用，声明等

委员可根据相关条款进行具体的规定

（a）第44条提出的通知的格式和方式（注册责任通知书）；

（b）根据该条要载入或提供通知的资料；

（c）根据第45条提出的申请的格式及方式（自愿注册：小生产者）；

（d）关于电子注册与委员会的应用，通知和其他交流。

50　欺诈逃税

（1）任何人如在明知或了解的情况下，以欺骗性手段逃避（由该人或任何人其他人）软饮料行业的税收，即属犯罪。

（2）第（1）款提到的逃避软饮料行业税，包括在没有权利的情况下获得

（a）根据第39条规定的税收抵免；

（b）附表8规定的税收返还。

（3）任何人违反本条应负有以下责任

（a）在英格兰和威尔士经简易程序定罪，

（i）监禁不超过12个月的期限，或

（ii）罚款不超过20000英镑或应缴纳税款（如果较大）的3倍

（iii）两者兼有；

（b）在苏格兰经简易程序定罪，

（i）监禁不超过12个月的期限，或

（ii）罚款不超过法定最高限额或应缴纳税款的（如果较大）3倍

（iii）两者兼有；

（c）在北爱尔兰经简易程序定罪，

（i）监禁不超过6个月的期限，或

（ii）罚款不超过法定最高限额或应缴纳税款的（如果较大）3倍

（iii）两者兼有；

（d）经公诉程序定罪，

（i）监禁不超过7年的期限，

（ii）罚款，或

（iii）两者兼有。

（4）就第（3）款而言，软饮料行业税款包括逃避和打算逃避的金额

（a）根据第39条规定的税收抵免的金额，以及

（b）根据附表8规定的软饮业返还额。

51　注册失误责任

（1）任何人不遵守第44（1）条的规定（义务注册）即属犯罪。

（2）在根据第（1）款对某人义务注册失误进行审查时，该人应提供证明自己有合理理由造成注册失误。

（3）第（2）款中

（a）某人依靠他人进行注册造成失误，这不是一个合理的理由，除非该人注意避免失误；

（b）如果某人有合理辩解的理由，但该理由被中止，如果在该理由停止后，失误得到补救，没有不合理的拖延，该人被视为继续有理由。

（4）任何人犯本条所订罪行，

（a）在英格兰和威尔士经简易程序定罪，

（i）监禁不超过 12 个月的期限，或

（ii）罚款不超过 20000 英镑或应缴纳税款（如果较大）的 3 倍

（iii）两者兼有；

（b）在苏格兰经简易程序定罪，

（i）监禁不超过 12 个月的期限，或

（ii）罚款不超过法定最高限额或应缴纳税款的（如果较大）3 倍

（iii）两者兼有；

（c）在北爱尔兰经简易程序定罪，

（i）监禁不超过 6 个月的期限，或

（ii）罚款不超过法定最高限额或应缴纳税款的（如果较大）3 倍

（iii）两者兼有；

（d）经公诉程序定罪，

（i）监禁不超过 3 年的期限，

（ii）罚款，或

（iii）两者兼有。

（5）第（4）款中，“潜在损失的收入”为负责人的犯罪行为期

间的应税数额

（a）从该应注册的日期起算，以及

（b）以委员会收到通知的日期结束或以其他方式对该人注册表示通过。

（6）在为第（4）款计算潜在损失的收入时，应该考虑到一个人的潜在的收入损失是可能由另一人的潜在超额支付而平衡的。

（7）就在第154（1）条生效日期前所犯的罪行而言，“刑事司法法案2003”第（4）（a）（i）提到的12个月将被视为参考。

管理与执行

52 缴纳，收取和返还

（1）委员会可根据规定对缴纳、收取和返还软饮料行业税作出具体规定。

（2）根据第（1）款作出的规例可

（a）要求负有法定责任的人按照指定的形式和方式保管账户；

（b）规定根据本部分规定进行注册的人进行返还；

（c）确定期间（“会计期间”）的及征收哪些款项；

（d）就缴付征款的时间和付款方式作出规定；

（e）要求在相应的会计期间按规定计算相应税款；

（f）对会计处理中的错误进行纠正。

（3）根据第（2）（b）款规定具体的规定，关于

（a）参考哪些期间作出返还，

（b）要纳入返还的资料，

（c）时间安排，

（d）返还的形式和方法。

（4）附表 8 载有关于返还和超额支付的规定。

53　记录

（1）专员可根据规定具体要求

（a）记录与软饮料行业征税有关的具体事项

（b）保存指定期间的记录。

（2）根据本条例规定保留记录的责任可能被违反

（a）以任何形式和方式保存它们，或

（b）以任何形式和方式保存其中所载的资料，根据特定条件或例外。

（3）委员会可指示已登记或有责任注册的人根据本部分

（a）保留指定的记录；

（b）在指定期限内保存这些记录。

（4）根据第（3）（b）款作出的指示所指明的期间不得超过 6 年。

（5）除非他们另有规定，否则委员会不得根据第（3）款作出指示，有合理的理由相信，指定保存的记录有助于识别软饮料行业税的欠缴。

（6）根据第（3）款作出的指示

（a）必须以书面形式提供，

（b）必须指明根据第（3）款规定的附表 9 未能遵守的后果，以及

（c）可能被撤销或替换。

（7）附表9规定不遵守本条规定的罚则。

54 进一步规定执法权力

（1）委员会可根据规定进一步规定软饮业征税的权力，包括介入，搜查或扣押的权力。

（2）本条规例可包括

（a）授权介入或检查已使用的与生产、包装、销售、进口或出口应税软饮料有关的房屋的权力；

（b）授权停止，登船和搜查船舶，飞机或其他机动车的权力，离开或留在（a）条所指的房屋；

（c）授权检查和复印（a）段所提述的处所相关的商业文件；

（d）授予检查和取样（a）段所提述的处所相关的软饮料的权力；

（e）扣留及检取违反本部分的具体要求的应课税软饮料；

（f）要求某人提供合理需要的设施以便于海关人员进行检查。

55 上诉等

附表10规定了上诉和审查。

56 补充修正案

附表11载有与行政有关的补充修订。

其他

57 规定：经营业务的人员死亡，丧失工作能力或破产

（1）委员会可根据规定对一人经营出现下面情况时的软饮料行业税的一些规定

（a）死亡或丧失工作能力的个人；

（b）进入破产程序。

（2）本条规例可包括

（a）规定经营业务人通知委员会，他正在经营业务可能发生的事件；

（b）在有限时间内经营业务的人员死亡，丧失工作能力或破产应如何处理；

（c）委员认为为保持本部分连续性合适的其他条文。

58 临时收集软饮料行业税

“1968年临时征税法”第1条第（1）款“累计征税”之后，插入“软饮料行业税”。

一般规定

59 第2部分解释

（1）在本部分

“会计期间”按照第52（2）（c）条解释；

“应税软饮料”具有第28条所给予的涵义；

“委员会”是指收入和海关机构；

“合规仓库”将按照32（5）章节进行解释；

“第一收货人”和“首次收货”饮料，具有第33（2）及（4）条给予的含义；

“HMRC”是指收入和海关机构；

“包装”和“包装”根据26（3）章节进行解释；

“已经可注册的人”具有41（4）节给出的含义；

“准备好的饮料”具有第27（1）条给予的涵义；

关于应课税软饮料的“生产”，按照第37（2）条其中解释；

“有关人士”按照第33（5）条所指明的涵义；

“二次仓储条件”按照32（4）的解释；

“小生产者”具有第38条所给予的涵义；

“小生产者门槛”具有第38（7）条给予的涵义；

“软饮料”具有第26（1）条所给予的涵义；

“糖”是指需要被描述为“糖”的任何东西，指定食品标签义务的目的（见第（3））。

（2）在第30，34，52，53（1）及（2）及54条及附表8第11段中，“指定”是指委员会根据本部分的目的做出具体规定。

（3）在第（1）款中“糖”的定义中，“指定食品标签义务”是指

（a）涉及提供食物或饮料的关于包装的营养信息；

（b）由成文法则，欧盟文书或下属进行立法和；

（c）由委员会为此规定。

（4）2010年CTA第1122条（关联人的意思）适用本部分。

（5）一个人如果包装应税软饮料，

（a）该人包装软饮料，以及

（b）包装的软饮料是应税的软饮料。

60　规定

（1）本部规定

（a）可为不同目的而作出不同的规定；

（b）可能包括附带的，后果性的，补充的或过渡的规定。

（2）本部规定由法定文书作出。

（3）载有根据第54条订立的规例的法定文书可能不成立除非文书的草案已经提交并经下议院决议批准。

（4）载有本部规定的任何其他法定文书可根据下议院决议废止。

（5）第（4）款并不适用于只包含第61条规定的法定文书。

61　生效

（1）除第（2）款另有规定外，本部分在委员会做出决定之日生效。

（2）附表11第3段所作的修正案按照财政部规定生效。

（3）本条规定可以根据不同的目的指定不同的生效日期。

第3部分

（略）

附录2：中英税收协定及议定书内容

一、《中华人民共和国政府和大不列颠及北爱尔兰联合王国政府对所得和财产收益避免双重征税和防止偷漏税的协定》全文[①]

中华人民共和国政府和大不列颠及北爱尔兰联合王国政府

对所得和财产收益避免双重征税和防止偷漏税的协定

中华人民共和国政府和大不列颠及北爱尔兰联合王国政府，愿意缔结对所得和财产收益避免双重征税和防止偷漏税的协定，达成协议如下：

第一条　人的范围

本协定适用于缔约国一方或者同时为缔约国双方居民的人。

第二条　税种范围

一、本协定适用于由缔约国一方或其行政区或地方当局对所得和财产收益征收的税收，不论其征收方式如何。

二、对所得和财产收益征收的税收是指对全部所得或某项所得征收的所有税收，包括对来自转让动产或不动产的收益征收的税收。

三、本协定应适用的现行税种是：

（一）在中国

1. 个人所得税；

2. 企业所得税；

① 资料来源于国家税务总局网站：http：//www.chinatax.gov.cn/n810341/n810770/c1152934/content.html。

（以下简称“中国税收”）

（二）在英国

1. 所得税；

2. 公司税；

3. 财产收益税；

（以下简称“英国税收”）

四、本协定也适用于本协定签订之日后征收的增加或者代替现行税种的相同或者实质相似的税收。缔约国双方主管当局应在合理期限内将各自税法所做出的重要变动通知对方。

第三条 一般定义

一、在本协定中，除上下文另有解释外：

（一）“中国”一语是指中华人民共和国；用于地理概念时，是指所有适用中国有关税收法律的中华人民共和国领土，包括领海，以及根据国际法，中华人民共和国拥有勘探和开发海床和底土及其上覆水域资源主权权利的领海以外的区域；

（二）“英国”一语是指大不列颠及北爱尔兰，包括英国领海以外的、英国根据其大陆架相关法律以及国际法规定可就海床、底土及自然资源行使权利的任何区域；

（三）“缔约国一方”和“缔约国另一方”的用语，根据上下文要求，分别指中国或者英国；

（四）“人”一语包括个人、公司和其他团体；

（五）“公司”一语是指法人团体或者在税收上视同法人团体的实体；

（六）“缔约国一方企业”和“缔约国另一方企业”的用语，分别指缔约国一方居民经营的企业和缔约国另一方居民经营的企业；

（七）“国际运输”一语是指缔约国一方企业以船舶或飞机经营的运输，不包括仅在缔约国另一方各地之间以船舶或飞机经营的运输；

（八）“主管当局”一语，在中国方面是指国家税务总局或其授权的代表，在英国方面是指皇家税务海关总署署长或其授权的代表；

（九）“国民”一语是指：

1. 在中国，任何根据中国法律拥有中国国籍的个人，以及任何根据中国现行法律成立的法人、合伙企业或其他团体；

2. 在英国，任何英国公民，或者不具有其他英联邦国家或领地公民身份且在英国有居所权的任何英属臣民；以及任何根据英国现行 法律成立的法人、合伙企业、社团或其他实体。

二、缔约国一方在实施本协定的任何时候，对于未经本协定明确定义的用语，除上下文另有要求的以外，应当采用协定实施时该国关于本协定适用税种的法律所规定的含义，该国税法对有关术语的定义 应优先于其他法律对同一术语的定义。

第四条　居民

一、在本协定中，“缔约国一方居民”一语是指按照该缔约国法律，由于住所、居所、成立地、管理机构所在地，或者其他类似的标准，在该缔约国负有纳税义务的人，并且包括该缔约国及其行政区或地方当局。但是，这一用语不包括仅因来源于该缔约国的所得或财产 收益而在该缔约国负有纳税义务的人。

二、由于第一款的规定，同时为缔约国双方居民的个人，其身份应按以下规则确定：

（一）应被认为仅是其永久性住所所在缔约国一方的居民；如果在缔约国双方同时有永久性住所，应被认为仅是与其个人和经济关系更密切（重要利益中心）的缔约国一方的居民；

（二）如果其重要利益中心所在国无法确定，或者在缔约国任何一方都没有永久性住所，应被认为仅是其习惯性居所所在缔约国一方的居民；

（三）如果其在缔约国双方都有或者都没有习惯性居所，应被认为仅是其国籍所属缔约国一方的居民；

（四）如果其在缔约国双方都有或者都没有国民身份，缔约国双方主管当局应通过协商解决。

三、由于第一款的规定，除个人以外，同时为缔约国双方居民的人，应被认为仅是其实际管理机构所在缔约国一方的居民。

第五条　常设机构

一、在本协定中，“常设机构”一语是指企业进行全部或部分营业的固定营业场所。

二、“常设机构”一语尤其包括：

（一）管理场所；

（二）分支机构；

（三）办事处；

（四）工厂；

（五）作业场所；

（六）矿场、油井或气井、采石场或者其他开采自然资源的场所；

（七）勘探或开发自然资源所使用的装置或设施。

三、“常设机构”一语还包括：

（一）建筑工地，建筑、装配或安装工程，或者与其有关的监督管理活动，但仅以该工地、工程或活动连续 12 个月以上的为限。

（二）缔约国一方企业通过雇员或雇用的其他人员在缔约国另一方提供劳务，包括咨询劳务，但仅以该性质的活动（为同一项目或相关联的项目）在有关纳税年度开始或结束的任何 12 个月中连续或累计 183 天以上的为限。

四、虽有本条上述规定，“常设机构”一语应被认为不包括：

（一）专为储存、陈列或者交付本企业货物或者商品的目的而使用的设施；

（二）专为储存、陈列或者交付的目的而保存本企业货物或者商品的库存；

（三）专为由另一企业加工的目的而保存本企业货物或者商品的库存；

（四）专为本企业采购货物或者商品，或者搜集信息的目的所设的固定营业场所；

（五）专为本企业进行其他准备性或辅助性活动的目的所设的固定营业场所；

（六）专为本款第（一）项至第（五）项活动的结合所设的固定营业场所，如果由于这种结合使该固定营业场所的全部活动属于准备性质或辅助性质。

五、虽有第一款和第二款的规定，当一个人（除适用第六款规定的独立地位代理人以外）在缔约国一方代表某企业进行活动，且有权代表该企业签订合同并经常行使这种权力，则该人为该企业从事任何活动，应认为该企业在该缔约国一方设有常设机构，除非该人所从事活动仅限于第四款所列活动，按照该款规定，如果企业通过固定营业场所从事此类活动，不会使该固定营业场所构成常设机构。

六、缔约国一方企业仅通过按常规经营本身业务的经纪人、一般佣金代理人或者任何其他独立地位代理人在缔约国另一方进行营业，不应认为在该缔约国另一方设有常设机构。但如果该代理人的活动全部或几乎全部代表该企业，且企业和代理人之间的商业和财务关系不同于非关联企业之间应有的关系，则不应认为是本款所指的独立地位代理人。

七、缔约国一方的居民公司，控制或被控制于缔约国另一方的居民公司或者在该缔约国另一方进行营业的公司（不论是否通过常设机构），此项事实不能据以使任何一方公司构成另一方公司的常设机构。

第六条　不动产所得

一、缔约国一方居民从位于缔约国另一方的不动产取得的所得（包括农业或林业所得），可以在该缔约国另一方征税。

二、“不动产”一语应当具有财产所在地的缔约国一方的法律所规定的含义。该用语在任何情况下应包括附属于不动产的财产，农业和林业所使用的牲畜和设备，有关地产的一般法律规定所适用的权利，不动产的用益权以及由于开采或有权开采矿藏、水源和其他自然资源取得的不固定或固定收入的权利。船舶和飞机不应被视为不动产。

三、第一款的规定应适用于从直接使用、出租或者任何其他形式使用不动产取得的所得。

四、第一款和第三款的规定也适用于企业的不动产所得和用于进行独立个人劳务的不动产所得。

第七条　营业利润

一、缔约国一方企业的利润应仅在该缔约国征税，但该企业通过设在缔约国另一方的常设机构在缔约国另一方进行营业的除外。如果该企业通过设在缔约国另一方的常设机构在缔约国另一方进行营业，则其利润可以在缔约国另一方征税，但应仅以归属于该常设机构的利润为限。

二、缔约国一方企业通过设在缔约国另一方的常设机构在该缔约国另一方进行营业，除适用第三款的规定以外，应将该常设机构视同为在相同或类似情况下从事相同或类似活动的独立分设企业，并同该常设机构所属企业完全独立处理，该常设机构可能得到的利润在缔约国各方应归属于该常设机构。

三、在确定常设机构的利润时，应当允许扣除为常设机构营业目的发生的各项费用，包括行政和一般管理费用，不论其发生于该常设机构所在国还是其他地方。

四、如果缔约国一方习惯于以企业总利润按一定比例分配给所属各单位的方法来确定常设机构的利润，则第二款规定并不妨碍该缔约国一方按这种习惯分配方法确定其应税利润。但是，采用的分配方法所得到的结果，应与本条所规定的原则一致。

五、不应仅由于常设机构为本企业采购货物或商品，而将利润归属于该常设机构。

六、在执行上述各款时，除有适当的和充分的理由需要变动外，每年应采用相同的方法确定归属于常设机构的利润。

七、利润中如果包括本协定其他各条单独规定的所得或财产收益项目，本条规定不应影响其他各条的规定。

第八条　海运和空运

一、缔约国一方企业以船舶或飞机经营国际运输业务所取得的利润，应仅在该国征税。

二、在本条中，以船舶或飞机经营国际运输业务取得的利润包括：

（一）以光租形式出租船舶或飞机取得的利润；以及

（二）使用、保存或出租用于运输货物或商品的集装箱（包括拖车和运输集装箱相关的设备）取得的利润；

上述出租、使用、保存或出租，应为以船舶或飞机经营的国际运输业务的附属活动。

三、第一款规定也适用于参加合伙经营、联合经营或者参加国际经营机构取得的利润，但仅以根据其在联合运营中所占份额比例应归属于该参与方的利润为限。

四、本协定不应影响 1981 年 3 月 10 日在北京签署的《中华人民共和国政府和大不列颠及北爱尔兰联合王国政府关于对航空运输所得相互避免双重征税的协定》中涉及本协定适用税种的相关条款的适用，但如果本协定相关条款规定的待遇更为优惠，则适用本协定规定。

第九条　关联企业

一、在下列任何一种情况下：

（一）缔约国一方企业直接或者间接参与缔约国另一方企业的管

理、控制或资本，或者

（二）相同的人直接或者间接参与缔约国一方企业和缔约国另一方企业的管理、控制或资本，两个企业之间商业或财务关系的构成条件不同于独立企业之间商业或财务关系的构成条件，并且由于这些条件的存在，导致其中一个企业没有取得其本应取得的利润，则可以将这部分利润计入该企业的所得，并据以征税。

二、缔约国一方将缔约国另一方已征税的企业利润——在两个企业之间的关系是独立企业之间关系的情况下，这部分利润本应由该缔约国一方企业取得——包括在该缔约国一方企业的利润内征税时，缔约国另一方应对这部分利润所征收的税额加以调整。在确定调整时，应对本协定其他规定予以注意。如有必要，缔约国双方主管当局应相互协商。

第十条　股息

一、缔约国一方居民公司支付给缔约国另一方居民的股息，可以在该缔约国另一方征税。

二、然而，这些股息也可以在支付股息的公司是其居民的缔约国一方，按照该国的法律征税。但是，如果股息受益所有人是缔约国另一方居民，则所征税款：

（一）在受益所有人是公司，并直接或间接拥有支付股息的公司至少25%资本的情况下，不应超过股息总额的5%；

（二）如果据以支付股息的所得或收益由投资工具直接或间接从投资于第六条所规定的不动产所取得，在该投资工具按年度分配大部分上述所得或收益，且其来自于上述不动产的所得或收益免税的情况下，不应超过股息总额的15%；

（三）在其他情况下，不应超过股息总额的10%。

缔约国双方主管当局应协商确定实施限制税率的方式。

本款不应影响对该公司支付股息前的利润征税。

三、虽有第一款和第二款的规定，由缔约国一方居民公司支付给缔约国另一方居民的股息，如果受益所有人是缔约国另一方政府及其机构，或者是缔约国另一方政府直接或间接全资所有的其他实体，应仅在该缔约国另一方征税。

四、本条“股息”一语是指从股份或者非债权关系分享利润的其他权利取得的所得和来自其他公司权利的所得，以及按照分配利润的公司是其居民的缔约国一方法律，被视为股息或公司分配所得的任何其他所得。

五、如果股息受益所有人作为缔约国一方居民，在支付股息的公司是其居民的缔约国另一方，通过设在缔约国另一方的常设机构进行营业或者通过设在缔约国另一方的固定基地从事独立个人劳务，据以支付股息的股份与该常设机构或固定基地有实际联系的，不适用第一款和第二款的规定。在这种情况下，应视具体情况适用第七条或第十四条的规定。

六、缔约国一方居民公司从缔约国另一方取得利润或所得，该缔约国另一方不得对该公司支付的股息征税，也不得对该公司的未分配利润征税，即使支付的股息或未分配利润全部或部分是发生于缔约国另一方的利润或所得。但是，支付给缔约国另一方居民的股息或者据以支付股息的股份与设在缔约国另一方的常设机构或固定基地有实际联系的除外。

七、如果据以支付股息的股份或其他权利的产生或分配，是由任何人以利用本条内容为主要目的或主要目的之一而安排的，则本条规定不适用。

第十一条　利息

一、发生于缔约国一方而支付给缔约国另一方居民的利息，可以在该缔约国另一方征税。

二、然而，这些利息也可以在其发生的缔约国一方，按照该国的法律征税。但是，如果利息受益所有人是缔约国另一方居民，则所征税款不应超过利息总额的10%。缔约国双方主管当局应协商确定实施限制税率的方式。

三、虽有第二款的规定，发生于缔约国一方而由缔约国另一方的政府、行政区或地方当局、中央银行、政府机构或完全由政府拥有的实体取得的利息，或者由缔约国另一方任何其他居民从其由缔约国另一方的政府、行政区或地方当局、中央银行、政府机构或完全由政府拥有的实体提供资金、担保或保险的债权取得的利息，应在首先提及的缔约国一方免税。

四、本条“利息”一语是指从各种债权取得的所得，不论其有无抵押担保或者是否有权分享债务人的利润，特别是从公债、债券或者信用债券取得的所得，包括其溢价和奖金。由于延期支付而产生的罚款不应视为本条所规定的利息。该用语不包括根据本协定第十条规定应被视为股息的所得。

五、如果利息受益所有人作为缔约国一方居民，在利息发生的缔约国另一方，通过设在该缔约国另一方的常设机构进行营业或者通过设在该缔约国另一方的固定基地从事独立个人劳务，据以支付该利息的债权与该常设机构或者固定基地有实际联系的，不适用第一款、第二款和第三款的规定。在这种情况下，应视具体情况适用第七条或第十四条的规定。

六、如果利息支付人是缔约国一方居民，应认为利息发生在该缔约国一方。然而，如果支付人（不论是否为缔约国一方居民）在缔约国一方设有常设机构或固定基地，据以支付利息的债务与常设机构或固定基地有联系，且利息由常设机构或固定基地负担，上述利息应被认为发生于该常设机构或固定基地所在的缔约国一方。

七、由于利息支付人与受益所有人之间或者他们与其他人之间的特殊关系，所支付的利息数额，无论何种原因，超出支付人与受益所有人在没有上述关系时所能同意的数额时，本条规定应仅适用于在没有上述关系情况下所能同意的数额。在这种情况下，对该支付款项的超出部分，仍应按缔约国各方的法律征税，但应对本协定其他规定予以适当注意。

八、如果据以支付利息的债权的产生或分配，是由任何人以利用本条内容为主要目的或主要目的之一而安排的，则本条规定不适用。

第十二条　特许权使用费

一、发生于缔约国一方而支付给缔约国另一方居民的特许权使用费，可以在缔约国另一方征税。

二、然而，上述特许权使用费也可以在其发生的缔约国一方，按照该国的法律征税。但是，如果特许权使用费受益所有人是缔约国另一方居民，则所征税款不应超过：

（一）第三款第（一）项所指特许权使用费总额的10%；

（二）第三款第（二）项所指特许权使用费调整数额的10%。

该项“调整数额”是指特许权使用费总额的60%。

缔约双方主管当局应协商确定实施上述限制税率的方式。

三、本条“特许权使用费”一语是指：

（一）为使用或有权使用文学、艺术或科学著作（包括电影影片、无线电或电视广播使用的胶片、磁带）的版权，任何专利、商标、设计或模型、图纸、秘密配方或秘密程序所支付的作为报酬的各种款项，或者为有关工业、商业、科学经验的信息（专有技术）所支付的作为报酬的各种款项；

（二）为使用或有权使用工业、商业、科学设备所支付的作为报酬的各种款项。

四、如果特许权使用费受益所有人作为缔约国一方居民，在特许权使用费发生的缔约国另一方，通过设在该缔约国另一方的常设机构进行营业或者通过设在该缔约国另一方的固定基地从事独立个人劳务，据以支付该特许权使用费的权利或财产与该常设机构或固定基地有实际联系的，不适用第一款和第二款的规定。在这种情况下，应视具体情况适用第七条或第十四条的规定。

五、如果特许权使用费支付人是缔约国一方居民，应认为特许权使用费发生在该缔约国一方。然而，如果支付人（不论是否为缔约国一方居民）在缔约国一方设有常设机构或固定基地，支付特许权使用费的义务与常设机构或者固定基地有联系，且特许权使用费由常设机构或固定基地负担，上述特许权使用费应被认为发生于该常设机构或者固定基地所在的缔约国一方。

六、由于特许权使用费支付人与受益所有人之间或他们与其他人之间的特殊关系，所支付的特许权使用费数额，无论何种原因，超出支付人与受益所有人在没有上述关系时所能同意的数额时，本条规定应仅适用于在没有上述关系情况下所能同意的数额。在这种情况下，对该支付款项的超出部分，仍应按缔约国各方的法律征税，但应对本协定其他规定予以适当注意。

七、如果特许权使用费据以支付的权利的产生或分配，是由任何人以利用本条内容为主要目的或主要目的之一而安排的，则本条规定不适用。

第十三条　财产收益

一、缔约国一方居民转让第六条所述位于缔约国另一方的不动产取得的收益，可以在该缔约国另一方征税。

二、转让缔约国一方企业在缔约国另一方的常设机构营业财产部分的动产，或者缔约国一方居民在缔约国另一方从事独立个人劳务的固定基地的动产取得的收益，包括转让常设机构（单独或者随同整个企业）或者固定基地取得的收益，可以在该缔约国另一方征税。

三、缔约国一方企业转让其从事国际运输的船舶、飞机或者国际运输中使用的集装箱，或者转让与上述船舶、飞机或集装箱的运营或使用相关的动产取得的收益，应仅在该缔约国一方征税。

四、转让一个公司的股份取得的收益，如果该股份价值的50%（不含）以上直接或间接来自位于缔约国一方的不动产，可以在该缔约国一方征税。

五、缔约国一方居民转让其在缔约国另一方居民公司的股份取得的收益，如果首先提及的缔约国一方居民在转让行为前的12个月内，曾经直接或间接拥有该公司至少25%的股份，可以在该缔约国另一方征税。

六、转让第一款至第五款所述财产以外的其他财产取得的收益，应仅在转让者为其居民的缔约国一方征税。

第十四条　独立个人劳务

一、缔约国一方居民个人由于专业性劳务或者其他独立性活动取得的所得，应仅在该缔约国一方征税。但具有以下情况之一的，可以在缔约国另一方征税：

（一）在缔约国另一方为从事上述活动设有经常使用的固定基地。在这种情况下，该缔约国另一方可以仅对归属于该固定基地的所得征税；

（二）在有关纳税年度开始或结束的任何12个月中在缔约国另一方停留连续或累计达到或超过183天。在这种情况下，该缔约国另一方可以仅对在该国进行活动取得的所得征税。

二、“专业性劳务”一语尤其包括独立的科学、文学、艺术、教育或教学活动，以及医师、律师工程师、建筑师、牙医师和会计师的独立活动。

第十五条　受雇所得

一、除适用第十六条、第十八条和第十九条的规定外，缔约国一方居民因受雇取得的薪金、工资和其他类似报酬，除在缔约国另一方从事受雇的活动以外，应仅在该缔约国一方征税。在缔约国另一方从事受雇活动取得的报酬，可以在该缔约国另一方征税。

二、虽有第一款的规定，缔约国一方居民因在缔约国另一方从事受雇活动取得的报酬，同时具有以下三个条件的，应仅在该缔约国一方征税：

（一）收款人在有关纳税年度开始或结束的任何 12 个月中在缔约国另一方停留连续或累计不超过 183 天；

（二）该项报酬由并非缔约国另一方居民的雇主支付或代表该雇主支付；

（三）该项报酬不是由雇主设在缔约国另一方的常设机构或固定基地负担。

三、虽有本条上述规定，在缔约国一方企业经营国际运输的船舶或飞机上从事受雇活动取得的报酬，可以在该缔约国一方征税。

第十六条　董事费

缔约国一方居民作为缔约国另一方居民公司的董事会成员取得的董事费和其他类似款项，可以在缔约国另一方征税。

第十七条　演艺人员和运动员

一、虽有第十四条和第十五条的规定，缔约国一方居民作为演艺人员，如戏剧、电影、广播或电视艺人或音乐工作者，或者作为运动员，在缔约国另一方从事个人活动取得的所得，可以在该缔约国另一方征税。

二、演艺人员或运动员从事个人活动取得的所得，未归属于演艺人员或运动员本人，而归属于其他人时，虽有第七条、第十四条和第十五条的规定，该所得仍可以在该演艺人员或运动员从事其活动的缔约国一方征税。

第十八条　退休金

除适用第十九条第二款的规定以外，支付给缔约国一方居民个人的退休金和其他类似报酬，包括作为退休金计划一部分而支付的年金，应仅在该缔约国一方征税。

第十九条　政府服务

一、（一）缔约国一方或其行政区或地方当局对向其提供服务的个人支付退休金以外的薪金、工资和其他类似报酬，应仅在该缔约国一方征税。

（二）但是，如果该项服务是在缔约国另一方提供，而且提供服务的个人是该缔约国另一方居民，并且该居民：

1. 是该缔约国另一方的国民；或者

2. 不是仅由于提供该项服务而成为该缔约国另一方居民的，该项薪金、工资和其他类似报酬，应仅在该缔约国另一方征税。

二、（一）缔约国一方或其行政区或地方当局支付或者从其建立的基金中支付给向其提供服务的个人的退休金，应仅在该缔约国一方征税。

（二）但是，如果提供服务的个人是缔约国另一方居民，并且是其国民的，该项退休金应仅在该缔约国另一方征税。

三、第十五条、第十六条、第十七条和第十八条的规定，应适用于薪金、工资和其他类似报酬，以及向缔约国一方或其行政区或地方当局举办的事业提供服务取得的退休金。

第二十条　学生

学生是、或者在紧接前往缔约国一方之前曾是缔约国另一方居民，仅由于接受教育的目的停留在首先提及的缔约国一方，对其为了维持生活或接受教育的目的取得的来源于该缔约国一方以外的款项，该缔约国一方应免予征税。

第二十一条　其他所得

一、由缔约国一方居民受益所有的各项所得，不论发生于何地，凡本协定上述各条未作规定的（信托或遗产管理机构支付的款项除外），应仅在该缔约国一方征税。

二、第六条第二款规定的不动产所得以外的其他所得，如果所得受益所有人为缔约国一方居民，通过设在缔约国另一方的常设机构在该缔约国另一方进行营业，或者通过设在缔约国另一方的固定基地在该缔约国另一方从事独立个人劳务，据以支付所得的权利或财产与该常设机构或固定基地有实际联系的，不适用第一款的规定。在这种情况下，应视具体情况分别适用第七条或第十四条的规定。

三、由于第一款所指居民与其他人之间或他们与其他第三方之间的特殊关系，第一款所指所得数额，超出在没有上述关系时所能同意的数额时，本条规定应仅适用于在没有上述关系情况下所能同意的数额。在这种情况下，对该所得的超出部分，仍应按缔约国各方的法律征税，但应对本协定其他规定予以适当注意。

四、如果据以支付所得的权利的产生或分配，是由任何人以利用本条内容为主要目的或主要目的之一而安排的，则本条规定不适用。

第二十二条　消除双重征税方法

一、在中国，消除双重征税如下：

（一）中国居民从英国取得的利润、所得或财产收益，按照本协定规定在英国缴纳的税收，应允许从对该居民征收的中国税收中抵免。但是，抵免额不应超过对该项利润、所得或财产收益按照中国税收法律法规计算的中国税收数额。

（二）在英国取得的所得是英国居民公司支付给中国居民公司的股息，并且该中国居民公司拥有支付股息公司股份20%以上的，该项抵免应考虑支付股息公司就其所得缴纳的英国税收。

二、根据英国对境外所缴纳税收予以抵免的法律规定，或对发生在境外的股息免税的法律规定（该项法律规定不应影响下列一般原则）：

（一）来源于中国的利润、所得或应征财产收益，根据中国法律并依照本协定在中国缴纳的税收，不论是直接缴纳还是扣缴（不包括所得为股息的情况下，就据以支付股息的利润缴纳的税收），应允许从根据据以计算中国税收的利润、所得或应征财产收益计算的英国税收数额中抵免；

（二）中国居民公司支付给英国居民公司的股息，如果符合英国法律规定的免税条件，应在英国免税；

（三）中国居民公司支付给英国居民公司的股息，如果（因未满足英国法律规定的免税条件）不能依据上述第（二）项免税，在英国公司直接或间接控制支付股息的公司至少10%投票权的情况下，上述第（一）项提到的抵免应考虑支付股息公司就其据以支付股息的利润缴纳的中国税收；

（四）在本款中，英国居民所拥有的、根据本协定可在中国纳税的利润、所得和财产收益，应被视为来源于中国。

第二十三条　其他规则

本协定不应妨碍缔约国各方行使其关于防止逃税和避税（不论是否称为逃税和避税）的国内法律及措施的权利，但以不导致税收与本协定冲突为限。

第二十四条　非歧视待遇

一、缔约国一方的国民在缔约国另一方负担的税收或者相关要求，在相同情况下，特别是在居民身份相同的情况下，不应与该缔约国另一方的国民负担或可能负担的税收或者相关要求不同或比其更重。

二、缔约国一方企业在缔约国另一方常设机构的税收负担，不应高于缔约国另一方对从事同样活动的本国企业征收的税收。

三、除适用第九条第一款、第十一条第七款或第八款、第十二条第六款或第七款或者第二十一条第三款或第四款的规定外，缔约国一方企业支付给缔约国另一方居民的利息、特许权使用费和其他款项，在确定该企业应纳税利润时，应像支付给该缔约国一方居民的一样，在相同情况下予以扣除。

四、缔约国一方企业的资本全部或部分、直接或间接为缔约国另一方一个或一个以上的居民拥有或控制，该企业在该缔约国一方负担的税收或者有关要求，不应与该缔约国一方其他同类企业负担或可能负担的税收或者有关要求不同或比其更重。

五、本条不应被理解为缔约国各方给予本国居民个人或国民的涉税补贴、优惠和减免也必须给予非本国居民的个人。

六、本条规定应适用于本协定第二条所涵盖的税种。

第二十五条　相互协商程序

一、如缔约国一方居民认为，缔约国一方或者双方所采取的措施，导致或将导致对其的征税不符合本协定的规定时，可以不考虑各缔约国国内法律的救济办法，将案情提交本人为其居民的缔约国一方主管当局，或者如果其案情属于第二十四条第一款，可以提交本人为其国民的缔约国一方主管当局。

二、上述主管当局如果认为所提意见合理，又不能单方面圆满解决时，应设法同缔约国另一方主管当局相互协商解决，以避免不符合本协定的征税。达成的协议应予执行，而不受各缔约国国内法律的时间限制或其他程序限制。

三、缔约国双方主管当局应通过协议设法解决在解释或实施本协定时所发生的困难或疑义，也可以对本协定未作规定的消除双重征税问题进行协商。

四、缔约国双方主管当局为达成前述各款的协议，可以相互直接联系。

第二十六条　信息交换

一、缔约国双方主管当局应交换可以预见的与执行本协定的规定相关的信息，或与执行缔约国双方或其行政区或地方当局征收的各种税收的国内法律相关的信息，尤其是防止逃税和加强执法管理防止合法避税的相关信息，以根据这些法律征税与本协定不相冲突为限。信息交换不受第一条和第二条的限制。

二、缔约国一方根据第一款收到的任何信息，都应和根据该国国内法所获得的信息一样作密件处理，仅应告知与第一款所指税种有关的评估、征收、执行、起诉或上诉裁决有关的人员或当局（包括法院和行政部门）及其监督部门。上述人员或当局应仅为上述目的使用该信息，但可以在公开法庭的诉讼程序或法庭判决中披露有关信息。

三、第一款和第二款的规定在任何情况下不应被理解为缔约国一方有以下义务：

（一）采取与该缔约国一方或缔约国另一方的法律和行政惯例相违背的行政措施；

（二）提供按照该缔约国一方或缔约国另一方的法律或正常行政渠道不能得到的信息；

（三）提供泄露任何贸易、经营、工业、商业或专业秘密或贸易过程的信息或者泄露会违反公共政策的信息。

四、如果缔约国一方根据本条请求信息，缔约国另一方应使用其信息收集手段取得所请求的信息，即使缔约国另一方可能并不因其税收目的需要该信息。前句所确定的义务受第三款的限制，但是这些限制在任何情况下不应被理解为允许缔约国任何一方仅因该信息没有国内利益而拒绝提供。

五、本条第三款的规定在任何情况下不应被理解为允许缔约国任何一方仅因信息由银行、其他金融机构、被指定人、代理人或受托人所持有，或因信息与人的所有权益有关，而拒绝提供。

第二十七条　外交代表和领事官员

本协定应不影响按国际法一般原则或特别协定规定的外交代表或领事官员的税收特权。

第二十八条　生效

一、缔约国各方应通过外交途径相互书面通知已完成本协定生效所必需的国内法律程序。协定自后一份通知发出之日起生效，将适用于：

（一）在中国，本协定生效年度次年 1 月 1 日或以后开始的纳税年度产生的利润、所得和财产收益；

（二）在英国

1. 本协定生效日之后的 4 月 6 日或以后开始的申报年度的所得税和财产收益税；

2. 本协定生效日之后的4月1日或以后开始的财政年度的公司税。

二、对按第一款规定本协定生效后适用的税收，1984年7月26日在北京签订的《中华人民共和国政府和大不列颠及北爱尔兰联合王国政府关于对所得和财产收益相互避免双重征税和防止偷漏税的协定》以及1996年9月2日在北京签订的修改上述协定的议定书（“原协定”）应停止有效。

三、本协定生效后，在协定生效时有资格享受原协定第二十一条（教师和研究人员）和第二十二条（学生、学徒和实习人员）待遇的个人，应继续享受相关待遇，直到按照原协定规定享受相关待遇期满为止。

第二十九条　终止

本协定长期有效。但缔约国任何一方可以在本协定生效之日起满5年后开始的任何日历年度结束前至少6个月，通过外交途径书面通知对方终止本协定。在这种情况下，本协定应停止适用于：

（一）在中国，通知发出年度次年1月1日或以后开始的纳税年度中取得的利润、所得和财产收益；

（二）在英国

1. 通知发出日之后的4月6日或以后开始的申报年度的所得税和财产收益税；

2. 通知发出日之后的4月1日或以后开始的财政年度的公司税。

下列代表，经各自政府正式授权，在本协定上签字，以昭信守。

本协定于2011年6月27日在伦敦签订，一式两份，每份均用中文和英文写成，两种文本同等作准。

中华人民共和国政府　　大不列颠及北爱尔兰联合王国政府

代表　　代表

杨洁篪　　黑格

二、《关于修订〈中华人民共和国政府和大不列颠及北爱尔兰联合王国政府对所得和财产收益避免双重征税和防止偷漏税的协定〉的议定书》全文[①]

关于修订《中华人民共和国政府和大不列颠及北爱尔兰联合王国政府对所得和财产收益避免双重征税和防止偷漏税的协定》的议定书

中华人民共和国政府和大不列颠及北爱尔兰联合王国政府，愿意缔结一项议定书，以修订2011年6月27日在伦敦签署的《中华人民共和国政府和大不列颠及北爱尔兰联合王国政府对所得和财产收益避免双重征税和防止偷漏税的协定》（以下简称“协定”），达成协议如下：

第一条

协定第十条第二款第（一）项删除，以下列代替：

“（一）在受益所有人是公司，并直接拥有支付股息的公司至少25%资本的情况下，不应超过股息总额的5%；”

第二条

缔约国双方应通过外交途径相互书面通知已完成本议定书生效

① 资料来源：国家税务总局：http：//www.chinatax.gov.cn/n810341/n810770/c1152934/content.html。

所必需的国内法律程序。本议定书自后一份通知发出之日起生效，并按照协定第二十八条第一款的规定适用。

下列代表，经各自政府正式授权，在本议定书上签字，以昭信守。

本议定书于 2013 年 2 月 27 日在北京签订，一式两份，每份均用中文和英文写成，两种文本同等作准。

中华人民共和国政府 代表	大不列颠及北爱尔兰联合王国政府 代表

参考文献

[1] 财政部财政制度国际比较课题组．英国财政制度 [M]．北京：中国财政经济出版社，1999.

[2] 财政部税收制度国际比较课题组．英国税制 [M]．北京：中国财政经济出版社，2000.

[3] 查尔斯·亚当斯著，翟继光译．善与恶——税收在文明进程中的影响（原书第二版） [M]．北京：中国政法大学出版社，2013.

[4] 陈共．财政学：第五版 [M]．北京：中国人民大学出版社，2007.

[5] 陈国文，孙伯龙．从包税制到税收法治：英国的变革路径与启示 [J]．中国石油大学学报（社会科学版），2017 (33).

[6] 陈佳雯．英国航空旅客税上调殃及新西兰旅游业 [N]．中国税务报，2010-12-08.

[7] 陈林，林德山．第三条道路——世纪之交的西方政治变革 [J]．北京：当代世界出版社，2000.

[8] 陈炜．英国税收与社会公正 [D]．山东大学博士学位论文，2012.

[9] 陈晓光，张文春．英国税制沿革变化及其对我国的借鉴意义 [J]．国际税收，2015 (9).

[10] 杜萌昆．成也税收，败也税收——英国撒切尔政府税制改

革回顾［J］．税收与社会，2001（9）．

［11］付伯颖．外国税制教程［M］．北京：北京大学出版社，2010.

［12］高峰．20世纪世界资本主义经济的发展与演变［J］．政治经济学评论，2010，1（1）．

［13］高鸿业．经济学［M］．北京：中国发展出版社，1992.

［14］高世星，张明娥．英国环境税收的经验与借鉴［J］．涉外税务，2011（1）．

［15］高周川．欧元区货币政策与财政政策的冲突与协调［D］．河北大学硕士学位论文，2013.

［16］郭红雨．英国脱欧风浪中的税是税非［N］．中国税务报，2016-6-14（B01）．

［17］郭家宏．19世纪上半期英国的贫富差距问题及其化解策略［J］．学海，2007（6）．

［18］郭庆旺，吕冰洋．论税收对要素收入分配的影响［J］．经济研究，2011（6）．

［19］郭庆旺．有关税收公平收入分配的几个深层次问题［J］．财贸经济，2012（8）．

［20］国家税务总局税收科学研究所．外国税制概览（第4版）［M］．北京：中国税务出版社，2012.

［21］郝硕博．拉弗曲线探析［J］．财经问题研究，2000（6）：15-18.

［22］何宇杰，朱斌．英国税制改革动态及经验［J］．税务研究，2016（5）：91-93.

[23] 洪丽.20世纪30年代末以来英国居民收入差距的历史变迁及现状评价 [J]. 湖北经济学院学报，2008 (9).

[24] 侯小雨. 西方经济学派税收经济思想综述及对我国税收政策的启示 [J]. 西江月，2013 (24).

[25] 黄桂兰. 我国税收调节国民收入初次分配的作用探讨——以税种为切入点 [J]. 湖北经济学院学报，2014 (1).

[26] 霍军. 收入分配差别与税收分配调节 [J]. 税务研究，2002 (6).

[27] 纪秀娟. 英国与欧盟的关系问题研究 [D]. 山东大学硕士学位论文，2014.

[28] 蒋虹. 英国居民收入差距现状分析 [J]. 山西财经大学学报，1999 (12).

[29] 解学智，张志勇. 世界税制现状与趋势 (2014) [M]. 北京：中国税务出版社，2014.

[30] 金瑞庭，李大伟. 当前英国经济形势及G20框架下中英合作建议 [J]. 中国经贸导刊，2016 (19).

[31] 金卫星. 一战后世界经济结构的变化与20世纪30年代大萧条 [J]. 苏州大学学报：哲学社会科学版，2003 (3)：127-131.

[32] 孔令全.《英国工人阶级状况》中的收入分配差距问题及其当代启示 [J]. 延边党校学报，2016 (12).

[33] 冷琳. 各经济学派税收经济思想综述 [J]. 内蒙古科技与经济，2009 (18)：67-68.

[34] 李罡. 英国经济现状剖析 [J]. 中国货币市场，2016 (5).

［35］李济时．现代英国政治发展与第三条道路［J］．当代世界社会主义问题，2000（4）．

［36］李建人．英国税收法律主义的历史源流［M］．北京：法律出版社，2012.

［37］李应齐．贫富差距扩大加深英国社会裂痕［J］．人民日报，2016－09－26.

［38］李玉贤．论重商主义时期英国的崛起——基于凯恩斯的经济理论视角［J］．安徽文学：下半月，2008（8）：394－395.

［39］李仲阳．论反通货膨胀的撒切尔革命［J］．湘潭大学硕士学位论文，2008.

［40］李众宜．论布莱尔第一届政府的新混合经济政策［D］．山东师范大学硕士学位论文，2007.

［41］梁若莲．脱欧还是留欧的税收纠结［J］．国际税收，2016（9）：54－56.

［42］林娜．资本利得税制的国际比较及对我国的借鉴意义［D］．华东政法大学硕士学位论文，2011.

［43］刘成．英国废除《谷物法》刍议［J］．史学集刊，2013（1）．

［44］刘桂山．英国通过税收和福利政策缩小贫富差距［J］．中国社会导刊，2005（9）．

［45］刘乐山，覃曼．英国调节收入分配差距的财政措施及启示［J］．湖南文理学院学报，2006（3）．

［46］刘普照．宏观税负与经济增长相关性研究［D］．复旦大学博士学位论文，2003.

[47] 刘天永. 全球 CRS 实施近况之: 英国 (篇) [J/OL]. 搜狐网, 2017-04-11.

[48] 刘熙娜. 试论通货膨胀的成因及对策 [J]. 现代商业, 2008 (20).

[49] 刘晓平. 战后英国国家干预经济发展战略评析 [J]. 学海, 2010 (3).

[50] 刘新利. 税收与 GDP 周期关系分析 [J]. 税务研究, 2009 (10).

[51] 刘玉安. 告别福利国家? ——西欧社会政策改革的大趋势 [J]. 当代世界社会主义问题, 2014 (3).

[52] 龙笔锋. 从和谐社会构建中解读税收的职能 [J]. 会计之友 (上旬刊), 2009 (6).

[53] 陆伟芳. 英国税制发展特征初探 [J]. 扬州大学税务学院学报, 2004, (3).

[54] 罗鸣令. 从《赋税论》看威廉·配第的税收思想 [J]. 铜陵学院学报, 2009 (3).

[55] 罗志如, 厉以宁. 二十世纪的英国经济: "英国病" 研究 [M]. 北京: 人民出版社, 1982.

[56] 吕冰洋. 我国税收制度与三类收入分配的关系分析 [J]. 税务研究, 2010 (3).

[57] 毛锐, 张晓青. 二战后撒切尔政府区域政策改革分析 [J]. 武汉大学学报 (人文科学版), 2013 (5).

[58] 毛锐. 撒切尔政府私有化政策的目标评析 [J]. 世界历史, 2004 (6).

[59] 毛锐. 英国新右派思潮述评 [J]. 探索与争鸣, 2008 (5).

[60] 孟瑞. 20 世纪 70 年代以来经济危机与英国福利制度改革 [D]. 西北大学硕士学位论文, 2009.

[61] 孟维冉. 关于环境税及征管问题的研究 [D]. 首都经济贸易大学, 2014.

[62] 苗文娣. 税收对我国居民收入分配的调节机制分析 [D]. 首都经贸大学硕士学位论文, 2012.

[63] 申亮. 英国的环境税收负担及我国借鉴的思考 [J]. 经济问题探索, 2011 (11).

[64] 石玲雯. 数字来解读: 中英关系"压舱石"有多牢固! [N]. 央广网, 2015 - 10 - 21.

[65] 滕淑娜, 顾銮斋. 由课征到补贴——英国惠农政策的由来与现状 [J]. 史学理论研究, 2010 (2).

[66] 田德文. 金融危机背景下的英国社会改革 [J]. 当代世界与社会主义 (双月刊), 2012 (5).

[67] 托马斯·皮凯蒂著, 巴曙松译. 21 世纪资本论 [M]. 北京: 中信出版社, 2014.

[68] 汪昊. 英国应对金融危机税收政策的特点及其启示 [J]. 涉外税务, 2009 (5).

[69] 王国华, 张京萍. 外国税制 [M]. 北京: 中国人民大学出版社, 2008.

[70] 王宏. OECD 国家环境税法改革及对我国的启示 [D]. 西南政法大学硕士学位论文, 2013.

[71] 王慧. 环境税合法性研究 [D]. 西南政法大学, 2009 年.

[72] 王敏志．G20杭州峰会公报（第十九段国际税收部分）[N]．六和律师事务所，2016－09－09.

[73] 王文静，赖泓宇．“一带一路”倡议的国际税收协调[J]．国际税收，2016（4）.

[74] 王燕楠，徐寒冰，陶文莹．英国社会保障制度调节国民收入再分配对我国的启示[J]．社会保障研究，2009（1）.

[75] 王艺潼．英国经济持续发展的原因及其走势[J]．金融经济，2016（4）.

[76] 王元．国家主权论：现实挑战与理论反思[D]．厦门大学硕士学位论文，1996.

[77] 魏亮．美国税改，谁是赢家（经济透视）[N]．人民日报，2017－04－28（21）.

[78] 吴飞．紧缩政治学视域下社会福利政策的变迁——以撒切尔政府社会福利改革为考量[J]．河南大学学报（社会科学版），2015，55（1）.

[79] 肖鹏．资本利得税制建设研究[D]．厦门大学硕士学位论文，2002.

[80] 谢德成．20世纪80年代以来英国福利制度改革述论[J]．理论导刊，2003（11）.

[81] 谢颖．英国环境税制的演变及效应评估[J]．生产力研究，2014（9）.

[82] 严成樑，龚六堂．财政支出、税收与长期经济增长[J]．经济研究，2009，6（4）：16.

[83] 杨钒．英国调节收入分配的制定模式及其对我国的启示

[J]. 中国经贸导刊, 2008 (4).

[84] 杨芳. 欧债危机以来英国对欧政策分析 [J]. 现代国际关系, 2013 (2).

[85] 杨巨. 国外税收结构的收入分配效应研究新进展 [J]. 上海经济研究, 2012 (2).

[86] 杨志清, 何杨. 国际税收理论与实务 [M]. 北京. 中国税务出版社, 2016.

[87] 叶建. 典型国家的燃油税 [J]. 养护管理, 2009 (7).

[88] 易明翔, 何振华. 落实 BEPS 计划: G20 国家在行动 [N]. 中国税务报, 2016-10-11 (B01).

[89] 于文杰. 英国文明与世界历史 [M]. 北京: 生活·读书·新知三联书店, 2013.

[90] 张成思. 长期均衡, 价格倒逼与货币驱动 [J]. 经济研究, 2010 (6).

[91] 张劼. 金融危机以来的英国经济 [M]. 《英国发展报告(2010-2013)》分领域报告篇. 北京: 社会科学文献出版社, 2013.

[92] 张景华. 环境税的双重红利效应分析 [J]. 商业研究, 2012 (9).

[93] 张丽萍. 从英国税收和福利政策看中国收入差距问题 [J]. 法制与社会, 2008 (12).

[94] 张滢. 对英国开征"谷歌税"的述评与思考 [J]. 国际税收, 2015 (5).

[95] 张忠友. 利益和谐取向下的我国税收调节收入分配功能优

化研究［D］. 华中师范大学硕士学位论文，2007.

［96］赵亘. 经济法视角下的金融危机与税收调控［D］. 南京师范大学硕士学位论文，2010.

［97］郑春荣. 英国社会保障制度［M］. 上海：上海人民出版社，2012.

［98］朱青. 国际税收［M］. 北京：中国人民大学出版社，2016.

［99］高世星，张明娥. 英国环境税收的经验与借鉴［J］. 涉外税务，2011（1）.

［100］龚辉文. 国外应对当前金融危机的税收政策比较［J］. 税务研究，2009（7）.

［101］匡小平，仇晓洁. 英国的垃圾掩埋税及其启示［J］. 环境与可持续发展，2005（2）：18－20.

［102］刘斌. 燃油税政策的国际比较与启示［J］. 国际税收，2008（5）：41－45.

［103］秦兵萍. 论我国税收调节收入分配功能的完善［D］. 中央民族大学硕士学位论文，2012.

［104］滕淼娜. 税制变迁与英国政府社会政策研究［M］. 中国社会科学出版社，2015.

［105］王京安，马立钊，高翀. 英国能源产业政策及其启示［J］. 河南社会科学，2010（6）.

［106］张明娥. 我国开征环境保护税可行性研究［J］. 财政经济评论，2013（1）.

［107］张宁. 我国开征碳税的必要性与可行性［J］. 合作经济

与科技，2010（15）：100－101.

［108］张芃，段茂盛．英国控制温室气体排放的主要财税政策评述［J］中国人口·资源与环境，2015，25（8）：100－106.

［109］赵书博．中国与欧洲各国“专利盒（Patent Box）”制度比较研究［J］．会计之友，2015（5）．

［110］国家税务总局：http：//www. chinatax. gov. cn/index. html.

［111］国际货币基金组织网站：http：//www. imf. org.

［112］荷兰国际财税政文献局数据库：http：//online. ibfd. org/kbase.

［113］经合组织网站：http：//www. oecd. org/tax.

［114］世界银行网站：http：//www. worldbank. org.

［115］维基百科：https：//en. wikipedia. org/wiki/Category：History_of_taxation_in_the_United_Kingdom.

［116］维基百科：https：//en. wikipedia. org/wiki/United_Kingdom.

［117］英国税务海关总署网站：https：//www. gov. uk/government/organisations/hm-revenue-customs.

［118］英国统计局网站：https：//www. gov. uk/government/statistics.

［119］英国议会网站：http：//www. parliament. uk/topics/Taxation. htm.

［120］英国政府网站：https：//www. gov. uk/.

［121］Arnold J. M.，Brys B.，Heady C.，et al. Tax policy for economic recovery and growth. The Economic Journal，2011，121（550）.

［122］Bill Dodwell et al. United Kingdom Budget 2016 announced

[R], Deloitte UK, March 2016.

[123] Bosquet B. Environmental tax reform: does it work? A survey of the empirical evidence. Ecol Econ, No. 34, 2000, pp. 19 – 32.

[124] Dresnera S., Jacksonb T., Gilbertc N. History and social responses to environmental tax reform in the United Kingdom. Energy Policy, No. 34, 2006, pp. 930 – 939.

[125] Ekins P., Summerton P., Thoung C., Lee D. A Major Environmental Tax Reform for the UK: Results for the Economy, Employment and the Environment, Environ Resource Econ, No. 50, 2011, pp. 447 – 474.

[126] Frischmann P. J., Shevlin T., Wilson R. Economic consequences of increasing the conformity in accounting for uncertain tax benefits. Journal of Accounting and Economics, 2008, 46 (2), 261 – 278.

[127] HM Treasure, BUDGET 2016.

[128] HM Treasure, Finance Act 2015.

[129] HM Treasure, SPRING BUDGET 2017.

[130] HM Treasure, Autumn Statement 2016.

[131] HMRC. Diverted Profits Tax: Guidance, 30 November 2015.

[132] HMRC. Hybrid and Other Mismatches-draft guidance, March 2017.

[133] HMRC. Patent Box: substantial activities, 22 October 2015.

[134] HMRC. Tackling aggressive tax planning in the global economy: UK priorities for the G20-OECD project for countering Base Erosion and Profit Shifting, 19 March 2014.

[135] HMRC. Tax administration: regulations to implement the UK's

automatic exchange of information agreements, 18 March 2015.

[136] Kuznets S., Murphy J. T. Modern economic growth: Rate, structure, and spread. New Haven: Yale University Press, 1966.

[137] Lee Y., Gordon R. H. Tax structure and economic growth. Journal of public economics, 2005, 89 (5): 1027 - 1043.

[138] Miklós Somai, Zsuzsánna Biedermann. Brexit: Reasons and challenges, Acta Oeconomica [J], vol. 66, 2016.

[139] OECD Rafal Kierzenkowski et al. The Economic Consequences of Brexit: A Taxing Decision [R], 28 April 2016.

[140] Roubini N., Sala-i-Martin X. A growth model of inflation, tax evasion, and financial repression. Journal of Monetary Economics, 1995, 35 (2), 275 - 301.

[141] Wells C., Thomas N. Effects of taxes and benefits on UK household income: financial year ending 2016. https://www.ons.gov.uk, 2017.

[142] Wells C., Thomas N. The effects of taxes and benefits on income inequality 1977 to financial year ending 2015. https://www.ons.gov.uk, 2016.

[143] A. Leicester. The UK Tax System and the Environment [J]. Access & Download Statistics, 2006.

[144] E. E. Agency. Effectiveness of environmental taxes and charges for managing sand, gravel and rock extraction in selected EU countries [J]. European Environment Agency, 2008, (1): 173 - 176.

[145] Y. Mizuno. The UK Landfill Tax: Effects of the Landfill Tax on Fly-tipping and Inert Waste Recovery [J]. International Review of Environmental and Resource Economics, 2001.

[146] P. Ekins, et al. Two unannounced environmental tax reforms in the UK: The fuel duty escalator and income tax in the 1990s [J]. Ecological Economics, 2010, 69 (7): 1561 - 1568.

[147] S. Dresner, T. Jackson, N. Gilbert. History and social responses to environmental tax reform in the United Kingdom [J]. Energy Policy, 2006, 34 (8): 930 - 939.

[148] S. Potter, M. P. Enoch, M. Fergusson. Fuel taxes and beyond: UK transport and climate change [J]. Wwf & Transport, 2000.

后　记

本书是“一带一路”倡议下国别税制研究系列丛书之《英国税制研究》。本书从确立写作计划到最终定稿与出版，得到了中央财经大学副校长马海涛教授、中央财经大学财政税务学院院长白彦锋教授、中央财经大学财政税务学院党委书记樊勇教授的大力支持与指导。

本书由中央财经大学财政税务学院副院长何杨副教授、国际税收系主任王文静副教授主持编写工作。上篇英国税制介绍的写作过程始于2015年初，特别感谢中央财经大学国际税收系张京萍副教授对本书上篇英国税制内容的指导与支持。下篇英国税制研究从2016年下半年开始启动，于2017年形成初稿并多次修改、完善，全书整体历经3年多的时间雕琢完稿。本书在最终定稿出版之前，对2018年的税法信息再次进行了更新。

中央财经大学财政税务学院部分研究生承担了相关章节的撰写工作，具体如下：第1章（孟晓雨、郑明慧）、第7章（郑明慧、孟晓雨）、第8章（刘涵煜、李蓓蕾）、第9章（孙明月、李蓓蕾）、第10章（赵利芳、孟晓雨）、第11章（徐贝贝、孔凌波）、附录（郑明慧、孟晓雨）。另外，韩子宇同学协助更新了2017年税法信息。

经济科学出版社为本书的出版提供了便利条件，在此表示诚挚的谢意。另外，特别感谢王红英主任和王莹编辑的辛勤工作和宝贵修改意见。

同时，编者对本书所有参考文献资料的作者表示衷心感谢，正是诸位宝贵而丰富的前期研究成果，为本书的编写提供了重要而充实的资料来源与编写基础。

由于时间、资料、语言、编者及撰稿人能力水平等方面的现实局限性，本书只能算是在新的时代背景下，集众人力量对英国税制研究的一次努力探索实践，书中的不足与纰漏之处不可避免，恳请广大读者批评指正。

编者

2018 年 5 月